포노 사피엔스 학교의 탄생

초판 1쇄 발행 2020년 11월 25일

지은이 최승복

펴낸이 김현숙 김현정
디자인 정계수
펴낸곳 공명
출판등록 2011년 10월 4일 제25100-2012-000039호
주소 03925 서울시 마포구 월드컵북로 402. KGIT센터 9층 925A호
전화 02-3153-1378 | 팩스 02-6007-9858
이메일 gongmyoung@hanmail.net
블로그 http://blog.naver.com/gongmyoung1
ISBN 978-89-97870-44-8(03370)

최승복 지음

포모 사피엔스
학교의
탄생

스마트폰 종족을 위한 새로운 학교가 온다

새로운 학교, 젊은 국가
-포노 사피엔스 학교의 실현을 위해

새로운 학교를 만들어 젊고 역동적인 사회 공동체를 창조하는 일. 이것이 "민족중흥의 역사적 사명을 띠고 이 땅에 태어난" 세대의 필연적 과제이며, 우리 사회가 세대 간 협력을 바탕으로 지금부터 실현해야 할 국가 교육개혁의 핵심이다.

심각한 고령화 사회에서 생각과 태도가 젊은 공동체로 전환하려면 우리 사회의 태(胎)를 빼내고 뼈를 바꾸는 노력이 세대를 넘어서 이어져야 한다. 그리고 바로 지금 이 책을 읽고 있는 우리가 젊은 국가를 만들 교육개혁의 출발점이다. 불안과 불신, 절망과 체념, 회의와 의심에서 빠져나와 안정과 안전, 희망과 도전, 확신과 연대, 대동 사회로 우리의 마음자리가 달라지면, 젊고 역동적인 사회를 만드는 과제는 이미 절반은 실현된 셈이다. 이 책을 읽으며 우리의 마음을 돌아본다. 우리는 나만 잘살면 된다고 생각하는 사람인지, 아니면 더불어 잘살아야 살아가는 의미가 있다고 생각하는 사람인지.

이 책의 저자는 획일적 표준화를 공정으로 착각하는 우리 사회에 신선한 샘물을 끌어들이고 있다. 그는 10년 후, 혹은 30년 후 2050년의 학교 모습을 상상하면서, 현재의 근대학교와 단절하고 포노 사피엔스(이 단어의 의미는 본문을 찾아보시라)를 위한 새로운 학교를 만들자고 주장한다. 새로운 학교의 당위성, 시대의 변화, 새로운 학교를 위한 시도들, 그리고 새로운 학교가 만들어낼 새로운 미래는 상상만으로도 우리를 설레게 한다.

기성세대는 공부하라는 말을 지겹도록 듣고 자랐다. 공부는 곧 목숨과도 같은 밥이라고 주입되었다. 기성세대는 그들의 자녀에게도 표현만 달라졌을 뿐 결국 같은 말을 반복한다. 기성세대는 의심하지 않았다. 지금 학생은 의심하지만, 대개는 순응한다. 우리 삶에서 변하지 않는 것이 어디 있으랴만, 유독 학교는 시대가 완전히 달라졌어도 거의 바뀌지 않았다. 체벌과 콩나물 교실은 사라졌지만, 학교의 본질은 달라지지 않았다.

저자는 지금 우리 아이들이 다니고 있는 근대학교의 종말을 선언한다. "표준화된 국가 교육과정을 획일적인 교육행정 시스템을 통해, 정규화된 속도를 따라, 동일한 연령의 학생들에게 가르쳐 수동적이고 순응적인 국민을 양성하고, 학교 시스템을 통과하면서 얻은 서열을 하나의 신분처럼 자신의 운명으로 받아들이도록 길들이며, 정규화, 표준화된 산업 인력을 양성하기에 최적화되어 있는 근대학교 체제"가 지속되면 우리의 미래는 가난하다. 격차는 더 벌어지고 서로를 챙기지 않는 메마른 사회가 될 수도 있다.

"국가 교육과정에서 출발해서 국검정 교과서라는 수도관을 따라서 관리되며, 최종적으로는 대학수학능력시험이라는 관문을 통해 완성"되는 통제적인 학교 시스템이 그렇게 만든다. 우리의 학교 체제는 지난 50년간의 경제 성장, 기술 발전, 사회·문화적 변화에 적응하지 못한 낡은 시대의 유물이다. 이제 우리 아이에게는 새로운 학교가 필요하다. 우리의 아이는 스스로 배울 줄 알고 스스로 찾을 줄도 안다. 단, 그것이 학교에서 가르치는 교과가 아닐 수 있다. 우리 아이는 삶의 소중한 시간을 학교에서 낭비하고 있다. 학교를 없애거나 바꿔야 한다. 다른 선택지는 없다.

세상은 달라졌고, 인공지능과 로봇은 이미 생활 속에 들어와 있다. 대학 강의에서 학생들은 검색엔진에 접속하여 계속 확인하고 동시에 새로운 사실을 찾아낸다. 나의 뇌가 컴퓨터의 중앙처리장치와 하드디스크로 구성되어 있다면, 내 손에 쥐어진 핸드폰은 이동식 도서관이면서 무한한 지식의 클라우드에 접속할 수 있는 신경망이다. 저자는 묻는다. 핸드폰이 전화번호를 알고 있는지, 내가 전화번호를 알고 있는지. 우리는 이렇게 답하고자 한다. "나는 곧 '나'이자 내 핸드폰이다." 이미 우리 아이에게 핸드폰은 자신의 분신이다. 그렇다, 우리 아이는 뭐든지 알 수 있다. 알고 싶은 게 있다면.

미래의 학교는 우리 아이가 효과적으로 학습하고, 자신의 삶을 각자가 일궈나가도록 돕는 곳이다. 디지털 네트워크에 기반하여 개별화되고 개인화된 학습 시스템을 통해 지식을 키우고 스스로 삶을 만들어가도록 도와주는 학교다. 국가가 제공한 책을 읽어서 배우는 방식이 아니라 사람들과 함께 문제를 해결하면서 배우고 학습할 자유가 있는 곳이다. 새로운 학교를 만들려면 자기주도적 교육과정, 학습에 있어 자기 결정권, 자발적 학습 동기 등이 중요하다. 우리는 이 개념을 알고 있고, 여기저기서 말도 한다. 다만, 실행하려고 하지 않고 지레 포기한다. 학부모는 묻는다. "어떻게 하면 공부를 잘할까요?" 아이는 묻는다. "그런데 왜 공부를 잘해야 해요?" 우리는 묻는다. "학교는 무엇을 하는 곳인가요?" 학교는 우리가 중요하다고 알고 있는 개념을 실천하는 곳이다.

올해 그리고 내년에도 이어질 코로나19 상황은 학교 교육의 여러 문제를 드러내고 있다. 혼동하지 말자. 코로나가 문제를 만든 게 아니라, 코로나 이전에 존재했던 문제가 감춰지지 못하고 드러난 것이다. 사회·경제적 격차가 초래하는 학습 격차, 학습 지체, 방치, 온라인 화상 수업의 질 저하, 소프트웨어와 하드웨어의 부재 등이 그것이다. 우리는 점진적으로 변화하지 말고 단번에 패러다임 전환을 시도해야 한다. 본질적인 문제는 이런 방식으로 바뀐다. 여기서 파생되는 여러 문제는 시간을 갖고 꾸준히 조금씩 해결해 나가면 된다. 이슈를 다루는 순서가 바뀌면 아무런 변화도 없고 문제도 해결되지 않는다. 이게 교육 문제의 속성이며, 그동안 우리가 경험한 사실이다. 저자는 10년 후, 30년 후의 학교를 먼저 설계하자고 제안하지만, 그 설계도를 갖고 당장 지금 학교의 본질을 바꿔야 한다. 그렇게 본질을 바꿔야 10년 후, 30년 후에 그 설계도대로 세부 사항이 만들어진다. 2050년 학교에 대한 언급에는 저자의 고민이 짙게 묻어 있다.

새로운 학교를 만들기 위해 지금 당장 필요한 장치가 온라인 교육과정 아카이브(archive)와 온라인 수업 플랫폼이다. 아카이브는 언제 어디서나 최고의 강의를 들을 수 있는 도서관이고, 수업 플랫폼은 교사가 학생한 명씩 만나고 가르치고 도와주는 사이버 교실이다. 아카이브와 플랫폼이 디지털 네트워크와 결합된 환경에서 교사는 개별화 수업을 할 수밖에 없다. 그리고 개별화 수업을 하도록 교육청과 교육부는 교사를 도와주어야 한다. 이 문제는 단위 학교가 해결할 수 있는 게 아니다.

국가 주도의 획일적이고 표준적인 교육과정-교과서-수능 체제를 누가 어떻게 끊어낼 것인가. 누가 근대학교를 탈피해 포노 사피엔스가 다니는 새로운 학교로 전면 전환하는 교육개혁을 추진할 것인가. 바로 지금, 여기 이 자리에서 우리의 마음이 변하면 세상이 달라진다. 그러면 2050년의 포노 사피엔스 학교가 지금 우리의 눈앞에 등장한다. 포노 사피엔스 학교의 실현은 새로운 세대를 위한 결단이다. 우리는 고령화가 심각해져 가는 사회에 살고 있지만 젊은 국가로, 젊은 경제와 산업으로 전환해야 우리의 미래가 가난하지 않다.

J.F. 케네디는 1961년 1월 20일 취임 연설에서 "국가가 당신을 위해 무엇을 할 수 있는가를 묻지 말고, 당신이 국가를 위해 무엇을 할 수 있는가를 물어보라"고 말했다. 그때는 맞았을지 모르지만, 지금은 케네디가 틀렸다. 국가는 시민의 주인이 아니다. 시민이 국가의 주인이다. 이제 국가는 시민 한 사람 한 사람을 위해 봉사해야 한다. 저자의 말대로, 국가를 위한 개인은 없다.

김경범(서울대 교수)

추천사

저자의 이력만으로 볼 때 '교육부 관료'라는 이미지의 틀로 이 책을 해석할 수도 있겠지만, 이 책을 제대로 읽는 순간, '이런 관점을 가진 사람이 교육부에서 어떻게 오랫동안 생존했지?' 하는 생각을 하게 될 것이다. 저자는 교육부 내에서도 학습공동체를 오랫동안 꾸려왔고, 스스로 책과 논문 읽기를 좋아하고, 현장과 소통하기를 즐겨한다. 이러한 그의 궤적이 이 책에 고스란히 반영되어 있다.

이 책은 '과거-현재-미래'라는 시간의 축과 우리나라는 물론 해외를 넘나드는 공간의 축을 활용하여 교육의 중심 키워드를 조망한다. '세대에 대한 친숙한 이해', '변화하는 시대 흐름', '디지털 속성에 의한 학습의 성격 변화', '공교육에 대한 철저한 자기반성'을 바탕으로 국가가 주도했던 표준화 혹은 획일화된 교육문법을 과감하게 깨야 하는 이유와 근거를 일관되게 제시하고 있다. 상당한 근거를 지닌 저자의 상상력은 전면화되지 않았을 뿐 실험은 곳곳에서 이루어지고 있다. 그의 상상과 제언이 우리의 교육문법으로 전환되기를 소망한다.

김성천(한국교원대 교육정책전문대학원 교수, 교육정책디자인연구소장)

이 책은 기존의 교육 서적과 분명한 차별성이 있다. 근대식 교육의 '종말'만 고하는 것에 그친 것이 아니라 새로운 교육의 '탄생'을 제안하고 있다. 그것이 바로 포노 사피엔스의 학교이다. 따라서 이 책은 '미래세대'를 이해하고 그들을 이 사회의 주역으로 세우고자 하는 교육자들에게 필독서다. 특히 포노 사피엔스의 새로운 학습법은 매우 인상적이다. 하이퍼링크로 날아다니며 사방팔방 네트워크를 형성하는 포노 사피엔스의 학습법은 교사나 학부모가 반드시 알아야 할 특징이다. 포노 사피엔스가 자유롭게 유영하며 학습하고 뛰어 노는 '포노 사피엔스 학교의 탄생'을 기대하고 응원한다.

신철균(강원대 교수, 전 교육부장관 정책보좌관)

근대적 교육제도의 감옥에서 잠자고 있는 거인, 우리를 일깨우는 책이다. 포노 사피엔스가 다닐 새로운 학교를 상상하는 즐거움은 덤이다. 이 책은 미래학교 속으로 우리를 푹 빠져들게 한다. 2050년 미래교육의 역사는 한 번도 가보지 않은 길로 내딛는 나의 한 걸음으로 시작된다. 이제 변화를 맞이할 준비가 되었는가? 지금 시작하자! 첫 장을 넘기는 순간, 통찰의 기쁨과 미래교육의 바다를 만날 것이다.

이인숙(샛별중학교 교감, 경기도미래학교자치교육연구회 회장)

학교 이야기를 다시 시작하며

다시 학교 이야기를 하는 이유

나는 고등학교 때부터 의문을 하나 가지고 있었다.

'자율학습이라고 하면서 왜 억지로 공부를 시키는 거지?'

이 질문은 대학에 들어가서도 내 머릿속을 떠나지 않았다.

오히려 다른 질문과 교육 문제들로 계속해서 번져 나갔다.

'왜 우리 학교에는 억지로 공부하는 사람이 많은가?'

'왜 자신의 진로에 대해 스스로 아무런 생각을 해보지 못한 채 대학까지 등 떠밀려 오는 걸까?'

'엄청나게 많은 지식을 체계적으로 모아 놓은 국가 교육과정을 가르치지만, 학생들은 그것들을 진정으로 학습하고 있는가?'

이런 의문을 내내 가슴에 안고 대학을 다녔다. 대학을 졸업하고 교육부에 입직하여 25년 동안 공무원 생활을 하면서도 언제나 가슴속에서 사라지지 않는 질문들이었다. 나는 지난 25년 동안 어떤 형태로든 우리 교육이 새로운 모습을 가질 수 있기를 기대했다. 그래서 교육개혁안 혹은 교육혁신안 등등이 준비되고 발표될 때마다 큰 기대를 가졌지만, 대부분의 제안들은 무의미한 논란에 휘말리기도 하고, 혹은 흐지부지 흘러가기도 했다.

그동안 교육행정 경험을 쌓으며 교육 관련 도서와 인접 분야 책들을 읽고, 다시 대학으로 돌아가 공부하기도 하고 학생들을 가르치기도 했다. 그런 과정들과 함께 다양한 사람들과 만나고 대화하며 내가 내린 결론은 '우리 학교가 지난 50년간의 경제 성장, 기술 발전과 사회·문화적 변화에 제대로 적응하지 못했다'는 것이었다. 우리 사회는 후진국에서 중진국을 거쳐 선진기술국으로 성장하는 과정에서 모방형 경제, 경공업과 중공업 중심 산업체계를 벗어나 첨단 과학 기술 중심의 선도자형 경제로 변화해왔다. 동시에 학생들의 삶의 환경과 사회·문화도 크게 변해 개인주의, 소비주의, 경험주의 가치관이 주류를 형성했다. 인생관도 많이 변해 '소확행(소소하지만 확실한 행복)', '욜로족(You Only Live Once)' 등등의 용어들이 유행하고 있다. 하지만 학교 교육과 평가체제는 여전히 지식 중심의 내용 전달 교육이고, 국가주의에 기초한 표준화된 국가 교육과정이 모든 학교의 수업을 규정하고 있다. 이미 오래전에 역량 중심의 개별화된 자치 교육과정으로 전환한 유럽 선진국들과 북미 나라들에 비해 우리나라는 수십 년 뒤처져 있다.

나의 첫 책인《교육을 교육답게, 우리 교육 다시 세우기》는 이러한 문제의식을 정리했다. 근대 산업사회에서 탄생한 표준화된 국가 교육과정 중심 교육 패러다임을 개인화된 밀레니얼 세대에 맞게 개별화 교육과정으로 전환하여, 청소년의 성장에 중심을 두고 학생들이 자신의 진로를 스스로 개척해 나갈 수 있도록 학교 교육을 쇄신하자는 주장을 담았다. 나는 처음에 그 책의 제목을 '부적응 학교'로 하고 싶었는데, 출판사와 협의 과정에서 다른 제목으로 출판이 되었다.

전작은 우리 학교의 부적응 상태를 진단하고, 나름대로 학생들의 관심과 흥미, 소질과 재능에 맞는 개별화된 교육과정, 진로 중심 교육과정, 삶 속에서 성장하는 민주시민 교육 등등으로 그 해결책을 제안한 책이다. 이 책《포노 사피엔스 학교의 탄생》에서는 기관의 설계와 운영체제의 특징, 지식의 성격 변화, 주요 교육-학습 방법 변화 등의 측면에서 근대 학교가 어떤 상황에서 무슨 목적을 가지고 설계되었는지 다시 살펴보고, 근대 산업사회에서 설계된 근대학교는 디지털화되고 네트워크화된 멀티미디어 지식과 정보에 기반한 현대사회에 더 이상 효용성을 발휘하지 못한다는 점을 확인하려고 한다. 또, 새로운 지식정보의 생산, 유통, 활용 방식에 적합하고, 스마트 기기와 네트워크로 무장한 포노 사피엔스에게 효과적인 새로운 학교의 건축이 필요하다는 주장을 담았다.

부적응 학교를 변화된 환경에 적응시키는 것도 좋은 방식일 수 있다. 하지만 이미 오랜 시간 동안 굳어진 학교 시스템이 변화에 맞춰 유연성을 발휘하지 못하는 상황이 너무 오래 지속되었으니, 교정의 치료법이 아닌 단종(斷種)의 대체가 필요하다는 의미에서 근대학교의 '종말'이라는 단어와 새로운 포노 사피엔스를 위한 학교의 '탄생'이라는 용어를 선택했다. 단종을 통해 종말시키려는 학교는 '종이에 인쇄된 이론과 개념 중심의 국가 교육과정 – 지식전달 중심의 수업 – 관리와 통제 중심의 관료적 교육행정 시스템 – 줄 세우기식 상대평가'로 구성된 근대적 국민 교육을 위한 근대학교다. 근대학교는 강제로 교육시키는 학교, 공부를 지루하고 어렵고 하기 싫은 것으로 만드는 학교, 서로가 협력하지 못하게 하는 학교, 한 곳에 몰입하지 못하게 하는 학교, 스스로 생각하고 결정하고 책임지지 못하게 하는 학교, 통합과 융합을 방해하면서 분할하고 파편화하는 학교, '모든 것을 다 안다'는 착각과 냉소를 키우는 학교다.

새롭게 탄생하는 포노 사피엔스 학교는 디지털 네트워크 지식정보에 기반하여 개별화되고 개인화된 학습 시스템을 통해 지식과 정보 활용 역량을 키운다. 그렇게 스스로 자신의 길을 열어가면서 미래를 만드는 즐거운 배움의 연대가 꽃 피는 학교다. 현대사회의 지식은 입체적으로 네트워크를 통해 연결되어 있으며, 삶과 하나로 통합되어 있다. 지식은 학습자의 관심을 통해서만 제대로 습득되고 활용된다. 운전할 때 지나치는 주변 풍경은 모두 눈에 들어오지만 대부분 기억에 남지 않는다. 관심이 없기 때문이다. 근대학교의 교육방식은 마치 아이들에게 아무런 관심이 없는 길을 따라 차를 몰고 가게 하면서, 주변 풍경을 모두 외우라고 하는 편집증적인 광대 짓과 같다. 부적응 학교를 극복하고 학교와 교육을 혁신해야 하는 일이 당위였다면, 디지털 네트워크 지식과 밀레니얼 세대, 포노 사피엔스들에게 적합한 새로운 학습문화의 출현은 지금 우리의 현실이다.

현실은 근대학교가 출현했던 상황과는 근본적으로 다르다. 이제 지식과 정보는 거의 무제한으로 그것도 무료로 제공되는 세상에서 복잡하고, 반복적이고, 지루한 일들은 빠르게 인공지능과 로봇으로 대체되고 있다. 심지어 전문적인 영역의 조사, 분석, 판단까지도 인공지능이 활약하고 있다. 2000년대 초반 인류가 생산하는 지식 중 디지털 지식정보가 50%를 넘어섰고, 2010년경에는 99%에 가까운 지식과 정보가 디지털 형태로 생산되어 네트워크에서 유통되고 있다. 제품의 생산, 수송, 유통뿐만 아니라 서비스, 연구 등의 분야에 도입된 로봇과 인공지능은 양적, 질적인 면에서 인간의 활동을 빠르게 대체하고 있다.

〈제퍼디!(Jeopardy!)〉 퀴즈쇼의 왕중왕을 누른 인공지능 왓슨(Watson)은 전 세계적으로 의사의 진단과 치료를 돕고 있다. 재판에서는 판사의 판결을 돕는 보조판사 인공지능이 활용되고 있다. 변호사의 변호를 돕는 인공지능은 수백만 쪽에 달하는 소송자료를 읽고 정리하여 소송 전략을 짜는 일을 돕는다. 최근 미국국토안전부는 민원 처리에 인공지능을 도입하여 월 50만 건 이상의 민원을 처리했는데, 고객 만족도에서 최고점을 받았다고 한다. 이세돌을 이긴 알파고 이후 바둑 기사들은 인공지능의 도움을 받으면서 바둑 경기를 진행하는 방식으로 새로운 게임을 도입하고 있다.

현실은 실재다. 근대학교가 근거했던 근대 산업사회는 이미 과거다. 과거에 근거한 근대학교는 이미 기반을 잃은 허상이다. 허상인 근대학교의 종말과 디지털 네트워크 사회의 실재에 근거한 새로운 학교, 포노 사피엔스 학교의 탄생이 반드시 필요한 이유도 그것이다.

나는 지난 3년간 이런 문제의식을 품어왔다. 지식의 역사, 4차 산업혁명을 통해 변화되는 인간의 삶과 관련된 책들을 읽고, 우리가 직면하고 있는 교육 문제에 대한 다양한 전문가의 강의를 들으며 유튜브 관련 영상들을 참고하여 줄곧 이 책을 준비해왔다.

'인류 역사를 통해 지식은 어떻게 개발·축적되고 전달되며, 개개인은 어떻게 학습하는가? 왜 배우는가? 인간의 삶과 학습에서 학교와 교육 시스템은 어떤 역할을 해왔고, 앞으로는 무엇을 해야 하는가?' 등의 여러 질문에 대한 답을 찾기 위해 첫 책을 출간한 이후, 다양한 상황과 공간에서 만난 교사들, 교육행정가들, 교수들과 수많은 이야기를 나눠왔다. 그리하여 내 생각이 거의 정리가 되고 본격적으로 책을 쓰기 시작한 2019년 말 ~ 2020년 초, 전 세계적으로 코로나 바이러스가 확산되기 시작했다.

2020년 우리나라뿐만 아니라 전 세계가 지난 100년 동안 겪어 보지 못한 크나큰 재난에 직면해 시련을 겪고 있다. 코로나19(COVID 19)로 인해 조성된 세계적인 전염병 전파와 이에 따른 정치, 경제, 사회·문화적인 충격이 거의 1년간 지속되고 있고, 이 사태가 언제 종료될지 누구도 장담할 수 없는 상황에 처해 있다. 시민들의 일상도 상상하지 못했던 방식으로 영향을 받고 있으며, 재난영화에서나 볼 것 같은 상황이 연일 현실에서 일어나고 있어 오히려 초현실적인 느낌마저 든다.

교육 분야와 학교도 코로나19의 영향에서 예외일 수 없었다. 아니, 실은 가장 크고 심도 깊은 영향을 받고 있다고 해야 맞을 것 같다. 면대면 방식의 활동과 운영 중심인 학교 교육은 이러한 방식이 불가능한 상황에서 가장 큰 충격을 받을 수밖에 없다. 코로나 사태는 우리 학교의 운영방식, 수업형식, 학생들의 학습 활동에 심대한 변화를 초래했다. 지난 한 학기 동안 전국의 모든 학교는 개학을 연기하고, 수업의 대부분을 실시간 온라인 수업 혹은 비대면 콘텐츠 학습으로 운영했다. 전 세계 대부분의 국가들도 우리나라와 동일한 상황에 직면해 있다.

예상치 못한 재난 상황에서도 우리 학교는 가장 모범적으로 대처해왔다. 빠르게 온라인 수업을 준비해 바로 실행했다. 다양한 온라인 수업 콘텐츠들을 찾아서 온라인 수업에 활용하고, 상당수의 교사들이 실시간 화상회의 방식으로 쌍방향 온라인 대면 수업을 진행했다. 급작스럽게 닥친 충격적인 일상 속에서도 많은 교사가 곧바로 온라인 수업을 위한 콘텐츠들을 만들어 공유했다. 또, 협동작업을 통해 이러한 콘텐츠를 개선하고 확대하여 학생들이 교실 수업을 받지 못해 생길 수 있는 공백을 메우기 위해 헌신적으로 노력했다. 한국은 코로나19 대응체계와 방역 분야에서뿐만 아니라 교육 분야에서도 빛나는 모범사례를 창출하여 많은 나라로부터 부러움을 사고, 벤치마킹의 대상이 되었다. 세계 최고의 정보통신 인프라를 기반으로 해서 우리 시민과 교육 분야 종사자들이 함께 만들어 낸 성공 스토리다.

하지만 여기저기서 아쉬운 점도 드러났다. 많은 학부모가 초중고교 자녀들이 온라인상에서 정말로 학교 수업을 잘 받고 학습을 체계적으로 수행하고 있는지 의문을 제기하고 걱정하는 목소리들을 냈다. 일부 학생들은 온라인상에서 출석체크만 하고 수업 프로그램을 켜놓은 상태로 게임을 하거나 다시 자는 경우도 있는데, 이런 경우에도 교사가 달리 제재하거나 관리할 수 있는 방안이 없었다. 학부모들은 학생들이 집에 방치되는 결과가 초래된다고 우려했다. 특히, 저소득층과 소외계층 학생들의 학습결손과 학력 저하에 대한 우려는 진지한 관심과 노력이 필요한 부분으로 지적되었다.

상황이 이렇다 보니, 일부 학부모들은 더욱 사교육에 기댈 수밖에 없다고 생각하게 되고, 입시를 앞둔 학생들 중심으로 불안감이 높아져 스스로 학원을 찾게 되기도 한다. 반면 저소득층 학생들은 이마저도 고려해볼 수 없는 상황에서 별다른 대책 없이 그냥 방치된 상태다. 사회·경제적 격차가 초래하는 지식정보 학습상의 격차인 디지털 디바이드(digital devide)가 심화될 거라는 우려는 지금 우리가 당면한 매우 현실적인 문제다. 또한, 학생들이 서로 상호작용하는 과정에서 자연스럽게 사회적 관계와 협동적 활동을 경험할 수 있는데, 온라인 개학과 화상 수업 상황에서 학생 간 상호작용 기회가 없어진 부분에 대한 보완을 어떻게 해야 할지는 큰 숙제로 남겨진 상태인데 2020년 하반기에도 여전히 코로나19 사태는 진정될 기미가 보이지 않는다.

아무도 예상하지 못했던 전 세계적인 팬데믹 사태는 한편으로 우리의 대응력과 적응력을 시험하는 계기가 되었지만, 다른 한편으로는 우리 교육이 그동안 당연시해왔던 것들에 대해 새롭게 바라볼 수 있는 기회를 제공했다.

- 그동안 학교가 수행한 교육은 온라인 콘텐츠로 대체할 수 있는 것이었는가?
- 온라인상에 수많은 콘텐츠가 있고, 학생들이 인터넷과 컴퓨터, 스마트 기기를 통해 그것들을 학습할 수 있다면 교사의 역할은 무엇인가?
- 온라인 실시간 혹은 디지털 네트워크 콘텐츠를 통해 학습이 가능하다면 학교는 왜 필요한가?
- 코로나19 사태와 유사한 상황이 지속되거나 자주 발생한다면, 앞으로 학교는 어떻게 운영되어야 하는가?

지난 한 해를 돌아보며 가장 큰 아쉬움으로 남는 것은 어려운 상황에서도 실시간 온라인 수업 혹은 온라인 콘텐츠를 활용한 수업을 훌륭히 진행한 공적에도 불구하고, 디지털 네트워크상에서 이루어지는 교육 – 학습 활동이 기존의 학교라는 물리적 공간에서 이루어졌던 활동을 온라인상으로 옮겨놓는 데 머물렀다는 점이다.

매체와 도구가 달라지면, 사람들의 활동과 관계도 달라진다. 만약 근대적 학교라는 물리적 공간에서 이루어지는 지식과 정보의 전달활동을 그대로 온라인 공간으로 옮기는 것이라면, 물리적 공간으로서의 학교는 더 이상 필요하지 않다. 한편으로는 학교가 단순히 지식과 정보의 전달만을 위한 기관이 아니라는 점을 확인하는 일이었지만, 코로나 사태 국면에서 학교와 교사가 지식과 정보 전달 이외의 역할을 어떻게 수행할 수 있는지에 대해서는 별다른 혁신을 찾지 못했다는 점이 아쉽다. 하나 더 아쉬운 점이 있다. 지식과 정보의 전달을 디지털 네트워크를 사용하여 수행할 때는 지금까지와는 다른 방식으로 진행해야 할 텐데 결국은 '교사에게서 학생으로'를 '교사 – 디지털 네트워크 – 학생으로'로 대체한 수준에 머물러 있다는 점이다.

나는 이번 사태를 우리가 그동안 오랫동안 외면해왔던 문제를 직면하는 좋은 계기로 삼아야 한다고 생각한다.

근대학교는 어떤 역사적 맥락에서, 무엇을 위해, 어떻게 탄생했으며, 4차 산업혁명시대, 인공지능과 로봇의 시대를 사는 지금, 우리에게는 어떤 학교가 필요한가?

포노 사피엔스들이 가장 효과적으로 학습하고, 스스로의 삶을 각자가 일궈나가도록 돕는 학교는 어떤 모습으로, 어떻게 운영되어야 하는가?

나는 이와 같은 질문에 대답하기 위해 이 책을 썼다.

근대학교는 사실 이미 종말을 고했다. 다만 새로운 학교, 밀레니얼 학교, 포노 사피엔스 학교의 탄생이 더디게 진행되고 있을 뿐이다. 따라서 이 책은 근대학교의 종말을 초래하거나 포노 사피엔스 학교의 탄생을 구현하는 책도 아니다. 굳이 표현하자면 쓰러지기 직전인 낙타의 등에 올리는 지푸라기 한 올에 불과할 것이고, 포노 사피엔스 학교의 탄생에 대한 1단 신문 광고쯤 될 것이다.

사고의 틀: 세 가지 환상

이 책은 지난 150년간 우리 국민들이 온 정성을 다해 세웠던, 그래서 이제 우리에게 너무도 익숙한 근대학교의 종말을 선언하고 새로운 학교, 포노 사피엔스 학교의 탄생을 주장한다. 그런데 왜 오래전에 그 기반이 없어진 근대학교가 자연스럽게 없어지지 않고 아직도 건재한 것일까? 근대학교가 지금껏 사라지지 않은 데는 사회·경제적 기반도 있을 터이지만, 여기서는 우리들의 심리적, 문화적 측면에서 근대학교를 존속시키는 세 가지 환상에 대해 말하고 싶다. 익숙함의 환상(익숙한 것들을 당연하게 생각하는 경향), 개념의 환상(동일한 단어를 사용하면 그 내용도 같다고 생각하는 경향) 시간의 환상(현재를 바꿔야 미래가 바뀐다고 생각하는 직선적 시간관의 환상) 등 세 가지다.

첫 번째 환상은 우리가 익숙한 것들을 당연하고 자연스럽다고 생각하는 경향이다. 프랑스 철학자 미셸 푸코(Michel Paul Foucault)는 "우리가 상식적으로 지니고 있는 개념은 역사적 축적을 거치면서 단절적인 사고와 인식이 퇴적암의 층처럼 켜켜이 누적된 결과"라고 하면서 "지식의 고고학이 필요하다"고 했다. 근대학교는 현재를 살아가는 우리에게 있어 우리가 태어나기 전부터 이미 존재했고, 심지어 우리의 삶을 규정하는 힘을 지닌 존재로 군림해왔다. 따라서 우리들은 근대학교의 모습과 역할에 대해 '당연하다'고 여기는 경향이 강하다. 그렇기 때문에 국가가 국민을 일정 기간 의무적으로 교육받도록 하고, 권위자와 전문가가 정한 지식과 정보를 체계적으로 전달하는 근대학교의 역할과 운영 방식에 별다른 문제의식을 느끼지 않는 것이다.

하지만 학교에 관한 사고와 인식은 시대와 지역에 따라 다양하게 변화하고 단절되고 변주되어 왔으며, 퇴적층이 켜켜이 쌓이듯 앞으로도 또 다른 단층을 형성하면서 변해갈 것이다. '현대사회처럼 엄청나게 많은 지식과 정보가 매일 쏟아지는 사회에서 국가가 전문가와 권위자에게 지시하여 특정한 지식과 정보를 선정하고, 모든 국민이 이를 교육받도록 지시하는 근대학교의 운영방식은 과연 정당한가? 그전에 현대사회에서 근대학교 방식의 교육방식이 가능하기는 한가?'라는 의문을 제기하는 것이야말로 익숙함의 환상에서 깨어나기 위한 첫걸음이 될 것이다.

　두 번째 환상은 같은 용어를 사용하면 그 내용도 같다고 생각하는 경향이다. 우리는 한국보다 수백 년 앞서 산업혁명, 과학혁명, 교육혁명을 겪었던 유럽의 교육 선진국들도 학교, 국가 교육과정, 교사, 교육, 평가, 수업, 교과서와 교재 등등 동일한 용어를 사용하고 있으니, 그들도 한국과 비슷한 교육제도와 정책, 교육행정체제, 학교운영 시스템을 갖추고 있으리라고 생각하는 경향이 있다. 하지만 이들은 서로 용어만 같을 뿐이다. 혹은 외국어의 개념을 한국어 단어로 번역할 때, 동일한 관념을 표현하는 단어가 없어 할 수 없이 사용하게 된 경우도 있다. 예를 들어, 국가 교육과정과 교과서는 대부분의 나라에 다 있다. 하지만 유럽 선진국의 국가 교육과정은 개별 학교가 교육과정을 계획할 때 참고하는 하나의 조언에 불과하고 국가가 정한 교과서는 대부분 존재하지 않는 데 비해, 한국의 국가 교육과정과 교과서는 개별 학교와 교사가 따라야 하는 법적 의무가 강제된 하나의 법규다. 유럽 국가들이 큰 틀에서 통일성을 유지하기 위해, 국가 교육과정을 참고하여 학교별로 교사들이 교육 전문가로서 자율성을 가지고 학생들에 맞춰 수업을 구성한다면, 한국의 학교와 교사는 국가 교육과정과 교과서의 범위 안에서 수업을 구성해야만 한다. 그렇지 않으면 법령을 어긴 것이 된다. 모든 나라가 국가 교육과정과 교과서라는 용어를 사용하고는 있지만, 각 나라의 학교 교육현장에서는 하늘과 땅 만큼이나 다른 역할을 하고 있다.

　한국에서 국가 교육과정과 교과서는 교사와 학생을 가두는 감옥이다. 그러니 우리나라에서는 모든 교사들과 학생들이 획일적으로 동일한 내용을 가르치고 배워야 하고, 그 결과를 동일한 기준으로(최근에는 획일적 기준의 적용을 '객관적으로 타당하다' 혹은 '공정하다'는 말과 같은 의미로 사용하는 황당한 경향이 생겨났다!) 평가받아야 하는 강제교육이 시행될 수밖에 없다. 동시에 교사는 교육 전문가, 학습 설계자가 아니라, 국가 교육과정의 범위 안에서 제작된 교과서의 내용을 전달하는 '원유나 가스 수송관' 같은 역할을 할 수밖에 없다. 학습 동기가 없는 아이, 소질과 재능이 제각각인 아이, 처한 삶의 환경과 주변 관계가 천차만별인 아이들 수백만 명을 두고 국가가 정한 표준화된 교육과정을 동일한 속도로 가르치고 배우도록 강제하는 체제가 과연 운영 가능한가? 결국 교사들은 주어진 수송관을 통해 엄청나게 지식을 쏟아붓는데, 정작 학생들은 배운 게 없는 황당한 상황에서 학생들은 한글을 못 읽어도, 사칙연산을 못 해도 누구나 졸업장을 수여받고 학교를 졸업하는 이상한 나라가 되어버렸다.

세 번째 환상은 우리가 현재를 변화시키고 혁신시키면 우리의 미래가 바뀔 거라고 생각하는 직선적 시간관, 실천관이다. 하지만 인간은 높은 지능을 지닌 존재이고, 특히 상상력은 인류의 역사를 바꾼 가장 획기적인 능력이다. 인간은 상상을 통해 자신의 삶과 인류의 역사를 바꾸었다. 유발 하라리(Yuval Noah Harari)는 호모 사피엔스가 연약한 신체구조와 체력으로도 지구상에서 생존하고 지구 전체를 지배하는 강력한 종으로 성장한 데 가장 큰 기여를 한 능력으로 '상상력'을 꼽았다. 인간의 사회생활의 대부분은 상상의 결과물이다. 유발 하라리는 인간의 상상력의 산물 중 대표적인 것으로 종교, 돈, 인권, 정의 같은 것들을 꼽았다.

인간은 자신의 미래를 상상을 통해 변화시킴으로써 현재의 실제 생활을 바꾸는 존재다. 따라서 우리 학교를 근본적으로 바꾸고 싶다면, 당장 우리 학교의 이러저러한 면을 바꾸어 보려고 세부 계획을 세우기 전에 우리가 바라는 학교, 10년, 30년, 50년 후 우리가 다니고 싶은 학교를 상상해봄으로써 현재 우리 학교를 혁신할 수 있다. 즉, 미래를 바꿈으로써 현재의 실천을 바꿀 수 있다.

상상하는 인간의 시간은 거꾸로 흐른다! 현재를 바꾸는 일은 미래를 상상하지 않고는 불가능하다. 그 이유 중 하나는 현재에 집착하는 순간 우리는 '용의자의 딜레마 게임(prisoner's dilemma)'의 덫에 빠지기 때문이다.

교육 문제를 예로 들어보겠다. 만약 우리나라의 모든 학부모와 학생이 사교육을 그만두고 그 돈으로 학교 교육과정과 수업환경과 학생들의 학교생활을 개선하여 미래형 학교로 혁신하는 데 투자한다면, 모두가 핀란드나 덴마크와 같은 우수하고 행복한 교육을 받을 수 있을 것이다. 하지만 누군가 자신이 상대적 우위를 점하기 위해 약속을 어기고 사교육을 시작하거나 편법을 사용하기 시작하면 상황은 완전히 달라진다. 다시 너도 나도 편법을 사용하게 되어, 모두가 더 많은 사교육비를 지출하지만 모두가 경쟁 스트레스를 겪으며 무의미한 점수 따기 경쟁을 해야 하는 최악의 상황에 빠지게 된다.

현재를 바꾸고 우리를 새로운 길로 이끄는 힘은 상상력에서 나온다. 우리는 내일을 그려보고 그 그림에 흡족해하면, 거기에 맞게 오늘을 바꿀 힘을 얻는다. 유발 하라리는 《21세기를 위한 21가지 제언》에서 미래를 그리는 상상력에 대해 "큰 그림(big picture)을 그리는 역량"이라고 표현하면서, 우리 학교에서 가장 중심에 두어야 할 교육전략이라고 했다. 그래서 이 책에서는 지금 당장 학교를 이렇게 저렇게 바꾸자는 이야기보다는, 지난 100년의 한국 학교를 돌아보고 앞으로 10년 후, 혹은 30년 후에 아이들이 다닐 학교, 또는 2050년의 우리 학교는 어떻게 운영되어야 하는가에 관심을 두고 이야기를 전개하려고 한다.

이 책을 통해 익숙하고 당연한 것들을 낯설게 바라보고 뜯어내 다시 맞춰보면서, 그동안 '모두 다 같은 용어를 쓰니 다 같은 것이겠거니' 했던 것들이 실은 서로 너무나 다른 것들이라는 점을 확인하면서 한 세대 이후의 삶을 그려보고, 그 속에서 학교와 교육이 어떤 모습일지 그려보자! 어떤 모습이고 싶은지, 어떤 모습이면 좋겠는지 스스로에게 물어보자.

세 가지 환상의 창을 통해 우리 교육과 학교를 돌아보자.

우리는 학교가 항상 지금과 같은 모습으로 있었다고 생각하고, 학교에서 교육이라는 이름으로 진행되는 숱한 일들이 당연한 것이라고 생각한다. 그래서 다른 나라에서도 학교의 모습과 교육 운영이 비슷할 거라고 생각한다. 대부분의 나라에서 학교, 교사, 교장, 교육과정, 평가, 시험 등과 같은 단어를 쓰고 있기 때문에 서로 같은 모습을 하고 같은 과정을 거쳐 살아가고 있다고 암묵적으로 전제하고 있다. 마찬가지로, 학교와 교육은 과거에도 비슷한 모습이었고, 앞으로도 비슷한 모습을 하고 유사한 일을 하면서 존속할 거라는 생각을 쉽게 받아들이면서 의심하지 않고 살아간다.

하지만 우리가 조금만 의식적으로 우리의 학교와 교육을 성찰해보면, 세 가지 환상 모두 진실과는 거리가 멀다는 걸 쉽게 알아차릴 수 있다. 현재의 한국 학교는 조선시대의 교육기관과 완전히 다른 모습이고, 전혀 다른 원리에 따라 운영되고 있다. 마찬가지로 비슷한 용어와 개념을 사용한다고 해도 핀란드나 캐나다, 혹은 미국의 학교와 교육 운영은 한국의 학교와 교육 운영과 전혀 비슷하지 않다. 또한 우리가 30년, 50년 후의 한국 학교의 모습과 교육 운영의 양상을 상상해본다면 대부분 지금 우리의 학교 모습과 교육 운영이 지속될 거라고 믿지 않을 것이며, 나아가 지속되어서도 안 될 것이라는 점에 동의하게 될 것이다.

지난 100년의 한국 사회 역사를 간략히 뒤돌아보자.

1910~1950년대까지 우리나라는 일제강점기와 한국전쟁을 거치면서 국가로서의 존립 자체가 위협받고, 국민의 삶은 나락으로 떨어진 비참한 시기였다. 요즘의 아프리카 내전 지역이나 극빈국의 상황보다 더 열악하고 삶의 질이 낮았다. 전쟁의 폐허에서 겨우 벗어나 근대적 산업사회로 변화해가던 시기가 1960~1980년대라고 할 수 있다. 이 시기는 근대적 공장 산업이 활성화되고, 근대적 기계 문명이 국민의 삶 속으로 천천히 퍼져 나간 시기였다. 또, 급격한 농촌인구의 도시 유입에 따른 도시화, 농업 노동력의 산업 노동자로의 전환 등이 빠르게 일어났다.

이 시대를 일군 세대는 일제강점기와 한국전쟁의 참화 속에서 청소년기를 보낸 세대였다. 한국의 산업화 세대는 일제강점기에서 가족의 삶을 책임지고 한국전쟁을 직접 몸으로 이겨낸 부모 세대로부터 훈육을 받고 자란 세대다. 따라서 산업화 세대는 일본 제국주의식 훈육과 강제된 규율을 따르는 학교생활과 회사생활을 통해 집단적이고 군대식 권위주의 문화에 익숙한 세대였다. 하지만 산업화 세대는 부모 세대의 문화를 그대로 답습한 것만은 아니었다. 자주적 민족주의, 한국적 국가주의, 근대적 산업사회를 이루어 선진국처럼 잘살아보자는 열망을 가지고 현실 속에서 나름의 독자적 사고, 주체적 사고를 구현하려는 노력을 기울였다.

1980년대 말, 대중적 민주화운동의 폭발로 도래한 민주화 시대의 주역은 1960~1980년대에 중고생 혹은 청년으로서 직접 민주화운동에 참여했거나 그 흐름에 공감했던 세대였다. 소위 민주화 시대를 이끌어간 세대의 부모는 근대적 산업화 사회를 일군 산업화 세대다. 즉, 민주화 세대는 근대적 산업화 시대의 문화가 몸에 밴 부모의 문화 속에서 성장했다.

사회와 학교는 여전히 산업화 세대의 집단주의, 국가주의, 권위주의를 중심으로 운영되었지만, 동시에 합리성과 효율성 중시, 근대적 계몽주의 문화 속에서 민주화 세대들은 청소년~청년 시기에 좀 더 성숙한 민주사회에 대한 꿈과 기대를 키우며 자랐다.

따라서 민주화 세대가 핵심 세력으로 등장한 1990년대 이후의 한국 사회는 형식적 민주주의의 완성, 산업 부문에 있어서 혁신, 특히 정보통신 분야에서 빠른 혁신을 통해 한국의 산업을 새로운 단계로 진입시켰다. 동시에 민주화 세대는 한국 사회의 시민사회 역량과 복지체계 구축에서 혁혁한 성과를 거두었다. 세계 최고 수준의 의료보험 체계, 세계 최고 수준의 근대적 국민교육 시스템, 보편적 기초 복지체계 구축, 세계적 수준의 정보통신 인프라 구축 등 산업화 역량을 지닌 사회가 민주주의적 개방성을 지니면 어떤 상승효과를 낼 수 있는지를 보여주는 전형적인 사례를 형성했다. 대한민국은 제2차 세계대전 이전에 선진국이 아니었던 국가 중 드물게 1인당 국민소득 3만 달러 이상을 달성하여, 선진 산업국으로 진입한 나라가 되었다.[1]

우리나라는 지난 100년 동안 낙후되고 극빈한 식민지 국가에서 산업화, 민주화를 이루어내고, 하위 20%의 후진 농업국에서 일약 상위 10%의 선진 산업국이 되었다. 그렇다면 향후 30년은 어떤 사회가 될 것이고 어떤 일이 일어날 것인가? 세계는 4차 산업혁명의 물결이 거세게 몰려오는 상황이다. 앞으로 30년간 누가 4차 산업혁명 시대의 핵심 세력이 될 것인가?

우리 사회에서 지금 20~40대에 걸쳐 있는 세대가 앞으로 우리 사회의 30년을 결정할 것이다. 이들은 우리가 흔히 밀레니얼 세대라고 부르는 집단이며, '90년생이 온다'고 할 때 거론되는 주체들이다. 이들은 밀레니얼 세대의 핵심 세력으로 민주화 세대의 부모 밑에서 청소년기를 지냈고, 우리나라의 정보통신 산업이 폭발적으로 성장하던 시기에 중고등학교 혹은 대학을 다녔다. 또한 인터넷, 컴퓨터, 네트워크, 스마트 기기 등을 일상에서 사용하며 자란 세대이자, 사회적으로는 권위주의적 문화의 쇠퇴, 자치, 자율과 민주적 조직 운영이 일반화되던 시기에 학교를 다니고 조직생활을 시작했다. 이 책에서는 1990년대 이후 출생한 밀레니얼 세대와 그 자녀들을 통칭하여 '밀레니얼 세대', 혹은 '포노 사피엔스'라고 지칭하고자 한다. 엄밀한 세대 구분이나 특성 분석에 따른 지칭이 아님을 인정하지만, 적어도 근대적 사고나 시스템과 결별을 요청한다는 점에서 묶어서 통칭할 수 있다고 생각한다.

또한 이들은 보편적 인권으로서 교육과 복지를 처음으로 경험한 세대다. 무상교육, 무상급식, 반값 등록금, 장애인, 소수자와 노인에 대한 보편적 복지 등을 청소년 시기에 경험한 세대이자 자유학기제, 사회봉사 활동 의무화, 수행평가의 일반화를 경험한 세대다. 부모 세대인 민주화 세대와는 전혀 다른 경험으로 청소년 시기를 보낸 밀레니얼 세대가 중심 세력이 되어 이끌어가는 한국 사회, 그것이 어떤 모습이 될 것인가는 매우 흥미로운 주제다. 하지만 이 주제는 이 책의 주제도 아니고, 내가 감당할 수 있는 영역도 아니다. 따라서 이 책의 논의는 '밀레니얼 세대가 요구하는 교육, 그리고 그들의 자녀들이 경험하게 될 교육이 어떤 모습을 할 것인가, 혹은 어떤 모습을 해야 할 것인가'에 한정하고자 한다.

지금 40대의 자녀들이 초중등교육을 받고 있다. 그리고 현재 20대의 자녀들이 초중등교육을 받게 되는 시기는 2050년쯤 될 것이다. 교육제도와 같은 거대 제도는 몇 년 만에 변화하고 완성될 수 없다. 따라서 밀레니얼 세대가 자신의 자녀가 받기를 바라는 교육과 학교의 모습은 대략

2050년 정도가 되면 완성될 것이다. 이 책은 밀레니얼 세대가 형성해갈 교육제도, 즉, 밀레니얼 세대의 자녀들인 포노 사피엔스들이 다닐 학교의 모습이 어떠할 것인가, 어떠해야 하는가에 대한 논의의 장을 제공하고자 한다.

이렇게 논의의 시간 단위를 30년 후에 우리가 보고자 하는 학교의 모습, 교육제도의 틀로 상정하게 되면 몇 가지 이점이 따른다.

1. 당장의 다양한 이해관계에서 자유롭다.
2. 과감한 혁신을 상상할 수 있다.
3. 다양한 사람들과 집단이 참여할 수 있다.
4. 큰 변화를 작은 변화들로 쪼개 단계적으로 준비할 수 있다.

내가 2050년의 학교의 모습을 말하고자 하는 데는 또 다른 이유가 있다. 그것은 글을 쓰는 사람으로서, 저자가 느끼게 되는 자기검열로부터 자유로운 환경에서 나의 생각과 주장을 써내려가고 싶기 때문이다. 책을 낸다는 건 자신의 주장을 공개적으로 발표한다는 의미다. 민주공화국의 시민 누구나 사상의 자유가 있고, 자신의 생각과 주장을 공개적으로 발표할 권리가 있다. 권위주의 독재 시대에는 출판 검열도 있었고, 사후 검열을 통해 금서 등을 통한 핍박도 있었지만 민주주의 시대의 대한민국에는 더 이상 공권력에 의한 검열은 없다. 하지만 글을 쓰는 사람 누구나, 특히나 출판이나 공개적인 매체에 게재함으로써 자신을 글을 대중 앞에 내어놓는 사람은 자기검열을 피할 수 없다. 자신의 지위, 상황, 관계 등을 의식하고, 의식적 혹은 무의식적으로 스스로 검열을 수행하게 되는 것이다.

특히 교육부 공무원으로 살아왔고 또 상당한 기간 동안 공직 생활을 해야 하는 나로서는 스스로 자기검열이라는 압력을 무시할 수 없는 처지다. 교육정책을 직접 기획하거나 집행하는 공직자로서 무책임한 발언이라거나, 정부의 방침에 반한다거나 하는 비판과 비난을 의식하지 않을 수 없다. 그렇다 보니 스스로 나의 상상력과 창의성을 억누르거나 생각을 삭제하려는 유혹과 압력을 느끼게 된다. 그래서 시간 단위를 지금 당장, 혹은 5년 후가 아니라, 한 세대 이후, 지금 청년들의 자녀들이 초등학교, 중학교, 고등학교를 다닐 때 정도로 상정하고 논의를 하면, 나도 자기검열의 압박으로부터 자유로울 것이고 내 글을 읽는 사람도 지금 당장의 현실성이나 정책을 둘러싼 이념적 지형에서 벗어난 자리에서 함께 생각을 주고받고, 논의를 상호 상승시켜 갈 수 있지 않을까 하는 기대를 하게 되었다. 한편으로는 책임을 회피하는 듯도 하지만, 다른 한편으로는 서로가 편안한 마음으로 우리 교육의 미래를 함께 생각해볼 수 있는 장을 만들수 있지 않을까 하는 기대를 갖고 상정한 시간 단위임을 독자들이 혜량해주시기 바랄 뿐이다.

이 책에서는 한국 학교와 교육제도는 지극히 근대적인 현상이며, 특히 근대적 산업사회 적합성은 이미 그 수명이 다했고, 여타 선진국들의 학교와 교육제도 및 교육 운영 원리와 비교해보아도 매우 낙후한 것일 뿐만 아니라 교육이 한 사회에서 100년을 계획하는 큰 기획이라고 한다면, 적극적으로 끝장을 내고 새롭게 틀을 짜야 하는 시점이 이미 오래전에 지났음을 역설하고자 한다. 그렇다고 내가 무슨 마술과 같은 해결책을 제시할 능력이 있는 것은 아니고, 그럴 계획도 없다. 다만 우리가 50년, 100년, 아니, 단지 20~30년 후를 예상해 보았을 때 새로운 학교와 교육제도가 갖추어야 할 몇 가지 중요한 특징에 대해 제시하여 향후 다양한 논의를 위한 논쟁거리를 제시하고자 한다.

위인과 영웅의 시대는 지나갔다. 개인과 네트워크, 공유와 협력의 힘이 세상을 움직이는 4차 산업혁명 시대에 가장 강력한 변화의 힘은 담론의 활성화와 자유로운 개인들의 응집된 의지와 이야기다. 이 책이 대한민국 학교와 교육의 변화를 촉진하는 작은 디딤돌이 되기를 바랄 뿐이다.

PART I

학교의 종말

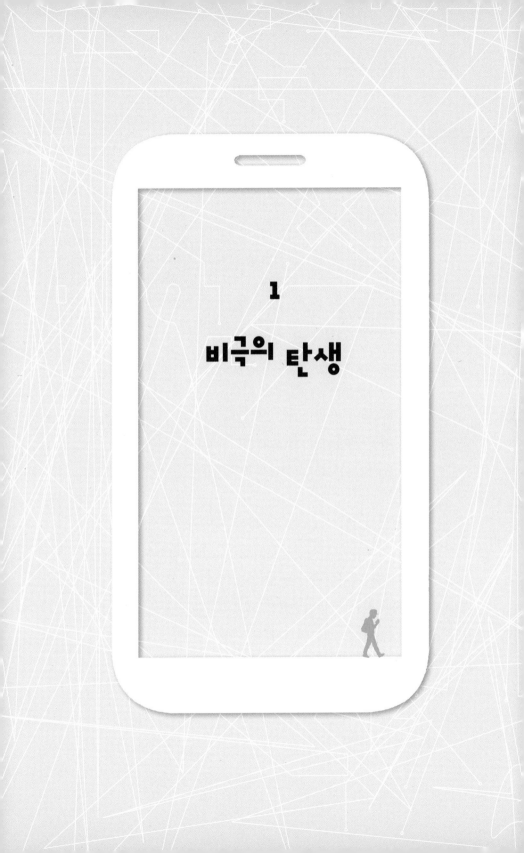

1
비극의 탄생

근대학교의 탄생

제도를 설계하고 정책을 만드는 사람들에게는 항상 목적과 계획이 있다. 해당 제도와 정책이 달성할 목적이 명확해야 구조를 제대로 설계할 수 있고, 설계된 구조는 목적을 달성하기 위해 계획에 따라 운용돼야 하기 때문이다. 그렇다면, 대중적인 근대학교를 설계했던 사람들은 어떤 목적과 계획을 가지고 있었을까?

근대학교의 설계와 관련하여 크게 세 가지 목적을 이야기할 수 있다. 근대국가의 형성으로 야기된 국가 간 국력 경쟁과 식민지 쟁탈전에서 승리하기 위한 경쟁력의 하층 담지자로서 투철한 국가관을 지닌 군인과 관료의 양성, 초기 산업혁명 시기에 급속하게 증가하는 산업노동력의 확보, 그리고 정치적 신분, 선천적 신분이 소멸해가는 시기에 사회·경제적 신분, 후천적 신분이 될 서열 정하기 혹은 자리 나누기다!

지금 우리가 보는 대중적인 학교의 모습이 최초로 모습을 드러낸 곳은 1800년대 초반의 프로이센이었다. 프로이센의 대중적인 국민교육 체제는 빌헬름 폰 훔볼트(Wilhelm von Humboldt)에 의해 설계되었다. 그는 프랑스와의 전쟁에서 나폴레옹 군대에 패배한 독일을 정신적으로 재건하기 위한 첫걸음이 교육체제를 점검하는 일이라고 여겼다. 훔볼트의 노력으로 "일반 의무교육을 국가의 공적 책임으로 확정한 19세기 전반기에 30,000개의 초등학교가 개교하거나 일신하여 다시 문을 열었다." 훔볼트의 개혁은 국가를 위해 봉사하는 공무원이나 군인, 산업기술 전문가로 국민들을 양성하는 핵심적인 기관으로 학교를 활용하려는 것이었다.[2]

그렇다면 프로이센을 중심으로 한 독일이 표준화된 국가 교육과정을 핵심으로 하는 대중적인 근대적 학교 시스템을 도입한 시대적인 이유는 무엇이었을까? 그것은 17세기에 들어 근대적인 정치제도를 구축하기 시작했고, 이미 18세기 이전부터 과학기술의 발달과 각종 기술적 발명을 통해 근대적 산업화의 길을 선도하던 영국에 비해 훨씬 뒤떨어진 프로이센이 후발 산업국가의 열세를 극복하기 위한 핵심 방안이었다. 또한 독일은 프랑스와의 전쟁에서 패배한 후 프로이센을 중심으로 통일국가의 틀을 잡아가는데, 영국을 비롯한 선발 산업 국가를 따라잡고 프랑스에 대한 패배를 만회하기 위해 가장 먼저, 그리고 가장 중요하게 군사제도와 교육제도를 근대적으로 개편할 필요가 있었다. 이때 프로이센을 중심으로 진행된 교육개혁의 일환으로 19세기 초에 도입된 독일의 교육제도는 표준화된 근대적 국민교육제도의 효시가 되었다. 독일은 대중적인 근대적 학교제도를 도입함으로써 대량의 산업노동자, 투철한 국가주의 의식으로 무장한 군인과 관료를 양성하여 근대국가의 면모를 갖춰갈 수 있었고, 영국 등 선진 산업화된 국가를 급속히 따라잡을 수 있었다.

1800년대 독일 근대학교는 내용 면에서뿐만 아니라 형식적으로도 계급적이었다. 계층별로 별도의 교육기관을 두었고, 각각의 교육기관은 사회·경제적, 후천적 신분에 따라 다른 집단을 대상으로 별도의 교육목표를 설정하고 운영되었다. 이전에 귀족들이나 상류층을 위한 학교였던 문법학교는 김나지움으로 개편되어 향후 고등교육을 받을 수 있도록 대학 입학을 준비시키는 역할을 맡았다. 중류 계층의 자녀들을 위해서는 6년 과정의 프로김나지움이 새로 설치되었다. 그 밖의 다른 학교들은 고전을 가르치지 않았으며 프랑스어와 과학을 가르쳤다. 이 학교들의 교육과정을 마치면 중등학교 졸업시험 응시 자격이 부여되고, 졸업시험에 합격한 학생들은 1년간의 군복무 기회와 하급 관리직에 채용될 수 있는 자격이 주어졌다.[3]

영국과의 독립 전쟁을 치렀던 1800년대 중·후반의 미국도 1800년대 초의 독일과 비슷한 상황에 처해 있었다. 당시 미국은 농업국가였고, 근대적 산업화를 이루기 위해 많은 개혁을 추진하게 된다. 당시 독일에는 미국 유학생들이 거의 10,000명에 이르렀는데, 독일에서 공부를 마치고 돌아온 교육개혁가들의 눈을 사로잡은 교육제도가 프로이센의 표준화된 근대적 국민교육제도였다. 미국의 많은 주 중에서 미시간과 매사추세츠주가 선도적으로 프로이센 교육모델을 도입하여 근대적인 초중등 공립학교 시스템을 구축했다. 독일의 초중등 학교를 모델로 삼아 미국의 공립학교 시스템을 설계했듯, 미국의 대학교도 독일의 대학을 모델로 삼아 설계되었다.[4]

19세기 말 20세기 초에도 지속적으로 독일형 근대학교들이 미국에서 확산되었고, 이 과정에서 핵심적인 역할을 수행한 조직이 록펠러가 설립하고 지원한 '일반교육위원회(General Education Board)'였다. 당시 이 위원회의 설립 취지와 활동 내용을 보면, 근대학교의 목적은 산업노동자 양성,

특히 하층 농민, 노동자 교육 및 이들을 감독하고 통제하는 관리자 양성이라는 점이 적나라하게 드러난다. 일반교육위원회가 제출한 특별보고서 〈미래 학교(The Country School of Tomorrow)〉에서 프레데릭 게이츠(Frederick Gates)는 매우 노골적으로 "대중적 근대학교의 설립과 일반교육의 도입이 시민의 교육수준을 높이고 생활수준을 향상시키기 위한 것이 아니라, 자신들이 바라는 대로 교육의 방향을 끌고 가기 위한 것"이라고 적시했다. 보고서는 대중적인 학교의 목적이 산업체와 농장에서 지시하는 대로 복종하도록, 명령에 따라 생산적으로 일하도록 길들이는 데 있다고 말한다. 그리고 감히 권위를 의심하거나 배워야 하는 것 이외의 것을 궁금해하는 태도는 과감히 꺾어버려야 한다고 주장한다. 보통교육을 받는 평민들의 자녀들은 자신이 지금 있는 곳을 천국으로 여기고 늘 감사하는 마음으로 주어진 일을 묵묵히 수행하면서 하루하루를 즐기는 그런 사람으로 길들여지고 미래를 향한 꿈 같은 것은 감히 꾸지 못하도록 하여, 숙련된 일꾼으로 만드는 교육이 필요하다고 역설한다.[5]

나는 위에 언급된 내용이 너무 적나라하고 노골적이라 설마 하며 실제 원문을 구글에서 찾아보았다. 놀랍게도 위에 인용한 내용은 나와 있는 내용 그대로였다. 궁금한 독자들을 위해 미주에 원문을 첨부했다.[6] 위의 인용문을 만약 요즘 사람이 공개적인 보고서 등에서 주장한다면, 아마도 그는 사회에서 매장되고 말 것이다. 근대학교의 출현 과정에서 지배계층이 대중적인 학교 제도를 어떻게 생각하고 무엇을 목적으로 한 기관으로 운용하고자 했는지 명확하게 드러나는 부분이다.

근대학교 모델은 미국뿐만 아니라 많은 근대국가들로 퍼져나갔다. 특히 유럽의 산업혁명을 빠르게 추격하고 싶은 열망에 사로잡혀 있었던 일본, 러시아 등의 후발 산업국가들은 독일의 제도를 수입하여 표준화된 국민교육제도를 급속히 도입했다. 1854년, 미국 군함에 의해 강제 개항을 당하고 굴욕적인 불평등조약을 체결했던 일본의 군국주의자들은 절치부심하여 서구 열강을 따라잡고, 앞질러 자신들이 당한 굴욕을 설욕하고, 나아가 아시아를 지배하는 제국으로 군림하고, 스스로 유럽의 일원이 되고자 했다. 일본은 서구 여러 나라에 유람단을 보내 근대화된 다양한 제도를 조사, 연구하여 벤치마킹하고 근대적 제도와 문물을 수입하게 된다. 그중에서 유럽의 선진 산업화를 따라잡기 위해 절실했던 것이 강력한 군사력을 갖추기 위한 군사제도와 근대적 국가를 형성하기 위해 필요한 관료를 양성할 교육제도였다. 그때 일본 제국주의자들의 마음을 사로잡은 제도가 프로이센의 근대적 군대제도와 직업교육제도였고, 적극적으로 이를 받아들여 메이지 유신(1868) 이후 채 반세기도 지나지 않아 서구 열강을 따라잡는 데 성공했다. 일본 제국주의자들은 독일형 근대교육 체제를 도입해 급속한 산업화에 필요한 하층 노동자를 대량으로 교육하고, 제국주의의 이데올로기에 무비판적으로 맹종하는 군인과 식민지 착취를 관리할 관료를 효율적으로 양산해냈다.[7]

근대학교의 특징

파울로 프레이리(Paulo Freire)는 근대학교와 근대 교육제도에 대한 가장 신랄한 비판자다. 그는 학교에서 "교사 – 학생 관계는 설명하는 주체(교사)와 인내심을 가지고 그 설명을 듣는 객체(학생) 관계에 기반하고 있으며, 학교는 학생들을 교사가 내용물을 '주입'하는 '그릇'이나 '용기'로 만든다"고 주장한다. 근대학교에서 교육과 학습은 예금 행위처럼 구성되며, 학교는 은행, 학생은 보관소, 교사는 예탁자가 되는 '은행저금식' 교육이 된다고 비판하면서, 근대학교의 특징인 은행예금식 교육의 특성을 다음과 같이 제시했다.

1. 교사는 가르치고 학생들은 배운다.

2. 교사는 모든 것을 알고 학생은 아무것도 모른다.

3. 교사는 생각의 주체이고 학생들은 생각의 대상이다.

4. 교사는 말하고 학생들은 얌전히 듣는다.

5. 교사는 훈련을 시키고, 학생들은 훈련을 받는다.

6. 교사는 자기 마음대로 선택하고 실행하며 학생들은 그에 순응한다.

7. 교사는 행동하고 학생들은 교사의 행동을 통해 행동한다는 환상을 갖는다.

8. 교사는 교육내용을 선택하고 학생들은 (상담도 받지 못한 채) 그에 따른다.

9. 교사는 지식의 권위를 자신의 직업상의 권위와 혼동하면서 학생들의 자유에 대해 대립적인 위치에 있고자 한다.

10. 교사는 학습 과정의 주체이고 학생들은 단지 객체일 뿐이다.[8]

프레이리의 근대학교 비판의 주요 내용은 우리나라 학교에도 그대로 적용이 가능하다. 사실 한국 학교는 프레이리가 정리한 '은행예금식' 교육보다 더 심각하다고도 할 수 있다. 적어도 프레이리는 학교에서 교사가 상당한 자율성과 주도성을 지닌다고 보고 있지만, 한국 학교에서 교사는 '국가 교육과정 – 교과서 – 대학수학능력시험'이라는 삼각동맹에 결박당해 옴짝달싹할 수 없는 처지에서, 거대한 학교 시스템의 한 부분을 담당하는 말단 관료의 처지에 놓여 있기 때문이다.

한편 미국의 교사인 존 테일러 개토(John Taylor Gatto)가 지적하는 미국 학교의 문제점을 살펴보면, 우리나라 학교도 동일한 근대학교의 문제가 노정(露呈)되어 있음을 알 수 있다. 미국의 교육제도가 여전히 프로이센의 군인 육성과 산업인력 양성이라는 이념을 중심으로 운영되며 많은 학생들을 획일화, 표준화시키고 있다는 비판은 아직도 거세다. 그래도 미국의 교육제도는 한국의 학교 시스템보다 개별 학교와 교사의 자율성, 전문성을 발휘할 기회가 더 많이 주어지고 있으며, 한국 학생들에 비해 수업에서 학생별 개별화된 활동이 많고 학생 주도적 학습이 더 활발하다.

그럼에도 미국의 교육제도 안에서 30년 가까이 교사로서 생활하고 '뉴욕시 올해의 교사상'을 세 번, '뉴욕주 올해의 교사상'을 한 번 수상한 교사 개토가 자신이 속해 있는 공립학교 시스템을 비판하는 내용을 보면 놀라지 않을 수 없다. 그는 프로이센의 국민교육제도가 가지고 있는 태생적인 문제점을 다음과 같이 지적했다.[9]

1819년 프러시아에서 시작한 현대 의무교육은 중앙집권화한 학교가 어떤 사람을 길러낼 것인지 분명하게 밝혔다.

1) 명령에 복종하는 군인
2) 고분고분한 광산 노동자
3) 정부 지침에 순종하는 공무원
4) 기업이 요구하는 대로 일하는 사무원
5) 중요한 문제에 대해 비슷하게 생각하는 시민들[10]

개토는 미국의 공립학교 시스템도 프로이센의 국민교육제도와 크게 다르지 않으며, 핵심에 있어서는 조금도 벗어나지 못하고 있다고 주장하면서, 공립학교 시스템은 학생들에게 다음과 같은 일곱 가지의 죄를 짓고 있다고 지적한다.[11]

첫째, 학습의 파편화를 통해 학생들을 혼란 속에 빠뜨린다. "제대로 된 인간이 추구하는 것은 단절된 사실의 파편이 아니라 의미입니다." "학교는 서로의 작업에 연관성을 거의 느끼지 않는 너무나 많은 어른들이 사실은 자격도 없는 전문성을 내세우면서 아이들을 혼란 속으로 몰아넣는 것입니다." "저는 학생들에게 만사(萬事), 만물(萬物) 사이의 연관성을 해체하도록 가르칩니다. 체계화의 정반대 방향으로 끝없이 세계를 파편화하는 것입니다."

둘째, 학교는 학생들을 교실에 갇혀 있도록 강제한다. "저는 학생들에게 너희들이 있을 곳은 교실 안이니 그곳에서 나가지 말라고 가르칩니다." "학교처럼 짜고 벌이는 경쟁판에서 정말로 가르치는 것은 바로 이것입니다. 각자 자기 위치를 알고 받아들이게 하는 거지요." "언젠가는 고용주들이 시험 성적과 등급을 근거로 신입사원을 채용하는 날이 오지 않을까 하는 생각이 이따금씩 악몽처럼 저를 덮칩니다."

셋째, 학교는 아이들의 경험을 교과로 분절시킴으로써 모든 일에 무관심하게 만든다. "학생들은 교과 진도표 위에서 말고는 완전한 경험이라는 것을 갖지 못합니다. 종소리의 진정한 가르침이란 어떤 일도 끝낼 만한 가치가 있는 것은 없다는 것입니다. 그러니 무엇에든 지나치게 몰입할 필요가 어디 있습니까?" "학교의 시간을 지배하는 감춰진 원리가 종소리입니다." "종소리는 학생들의 모든 노력을 무관심이 지배하도록 감염시키는 힘을 갖고 있습니다."

넷째, 아이들이 자신을 잊고 정서적으로 권위에 의존하게 만든다. "동그라미와 곱표, 미소와 찌푸림, 상과 벌, 표창 따위로 저는 아이들에게 각자의 의미를 버리고 미리 목표가 정해진 지휘체계에 따르도록 가르칩니다." "권위를 가진 사람이 인정해주지 않는 한 학교 안에는 아무 권리도 존재하지 않기 때문입니다." "개성이란 학급 이론에 저촉되는 요인이며 일체의 분류체계에 암적인 존재라 할 것입니다."

다섯째, 학생들이 지적 호기심을 버리고 교사와 권위자에게 지적으로 의존하게 만든다. "자신보다 더 잘 훈련받은 다른 사람이 자기 인생의 의미를 정해 주도록 기다리게 하는 것, 이것이 무엇보다도 중요한 가르침입니다." "잘하는 학생들이란 이렇게 생각하라고 제가 시키는 방향을 별 저항 없이 잘 따르는 학생들입니다." "제 직업에는 호기심이란 것이 작용할 여지가 없습니다. 동화(同化)만이 중요한 것이죠." "스스로는 무엇을 할지 모르기 때문에 남들이 시키는 일만 하는 사람들, 이들을 토대로 하나의 생활양식이 이루어져 있습니다. 제가 가르치는 가장 중요한 내용 중 하나가 바로 이것입니다."

여섯째, 스스로에 대한 자부심보다는 전문가에 의존한 조건부 자신감을 지니도록 훈련한다. "우리의 세계는 자신감 넘치는 사람들이 너무 많을 경우, 버텨낼 수 없게 되어 있습니다. 때문에 저는 아이들의 자신감이 전문가의 의견에 얽매여야 한다고 가르칩니다." "아이들이 자기 자신이나 부모를 믿기보다는 자격증을 가진 권위자들의 평가에 따라야 한다는 것입니다." "객관적인 것처럼 보이는 이 통지표들이 쌓이고 쌓인 무게 아래 아이들은 무성의한 타인들의 판단에 따라 자신에 대해, 그리고 자신의 미래에 대해 결정을 내리게 되는 것입니다."

일곱째, 아이들에게 항상 감시되고 통제되고 있다는 압박감을 준다. "저는 학생들에게 너희들은 항상 감시되고 있다, 나와 내 동료들이 끊임없이 너희들 행동 하나하나를 살피고 있다고 가르칩니다." "끊임없는 감시 그리고 개인적인 영역의 박탈은 아무도 믿을 사람이 없으며, 혼자만 있는 것은 옳지 않은 것이라고 아이들에게 가르쳐 줍니다." "아이들은 자기만의 공간도, 자기만의 시간도 갖고 있지 못합니다."

한국 근대학교의 탄생과 성장[12]

　지금과 같은 표준화된 국가 교육과정과 근대학교 체제가 우리나라에는 어떻게 정착된 것인가? 1800년대 말, 조선은 서구의 과학과 기술을 받아들여 나라를 부강하게 만들기 위해 근대적인 교육제도 수립이 필요하다는 점을 인식하기 시작했다. 그로 인해 1880년대부터 정부와 민간에서 활발한 교육운동과 학교 설립운동이 일어났다. 우리가 중고등학교에서 한국사 수업을 통해 배운 바와 같이 1880년대 몇몇 관립학교 설립과 근대적 사립학교 설립이 이루어졌고, 이어서 1895년 한성사범학교 관제와 소학교령이 공포되어 근대교육을 위한 법령이 도입되었다.

　조선 정부는 대중적인 교육을 광범위하게 보급하고자 사범학교를 설치하고 근대적 학교 설립을 추진했다. 당시 "정부에서 세운 관공립 소학교가 1897년 한성에 9개교, 1906년에는 13개교가 있었다. 그리고 각 지방에 세워진 사립학교의 대부분은 교육 정도에 있어서 소학교 수준이었다."[13] 1880년대와 1890년대 정부와 민간에서 시도된 근대적 학교 설립 및 교육운동은 유럽 제국주의의 침탈과 일본 제국주의자들의 침략에 맞서 국가의 주권을 지켜 독립국가를 유지하고, 산업을 발전시켜 나라를 부강하게 만들고자 하는 노력의 일환이었다.

하지만 일본 제국주의자들은 조선을 강제 병합한 이후 사립학교령(1909)과 조선교육령(1911)을 공포하여 자신들의 식민통치를 원활하게 하기 위한 근대적 학교제도를 강제적으로 이식하고, 동시에 교육내용을 엄격하게 통제했다. 특히 교과서 통제를 통해 전국의 학교가 표준화된 내용으로 교육하도록 하여, 민족의식 고취를 금지하고 반제국주의 의식의 확산을 막고자 했다.

개항 이후 개화된 지식인들의 신교육운동과 사립학교 설립운동, 1920년대 이후 일반 대중의 신학문에 대한 열망이 결합되어 자발적인 근대식 학교 설립운동으로 이어졌다. 이는 우리가 현재 운영하고 있는 근대적인 표준화된 교육과정과 교육제도가 일방적으로 일본 제국주의자들에 의해 강제된 것만은 아니라는 점을 보여주고 있다. 1930년대에 이르러서 일제 총독부는 오히려 소학교 건립을 지체시키고 예산 부족을 핑계삼아 자신들이 수립한 3면 1교 정책, 1면 1교 정책을 실질적으로 폐기하려고 했다. 하지만 당시 지역의 유지와 농민, 상인들은 다양한 모금방식을 통해 1면 1학교 설립을 위한 대중적인 운동을 전개하여, 총독부와 일제강점자들을 압박하는 등의 노력으로 수많은 학교 설립이 가능하게 했다. 이것은 당시 조선 민중의 근대화와 교육입국의 의지가 얼마나 강력했는가를 보여주는 좋은 사례다. 우리나라 민중은 신학문과 신교육을 통해 나라의 근대화와 산업화를 이룰 수 있다고 생각했고, 매우 적극적으로 표준화된 근대 국민교육제도를 수용했다.

해방 이후 한국에 진주한 미군은 3년간 군정을 실시하면서 한국의 교육제도와 운영원칙 형성에 결정적인 영향을 미쳤다. 초등교육이 급속히 확대되고 학제와 학교 운영체제가 형성되었던 이 시기에 미군정은 당시 한국의 절대과제였던 친일파 청산을 다른 분야와 마찬가지로 교육 분야에서도 막아버렸다. 결국 우리 교육계는 친일교사와 친일 행정관료의 청산 없이, 일본 제국주의 교육체제에서 미군정에 의한 교육체제로 옮겨갔을 뿐이다. 게다가 제2차 세계대전 이후 분출하는 식민지 독립 투쟁과 사회주의 확산을 막기 위한 전략기지로써, 한반도에 대한 미국의 지위를 확고히 하기 위한 목적을 가진 친미 반공교육까지 덧붙여져 우리 교육은 더욱더 왜곡된 길을 걷게 되었다.

해방과 한국전쟁 이후 우리는 민간독재 시기와 군사독재 시절을 거쳤다. 그 시기는 동시에 급속한 산업화 시기와 겹쳤다. 이 시기에 우리 교육은 독재와 권위에 복종하는 인간, 효율성을 최고의 덕목으로 삼는 인간, 그리고 조국 근대화를 위해 개인의 희생을 감내하는 인간을 기르고자 했다. 학교는 철저히 권위적인 행정체제로 통제되었고, 학생들은 군사훈련과 일제식 수업을 통해 무조건적으로 명령에 복종하는 인간으로 개조되어야 했다. 수업 시간에 딴짓을 하거나 엉뚱한 짓을 하는 학생은 엄격한 체벌의 대상이 되었다. 심지어 교사에게 말대꾸를 했다거나, 교사를 이상한(?) 눈빛으로 바라보았다는 등의 어처구니없는 이유 등으로 손과 발, 각종 체벌 도구로 무차별적인 폭행을 당하기도 했다. 이 모든 관행은 독재정권과 권위적인 사회 분위기 속에서 가능한 일이었다.

근대학교의 권위주의적 성격, 효율성 중시, 권력에 의한 통제 도구로의 성격을 가장 극명하게 드러낸 것은 나치 독일, 일본 제국주의, 사회주의 독재정권 아래의 학교들이었다. 그들은 근대학교가 지닌 획일성, 권위성, 효율성, 비인간성과 관료성, 교육의 도구적 성격 등을 가장 잘 이해하고, 가장 효율적으로 자신들의 권력 유지와 제국주의적 야욕의 달성, 국민에 대한 일상적 통제를 위해 근대학교를 사용했다. 근대학교의 한계점을 가장 극단적인 방식으로 경험한 독일은 제2차 세계대전 패전 이후 철저한 반성을 통해 자신들이 그토록 끔찍한 학살과 반인류적 만행을 저지를 수 있었던 바탕에는 모든 국민을 획일적으로 표준화하고, 스스로 생각하고 결심할 자율의 힘을 빼앗고, 집단적 경쟁을 통해 우월주의와 배타주의를 주입한 국민교육제도, 근대학교와 근대적 교육이 자리 잡고 있었음을 직시했다. 독일은 이후 획일적이고 표준화된 교육 시스템과 근대학교 체제를 전면 개편하여 자율적이고 개별성을 중시하는 교육체제, 불의에 저항하는 능력과 불공정에 분노할 능력을 기르고 타인과 교감하는 역량을 지닌 시민을 길러내는 탈근대 학교로 전환했다.

하지만 일본과 우리나라는 여전히 근대학교의 틀을 벗어나지 못하고 있다. 일본은 지금도 아시아에서 벌인 그들의 전쟁 만행과 민간인 학살에 대해 반성하지 않고 있다. 또한 대동아공영권이라는 망상과 사기를 가능하게 했고, 반인류적 만행을 태연히 저지를 수 있도록 교육하고 훈육했던 국민교육제도와 근대학교 체제를 개혁하지 않은 채 지리멸렬한 상태에 머무르고 있다. 우리나라도 여전히 중앙정부가 전체 교육 시스템을 통제하고 관료적 교육행정 체계를 통해 학교를 관리하며, 학교를 근대적 통제 권력과 관리체제가 작동하는 공간으로 운영하고 있다. 한국의 근대학교 시스템에서는 근대적인 통제 – 관리 권력이 '국가 교육과정 – 국가검인정 교과서 – 대학수학능력시험'의 삼각체제에 의해 유지되고 있다. 이 삼각 동맹에서 국가 교육과정은 마치 파놉티콘(Panopticon)처럼 전국의 모든 학교와 교사를 통제하는 권력이며, 교과서는 교사와 학생의 머리에 꽂아 넣은 파놉티콘의 촉수이고, 대학수학능력평가는 파놉티콘 체제를 유지하는 담장과 수문장의 역할을 수행하고 있다.

우리나라의 현재 국민교육제도는 결국 프로이센의 표준화된 근대 국민교육제도와 이를 도입한 일본 제국주의자들에 의해 일제강점기에 식민지 우민화 정책으로 강제된 황국신민학교, 미군정기 이념 전쟁의 수단화, 한국전쟁 이후에 한미교육사절단의 교육제도 컨설팅의 영향, 민간독재 시기와 군사독재 시기를 지나며 강제된 권위적 관료통제 체제 등이 켜켜이 쌓여 있는 퇴적암이다. 물론 다른 한편에는 개항 이후 근대적 국가체제를 갖추고자 했던 부국강병책의 하나로 도입된 근대적 교육제도, 1920~1930년대 애국계몽운동을 통해 적극적으로 추구한 근대적 계몽운동 정신, 60년대 이후 끊임없이 지속되었던 학교 민주화운동과 교육개혁, 학교혁신 노력 등이 스며들어 있다.

하지만 여전히 그 핵심은 표준화된 국가 교육과정을 획일적인 교육행정 시스템을 통해, 정규화된 속도를 따라, 동일한 연령의 학생들에게 가르쳐 수동적이고 순응적인 국민을 양성하고, 학교 시스템을 통과하면서 얻은 서열을 하나의 신분처럼 자신의 운명으로 받아들이도록 길들이며, 정규화, 표준화된 산업 인력을 양성하기에 최적화되어 있는 근대학교 체제라는 점이다.

한국 근대학교의 특징

한국의 근대학교는 앞서 살펴본 프레이리의 비판과 개토의 비판이 그대로 적용될 수 있다. 나아가 한국의 근대학교 시스템은 수명이 다한 근대학교의 특성들에 더해 더욱 심각한 문제들을 지닌 채 기본 골격이 그대로 유지되고 있다. 나는 한국의 근대학교 시스템, 학교를 둘러싼 행정체제와 학교 내 관리 시스템을 관통하고 있는 특징을 다섯 가지로 정리했다.

한국 학교 교육의 첫 번째 특징은 철저한 국가통제 중심 교육과정 운영이다

한국의 학교는 전국적인 차원에서 하나로 통일된 교육과정을 운영하고 있다. 그 핵심은 국가 교육과정이다. 중앙정부는 전국의 모든 초중고교가 따라야 하는 국가 교육과정을 편성하고 제시한다. 국가 교육과정은 학교와 교사가 학생들에게 무엇을 가르쳐야 하는지를 규정하고 있고, 동시에 학생이 배워야 할 것을 지시하고 있다. 국가 교육과정은 교과서로 구체화되는데, 교과서를 위해 국가 교육과정의 주요 문서들은 각 교과별, 학년별로 가르쳐야 하는 주요내용, 영역별 학습요소, 성취기준, 평가방법 등을 자세히 명시하고 있어서 교과서를 저술하는 학자, 교사 등은 국가 교육과정이 제시하는 기준에 합당하도록 저술, 편찬해야 한다.

교과서 중 국정교과서는 국가가 직접 저작권을 가지고 독점적으로 발행하는 교과서이고, 검정교과서는 국가 교육과정의 기준에 합당하도록 편찬되었는지를 검사하여 교육부 장관이 학교에서 사용을 허가한 교과서다. 국정교과서가 있는 경우는 국정교과서를, 국정교과서가 없는 경우에는 검정교과서를 사용해야 하며, 국정 및 검정 교과서가 모두 없는 경우에는 교육부 장관 혹은 시도교육감이 교과서로 사용할 수 있다고 인정한 인정교과서를 활용할 수 있다. 초중고교의 대부분의 교과는 국검정교과서로 수업이 진행된다. 각 교과마다 여러 출판사에서 교과서를 제작하여 출판하기 때문에 학교마다 교과서를 선정하여 가르칠 수 있지만 대부분의 교과서는 거의 동일한 내용을 담고 있기 때문에, 결국 전국 초중고교의 모든 교사와 모든 학생은 동일한 내용을 가르치고 배워야 하는 상황에 놓인다.

한국의 학교에서 교사는 해당 교과 교육 전문가로서의 역할이 주어졌으나, 현실에서는 교육전문가로서의 전문성을 발휘하기 어려운 상황에 직면해 있다. 교사의 교육 전문성은 ①해당 교과에서 학생에게 어떤 내용을 가르칠지를 결정하는 교육과정 편성 능력과 교과내용에 대한 전문성, ②학생의 학습역량과 학습동기를 다루는 전문성, ③교과내용과 학생의 학습역량을 연결하는 전문성, 즉 수업 전문성, ④학생이 제대로 학습을 수행하고 있는지를 점검하는 평가 전문성이라고 할 수 있다. 하지만 국가 교육과정과 국정 및 검정 교과서 중심으로 진행되는 우리 학교의 수업에서 교사의 교육 전문성은 발휘될 기회를 박탈당한 상태다. 교과내용 전문가인 교사는 자신의 교과에서 지역, 학교, 학생에 적합한 교육내용, 즉 교육과정을 결정할 권한이 없다. 왜냐하면 이 부분은 국가 교육과정과 교과서에 의해 매 학년마다 배워야 하는 내용이 이미 결정되어 있기 때문이다. 이러한 이유로 교사는 지역, 학교, 그리고 학생의 학습 상황과 학습역량, 학습동기를 고려해 다양한 내용으로 수업을 구성할 수 있는 기회를 차단당한다. 동시에, 전국의 모든 학교에서 동일 학년은 동일한 속도로 수업내용을 전달하고 학습해야 하는 컨베이어 벨트에 놓이게 된다. 이 과정에서 교사의 교육 전문가로서의 전문성은 발휘될 기회를 잃고 만다.

하지만 국가 교육과정과 교과서에 의해 모든 교육내용과 교육속도가 정해져 있다고 해도 교사는 자신의 수업을 구성하는 데 있어 국가 교육과정과 교과서의 일정 부분을 축소하거나, 특정 부분에 집중하여 수업을 할 수도 있다. 실제 일부 교과나 일부 교사들은 자율적으로 수업내용을 구성하고, 지역의 특성을 반영한 학교 단위 교육과정을 통해 교육내용 결정 과정에서 전문성을 발휘하기도 한다. 또, 열정이 높은 교사들 중에는 교육과정을 재구성하고 학생의 학습역량과 동기를 고려하여, 학기제 프로젝트 수업을 하거나 소모임별 협동 프로젝트형 수업을 수행하기도 한다. 하지만 열정적 교사들의 다양한 시도도 초등학교 수준에 머물 수밖에 없다. 중고교로 진학하게 되면, 학생들이나 교사들이나 대학수학능력시험의 압박 때문에 초등학교에서와 같은 자유롭고 다양한 수업과 활동을 수행할 수 없게 된다.

결국 한국 학교의 통제성은 국가 교육과정에서 출발해서 국검정 교과서라는 수도관을 따라서 관리되며, 최종적으로는 대학수학능력시험이라는 관문을 통해 완성된다. 한국의 학교 시스템을 전체적으로 조감해보면, 마치 하나의 건물처럼 촘촘하고 체계적으로 관리되고 감독되며 통제된다는 점을 알 수 있다. 그 핵심 기둥이 국가 교육과정, 국검정교과서, 대학수학능력시험이다. 수시전형이라는 대학입시제도의 학생부 종합전형이나 교과전형을 통해 대학수학능력시험의 학교 수업 통제성을 완화시키고 교사들에게 자율성을 부여하고 전문성을 발휘할 수 있는 여건이 조금씩 확대되어 왔다. 하지만 최근 왜곡된 공정성 논란 이후 교육부는 대학들에게 정시전형, 즉 수능 점수 중심의 전형 확대를 요구하여, 특히 서울의 주요 사립대학들이 정시전형 확대를 발표했는데, 이로 인해 결국 한국 교육의 국가 통제성, 특히 대학수학능력시험의 '학교 - 교사 - 학생'의 가르치고 배우는 활동에 대한 통제성을 강화하는 결과를 초래할 것이 명백하다.

한국 학교 교육의 두 번째 특징은 운영의 획일성이다

한국 교육의 획일성은 오랜 기간 비판의 대상이었지만, 여전히 굳건한 존재를 과시하고 있다. 국가 교육과정에 기반해 전국 모든 학생들을 대상으로 하는 교육 내용의 동일성, 초중고교로 연결되는 교육내용의 통일성에 기반한 동일한 교육속도와 교과서에 기반한 진도 빼기, 그리고 최종적으로 고등학교를 졸업하고 대학에 진학할 수 있는 자격을 취득하기 위해 통과해야만 하는 평가인 대학수학능력시험에 기초한 초중고교 교육과정에 대한 일관된 통제가 이어진다. 한국 근대학교의 핵심, 3각 동맹은 한국의 모든 학교를 획일적인 모습으로 운영되도록 강제한다.

막대한 사교육비 지출과 사교육에 참여하기 위해 학생들이 투입하는 엄청난 시간과 에너지, 초등학생들이 고등학교 수학 과정이나 영어 과정을 미리 교육받는 선행학습 문제, 그 과정에서 소진되고 탈진되어 우울과 불행을 느끼는 청소년의 자살 충동 등은 심각한 한국 교육의 문제들이다. 이와 같은 사교육이 한국 교육에서 성행할 수 있는 근거는 다름 아닌 학교 교육의 획일성에 있다. 한국 공교육은 '국가 교육과정 – 교과서 – 대학수학 능력시험' 등 삼각동맹으로 형성된 전국적 획일성, 초중고교를 일관하는 계열적 획일성을 지니고 있다. 마치 미리 결정된 마라톤 코스를 달리는 경주처럼 아동과 청소년이 누리과정부터 고등학교 졸업 시까지 언제, 무엇을, 어떻게 배우고, 어떤 평가를 통과해야 하는지가 모든 학생에게 동일하고 획일적으로, 상세히 결정되어 있는 교육을 하고 있다.

이미 경주의 코스가 결정되어 있고, 코스에서 어떤 기준으로 우열이 정해질지가 제시된 경주에 참여하는 선수와 코치가 그 코스에 미리 대비하는 것은 매우 당연한 일이다. 게다가 경주에 출발선과 결승점은 정해진 상황인데, 언제 출발하고 무엇을 타고 경주를 수행할지를 참가자 개개인이 결정할 수 있다면 누구든지 먼저 출발하여 다른 사람보다 빨리 코스를 완주하려고 할 것이다. 그리고 걷거나 뛰기보다는 더 빠른 탈것을 이용해서 경주를 이기고 싶을 것이다. 한국 학교 교육의 획일성은 결국 누구든지 먼저 출발하는 사람이 유리하고, 가능하다면 다양한 코치와 조력자를 활용하고, 고성능의 탈것을 이용하는 사람이 좋은 성적을 거둘 수밖에 없는 방식으로 진행되고 있다. 그러니 선행학습과 사교육 물량 공세는 학부모나 학생 입장에서는 한국 학교 교육의 획일성을 전제한 상황에서 내리는 매우 합리적인 선택일 뿐이다.

미국이나 유럽 국가 대부분의 사교육이 미미하고 한국처럼 경쟁적이지 않은 이유는 교육내용 결정권이 개별 학교와 해당 과목 담당 교사에게 있고, 어떤 기준으로 평가할지도 매 학기, 개개 과목마다 교사에 의해 결정되기 때문이다. 또, 대부분의 평가가 매 수업마다 교사－학생 간 상호작용 과정을 통해 이루어지기 때문이다. 유럽과 북미 등 선진국의 경우, 우리나라의 학원과 같은 사교육은 학교 수업을 따라가거나 성적을 높이는 데 거의 도움이 되지 않는 시스템이다. 결국 한국 학교 교육의 획일성은 공교육을 황폐화시키고, 선행학습을 만연하게 하고, 그 과정에서 청소년을 우울과 불행으로 몰아넣는 가장 핵심적인 역할을 하는 주범이다.

한국적 상황에서 근대학교의 학생들이 창의적이면서 즐겁고 활기차게 학교생활을 하기란 좀처럼 기대할 수 없다. 모든 학생들은 동일한 트랙에 올라, 동일한 교복을 입고, 국가가 정한 교육내용을, 주어진 교과서를 따라, 동일한 속도로, 대학수학능력시험을 향해 무작정 달려가도록 훈련받는다. 이 과정에서 창의적이고 모험적인 도전은 비효율을 의미하고, 그런 학생은 낙오되기 십상이다. 옆도 뒤도 돌아보지 않고, 정해진 대로 마라톤 경주 코스를 통과하듯 주어진 표준에 맞춰 열심히 앞만 보고 달려가는 학생이 훌륭하고 좋은 성과를 내는 학생일 수밖에 없다. 한국적 근대학교는 학생을 창의적이지 못하도록 틀 속에 가두고 경주마처럼 눈옆을 가린 채로 앞만 보고 달리도록 강제하는 체제다. 그래서 지금도 많은 교사들이 "그럴 시간 있으면 문제 하나라도 더 풀어!"라는 말을 입에 달고 산다.

한국 학교 교육의 세 번째 특징은 과도한 경쟁성이다

한국 학교 교육은 무한경쟁 체제 속에서 진행된다. 학생들은 사방의 경쟁자로 둘러싸여, 모든 학생을 향한 모두의 경쟁 속에 있다. 학생들은 학원에서도 경쟁하고, 학교에서도 경쟁하며, 유치원부터 대학졸업까지 줄곧 경쟁 속에서 살아간다. 한국 학교의 경쟁성은 '국가 교육과정 - 교과서 - 대학수학능력시험'의 삼각동맹이 형성하는 획일성에 기인하는 측면도 있지만, 동시에 학교 운영의 근대성에 기초한 측면도 강하다. 근대학교의 특성 중 하나는 교육과정을 통해 학생들을 선별하고, 낙오자와 성공자를 구분하여 사회·경제적 지위를 부여하는 역할이다.

한국 학교는 근대학교의 선별 역할에 가장 충실하게 운영되고 있다. 성열관 경희대 교수는 "학교가 사회적 선별장치로 작동하는 상황에서 교사가 아무리 수업을 잘해도 수업에서 소외되는 학생들을 막을 수는 없다"고 한탄한다. 또한 한국의 근대학교는 학생을 사회적 선별장치인 학교 시스템에 적응한 승자와 부적응자인 패배자로 구분하는 현실에서 교사들의 수업혁신, 학교혁신의 노력은 한계에 부딪힐 수밖에 없다고 경고한다. 이는 한국 근대학교의 경쟁성이 어떻게 학생을 소외시키고 나아가 교사들과 학교의 노력을 수포로 돌리는가를 지적한 내용이다.[14]

한국 학교의 경쟁성은 학교평가와 대학수학능력시험의 상대평가 방식에 기인하는 측면도 강하다. 상대평가 체제에서는 학습자가 해당 내용을 제대로 학습했는지가 중요하지 않다. 중요한 것은 다른 학습자와 비교하여 내가 앞에 있는지, 뒤에 있는지다. 한 학교 내에서뿐만 아니라 전국적인 범위에서도 학생들은 줄 세워진다. 1등부터 599,999등이 결정되는 것이다. 모든 학생은 모두를 향한 경쟁자다. 그렇게 학교는 정글이 된다.

창의성 교육 전문가인 김경희 미국 윌리엄메리대 교수는 "한국 교육의 극심한 경쟁성 속에서 학생과 학부모는 정해진 틀에 맞춰 '열심히', 그리고 타인에 대한 배려와 소통에는 눈을 감고 오로지 '나만'을 외치며 앞만 보고 달리는 경쟁의식이 한국 교육의 가장 큰 문제"라고 지적했다. 이런 환경에서 교육받은 학생들은 창의적이지 못하고, 협력할 줄도 모르는

사람이 된다고 우려를 표했다.[15]

한국 학교의 극심한 경쟁성은 학생들의 인성과 가치관에도 매우 나쁜 영향을 미친다. 이제 학생들은 공감과 배려보다는 숫자로 나타나는 점수, 서열 등에 의해 결정되는 방식이 공정하다는 가치관을 갖게 된다. 무한경쟁에 내몰린 학생들에게 맥락과 환경에 맞는 배려와 성찰은 의미가 없어지고, 탈맥락적이고 객관화되고 사물화된 것들만이 주관적이지 않은 정당하고 공정한 것으로 인식하게 된다. 학생들은 무한경쟁 과정에서 상대를 무조건 이겨야 하는 경쟁자로 인식하게 되므로, 과도한 공격성과 수단적 합리성에 빠지기 쉽다. 집단 따돌림, 학교폭력, 지나친 물질주의적 성향은 학교 내외의 무한경쟁에 시달린 학생들이 보이는 대응 반응에 다름아니다.

극심한 경쟁 상황은 학생들의 타인을 향한 공격성뿐만 아니라, 자신을 향한 공격성도 증폭시킨다. 많은 학생이 자살 충동을 느끼고, 심지어 상당수의 학생이 자살을 시도하고 매년 100명 이상의 학생이 자살하는 현실은 경쟁 중심의 근대학교가 초래한 비극이다. 극단적인 경우가 아니더라도 학생들은 낮은 자존감, 불안감, 무기력감과 탈진감 등 정서적인 문제로 늘 시달린다.

한국 학교 교육의 네 번째 특징은 교육의 관념성이다

전통사회에서 아동은 부모, 지역사회 구성원과 함께 항상 삶의 현장에 참여해서 그들과 함께 작업하는 과정을 통해 지식을 배우고 기술을 익히도록 생활이 구성되었다. 근대학교는 아동과 청소년을 삶의 현장, 자신의 공간에서 분리한 별도의 공간에서 일상의 삶과는 별개인 지식과 기술을 교육받도록 설계되었다. 근대학교는 가정생활, 지역사회 활동, 그리고 일터의 작업으로부터 교육을 분리하고 아동을 집단적으로 모아서 (지식과 기술) 전문가들에 의해 지식과 정보를 전달받도록 시스템을 구축했다. 그렇다 보니, 근대학교에서 교육내용은 학생들의 삶의 현실로부터 동떨어진 추상적이고 관념적인 내용으로 채워지고, 학교는 개념과 이론으로 채워진 별도의 공간으로 분리된다.[16]

근대학교는 그 출발점에서부터 교육의 관념성을 배태하고 있었다. 하지만 한국의 근대학교 시스템은 더욱더 현실과 괴리된 관념적 교육을 하도록 강제되었다. 일제강점기에는 식민의 현실과 비참한 민족의 삶에서 철저히 유리(遊離)되도록 훈련당했고, 해방 이후에는 독재정권에 의해 권위적이고 강제적인 사회·문화 현실을 당연하고 바람직한 것으로 받아들이도록 교육받았다. 또, 현실 문제에 대해서는 관심을 갖지 않도록 차단당했다. 최근에는 학생들이 내신과 대입시험의 압박에 눌려 자신의 삶과 지역 사회의 현실에 참여할 기회를 찾지 못하며, 대학생들은 취업을 위한 스펙 쌓기에 매몰되어 자신을 둘러싼 사회와 세계의 문제에 관심을 갖고 참여하지 못하고 있다.

한국의 학교에서 학생들은 수많은 개념과 이론을 배우고 엄청난 지식의 홍수에 묻혀 허우적거리고 있다. 하지만 정작 그것들이 자신의 삶과 현실의 사회와 산업에 어떻게 연결되는지, 어떤 맥락 속에서 의미를 가지는지에 대해서는 직접 체험은 고사하고 한번 생각해보는 기회조차 갖기 어렵다.

뿐만 아니라, 학생들은 학교의 일상생활에서도 소외받는다. 학교의 모든 규칙과 생활 원칙은 이미 주어진 것이며, 학생들에게는 오직 따르고 지킬 의무만 주어진다. 학생들은 책에서 개념과 이론으로 민주주의와 자치에 대해 배우지만, 현실 속에서는 자신의 일상과 행동을 자율적으로 결정하고 타인과의 관계 속에서 조율할 수 있는 기회를 얻지 못한다. 최근에는 자율적 학교생활, 학생 자치활동도 확대되고, 많은 혁신학교에서 학생들의 자율적 활동을 장려하며 학교 문화를 일신하기 위해 노력하고 있지만 학교 전체를 두고 보면 여전히 갈 길이 멀다. 학교 민주주의 교육, 민주시민 교육을 계획하기보다는 학생들이 학교생활 속에서 스스로 자치와 민주주의를 실행할 수 있도록 믿고 맡겨야 하는데, 거기까지 갈 길은 여전히 요원한 실정이다.

인간은 크게 세 종류의 관계 맺기 속에 존재한다. 자신과의 관계, 자신과 타인과의 관계, 인간과 자연과의 관계다. 한국 학교가 현실과 유리되어 관념적인 교육에 머물고 있다는 의미는 이 세 종류의 관계 맺기와 관련된 교육이 전혀 이루어지지 않고 있다는 의미다. 자신과의 관계 맺기의 핵심은 자기성찰, 성교육과 글쓰기 교육이고, 타인과의 관계 맺기의 중심은 말하고 토론하기, 정치·경제 교육, 민주시민 교육이며 자연과의 관계 맺기의 근본은 생태교육, 환경교육이다. 한국 교육은 이 세 가지 교육을 제대로 수행하지 않는다. 세 종류의 교육과 관련된 수많은 개념과 이론에 대해 배우고는 있는데, 그것들은 그저 관념 속에서 외우고 기억하고 회상하여 문제를 푸는 도구에 불과할 뿐이고 자신의 삶 속으로 직접 침투하여 결합되지 않는다.

한국 학교 교육의 다섯 번째 특징은 관료적 통제 중심의 학교운영이라는 점이다

한국 학교는 거대한 행정체제의 말단 기관으로 자리 잡고 있다. 우리 나라는 일제강점기 시기부터 작은 마을의 초등학교 수업까지 중앙정부가 통제하는 시스템을 구축했다. 일제 총독부는 사립학교령과 각종 교육 규칙을 통해 모든 학교의 교육내용을 통제하기 위한 관료적 시스템을 구축한 것이다. 그 수단으로 교과서, 교사들에 대한 통제, 사상통제 등이 활용되었다. 일제강점기 시대의 통제 시스템은 '조선총독부 - 시도 - 시군구 - 학교 - 교사'로 이어지는 일관 관리체계였다.

　해방 이후 한국을 통치하게 된 미군정은 사회주의 소련과 벌이던 이념 전쟁의 수단, 친미 반공이데올로기를 전파하는 수단으로 교육을 활용했고 "미국 지향적인 인물들에 의해 한국의 교육 지배계층이 형성될 수 있는 문화적인 풍토를 조성해 놓음으로써 우리 교육의 대미 종속성과 교육에 있어서 특정 집단에 의한 패권주의가 형성되는 기초를 마련했다."[17] 이후 한국전쟁을 거치고 민간독재 시기와 군사독재 시기를 거치면서 일제가 만들어놓은 관료 시스템은 청산되지 못하고 온존되었다. 독재정권들은 학교 교육내용 통제와 교사들에 대한 사상 검증을 통해 순종하는 반공투사, 명령에 복종하는 산업역군을 양성하기 위해 권위적인 관료체제를 구축하여 학교와 교사를 통제하는 동시에 학생들의 학습 과정과 학교 활동을 통제하고 관리했다.

　1980년대 이후 민주화 과정을 거치면서 학교와 교사에 대한 통제와 관리 중심의 관료체제를 청산하고 학교의 민주적 운영과 시민적 참여를 활성화하기 위해 많은 노력이 기울여졌지만, 아직도 관료 행정체제의 기본 틀을 바꾸지는 못했다. 먼저 많은 중앙정부의 업무를 지방자치단체로 이관하고 우여곡절을 거쳐 교육감 직선제까지 도입했지만, 여전히 중앙정부의 초중등교육에 대한 지배력은 강력하다. 가장 핵심적인 내용은 교육제도에 대한 중앙정부의 통제권이고, 다음으로는 국가 교육과정과 국검정 교과서, 그리고 수능을 통한 중앙정부의 교육내용과 평가에 대한 통제권이다. 세 번째로는 학교 운영에 대한 '학교장 - 교감 - 교사'들에 대한 행정 권력의 통제권이다.

한국 학교 시스템에서는 중앙정부의 대리자로서 시도교육청이 작동하고, 시도교육청의 대리자로서 학교장이 활동하며, 교장의 대리자로서 교사가 수행하는 체제다. 탈근대학교의 핵심은 국가권력의 통제로부터 자유로운 학교이며, 동시에 지역 시민과 학부모, 학생의 자율과 참여가 보장되는 학교다. 수업내용을 예로 든다면, 주어진 교과에서 학생이 무엇을 배울지는 최우선적으로 학생의 상태에 기초하여 결정되어야 한다. 또한 학부모의 의견을 고려해 교사가 교육 전문가로서의 전문성을 발휘하여 최종결정하는 방식으로 이루어져야 한다. 하지만 관료적 근대학교 시스템의 특징은 학생이 무엇을 배울지가 중앙정부의 행정권력과 관료적 전달 시스템을 통해 결정된다는 점이다.

학교와 교사가 관료적 행정 시스템의 말단이라는 점은 학교에서 처리하는 공문 상황을 보면 가장 확실하게 알 수 있다. 한국의 학교에서 일 년에 처리하는 공문의 수는 1만 건이 넘는다. 보통 접수하는 공문이 4,000건 정도이고 생산하여 발송하는 공문이 5,000~6,000건 정도라고 한다.[18] 상황이 이렇다 보니 개별 교사가 하루에 처리하는 공문의 수도 많아지고, 이로 인해 교사들은 수업 준비가 부실해지고, 그로 인해 학생들과 상호작용하는 시간을 충분히 확보하지 못한다. OECD의 2013년 조사에 따르면, 핀란드 교사는 주당 1.3시간을 공문처리에 사용하지만, 한국의 교사는 주당 6시간을 행정 공문을 처리하는 데 보내고 있다고 한다. OECD의 2013년 조사에 따르면, 교사의 총 근무시간 중 교수·학습 시간의 비율에서도 큰 차이가 있다. 핀란드 교사들은 근무시간의 약 81%를 교수·학습 시간으로 사용하는 반면, 한국의 교사들은 겨우 38%에 불과했다.[19] 한 작은 학교의 교사는 자신이 한 해 동안 처리한 공문이 무려 1,000건이나 되었다고 한탄할 지경이다.[20]

학교 행정의 모든 활동은 학생의 배움을 위한 지원 시스템으로 구축되어야 한다. 하지만 근대학교의 행정 시스템은 중앙의 결정과 지시를 효율적으로 전달하고 하부기관에서 신속하게 집행하도록 설계되어 있다. 하부기관의 가장 말단에서 시스템의 손발, 촉수로 작용하는 사람들이 교사다. 교사는 학생을 대상으로 하여 중앙의 결정과 지시를 가장 말단에서 직접 집행하는 일선 관료(street – level bureaucrats)로 전락했다.

결국 근대학교는 학생만 희생시키는 체제가 아니라 교육 전문가로서의 교사의 역할도 관료화하고, 지역 시민과 학부모의 역할도 대상화하여 그들을 교육 방관자로 전락시킨다. 이런 환경에서 학부모들은 지역과 교육을 생각하는 사람이 될 수 없다. 그저 자기 자녀가 관료적 시스템의 희생자가 되지 않기를 바라며, 자기 자녀만의 성공에 집착하는 괴물로 변신하도록 강제된다.

ㄹ

인쇄-지식과
디지털 네트워크
지식

지식의 탄생과 매체의 변화

20세기에 들어와서 디지털 방식으로 정보를 처리하는 컴퓨터가 등장하고 다시 이 컴퓨터들을 네트워크로 연결하는 인터넷이 구축된 이후, 지식은 더 이상 예전의 지식이 아니다. 디지털화·네트워크화 지식은 이전의 구전된 지식이나 인쇄된 지식과는 다른 방식으로 생산되고 전달되며, 축적되고 학습된다. 또한 디지털 네트워크 지식을 활용하는 양상도 바뀐다.

인간의 역사에서 지식은 항상 중요한 역할을 수행해왔다. 지식이 어떤 방식으로 얻어지고 전달되고 축적되는가는 그 지역과 시대의 문명을 결정한다. 20세기 말부터 진행된 지식정보 혁명은 인류 역사상 있어 본 적이 없는 양상과 에너지로 인간의 사고방식을 바꾸고, 삶과 죽음의 방식마저 바꿔놓고 있다. 디지털 네트워크 지식의 현황과 특성, 그리고 그 교육적 함의를 살펴보기 전에 간략히 인류의 역사에서 지식과 정보가 어떻게 획득되며 축적되고 전달되었는지 살펴보자.

인류가 유인원으로부터 막 갈라져 다른 진화의 경로를 걷기 시작했을 때는 지식의 축적이 매우 어려운 일이었고, 축적된 지식도 보잘것없었을 것이다. 침팬지의 경우를 보면, 개미를 잡을 때 나뭇가지를 이용하기도 하고 나뭇가지 끝을 뾰족하게 하여 사냥에 사용하는 등 단순한 도구를 만들고 침팬지끼리 협동하여 원숭이를 잡기도 하며, 주변의 물건을 이용하여 특정한 목적을 달성하기도 한다(제인 구달 박사의 침팬지 이야기를 보면, 박사의 천막 근처에 있던 페인트 통을 일부러 부딪쳐 큰 소리를 내고 이를 활용하여 상대를 제압하는 침팬지의 이야기가 나온다). 아마도 원시시대의 인간도 현재 우리가 관찰하는 침팬지 수준에서 지식을 형성하고 축적하며 전달하는 방법을 서서히 익혔을 것이다. 처음에는 함께 생활하면서 관찰하고 점점 따라하면서 지식을 몸으로 익혔을 것이다. 마치 작은 나뭇가지에 침을 묻혀 개미굴을 쑤셔서 개미를 잡아먹는 것과 같은 새로운 방식이 시도되고 반복되면서 이를 통해 계속 경험이 쌓이고 다른 구성원들에게 전달되었을 것이다. 침팬지들은 집단별로 도구를 사용하는 행동에 차이를 보인다고 하는데, 아마도 집단 내 구전과 관찰에 의한 전승의 차이 때문일 것이다.

인간의 지식 형성과 축적, 그리고 전달에 커다란 혁명을 가져온 것은 언어의 발달이었을 것이다. 인간이 언어를 발명하고 언어를 통해 경험과 생각을 서로 전달할 수 있게 되면서 지식의 형성과 축적이 비약적으로 일어났다. 언어를 통해 수많은 경험들을 서로 공유하고, 공유된 경험을 모으고, 분류하고, 축적할 수 있게 되었고, 상호 간, 세대 간에 전달할 수 있게 되었다. 이 시기에는 경험을 모으고, 분류하고 분석한 다음, 정리하여 기억하고 이것을 말과 행동을 통해 전달할 수 있는 사람이 그 사회의 핵심 지식인이었을 것이다.

그래서 원시사회에서는 나이가 들어 경험이 많고, 부족의 다양한 역사를 잘 분류하여 기억하며, 사람들에게 그 경험과 역사를 체계적으로 설명하고 전달할 수 있는 사람을 부족의 최고 권위자로 모셨다. 많은 부족들이 부족공동체의 중앙에 좋은 집을 짓고 지식이 많은 노인을 모셔 공양한 이유는 그가 그 사회의 핵심 지식을 체현했기 때문이다. 전통적인 농업사회에서 노인을 공경하는 문화가 오랫동안 지속되었던 이유 중 하나는 그들이 매년 반복되는 농사의 다양한 방식을 기억하고 끊임없이 변화하는 상황에 맞는 경험을 소환하여, 공동체가 맞닥뜨린 새로운 역경에 대처할 수 있는 효과적인 방안을 제안할 능력을 지니고 있었기 때문일 것이다.

점차 부족의 범위를 뛰어넘어 사회가 연결되고 공동체가 확장되는 과정을 따라, 여러 부족과 공동체의 경험과 지식을 모으고 체계적으로 관리하는 특별한 집단이 생겨났을 것이다. 부족의 설화나 전설을 잘 기억하고 후세들에게 들려주는 이야기꾼이나 제사장, 종교 지도자들, 정치 지도자들이 그 사회의 핵심 지식인 집단으로서 역할을 했을 것이다. 이 시기에는 인간 자체가 지식의 체현자이고, 전달자이며, 동시에 지식을 구현하는 실행가였으며, 사람 그 자체가 지식의 담지자로서 근대의 도서관과 같은 역할을 했다.[21]

인간이 음성언어에 의지해서 경험과 생각을 공유하고 지식을 전달, 축적하던 시대에 인간이 보유하고 활용할 수 있는 지식의 총량은 매우 제한적이었다. 또한 전달하는 과정에서도 변형과 오류가 빈번히 발생하게 된다. 인간이 문자를 고안해냄으로써, 인간은 이 변형과 오류를 줄이고, 더 큰 규모로 지식과 정보를 축적할 수 있는 방법을 발명하게 된 셈이다. 하지만 문자는 동시에 문자가 담길 수 있는 재료가 필요했고, 값싸고 쉽게 문자를 담을 수 있는 종이가 발명되기 전까지는 여전히 지식과 정보의 형성, 전달, 축적은 매우 제한적이었다. 인간은 끊임없이 더 많은 지식과 정보를 더 정확하고 다양하게 모으고 분류하며 관리하고 빠르게 전달하기 위한 기술들을 개발해왔다.

인간의 지식과 정보발달 단계를 크게 네 단계로 구분한다면 첫 번째가 음성언어를 통해 인간에게 체화된 지식의 단계이고, 두 번째는 문자를 통해 가죽이나 양피지, 비단 같은 것들에 필사된 지식의 단계다. 세 번째 단계는 르네상스 시대 이후에 인쇄기로 종이에 찍어낸 대중적 인쇄물에 체화된 지식의 단계이며, 이제 인류는 네 번째 단계인 디지털화되어 네트워크에 객체화된 지식의 단계에 이르렀다.[22] 지금 우리가 살고 있는 디지털 네트워크 지식 시대를 이전 시대인 인쇄된 지식 시대의 특징과 대비해보면 명백한 특성을 확인해볼 수 있다.

인간의 생각과 언어를 객관적으로 표현하여 저장하고 공유하며 조작할 수 있는 문자가 발명되고, 문자를 담아낼 수 있는 매체들이 발명됨에 따라 인간의 지식과 정보는 양적, 질적으로 이전의 구전 시대에 비해 비약적으로 발전했다. 특히 종이의 발명과 인쇄술의 대중화는 지식과 정보의 저장, 공유 방식에 일대 혁명을 일으켰다. 사회에서는 지식인의 모습을 바꿔놓았고 지식을 전달하고 학습하는 방식도 바꿨으며, 동시에 사람들의 사고방식과 학문하는 방식도 바꾸어 놓았다.

문자와 문자를 담을 수 있는 매체의 결합은 지식과 정보의 급속한 팽창을 가져왔지만, 그 또한 한계가 있었다. 손으로 필사하거나 목판, 금속활자판을 만들어 손으로 찍어내는 책은 여전히 더디고 비싼 제품이었다. 동아시아 고대사회에서는 대나무, 비단이나 천, 돌, 짐승의 뼈나 껍질 등에 문자를 쓰거나 새겼고, 유럽이나 서아시아, 아프리카 북부에서는 양피지와 파피루스 같은 소재에 문자를 기록했다. 하지만 이런 재료들은 문자를 기록하기도 어렵고, 부피가 커서 보관하기 불편했다. 이동이나 유통도 쉽지 않았다. 잘 기록하고 체계적으로 관리한다고 해도 양이 많아지면 원하는 내용을 찾아내기가 곤란한 경우도 많았다. 특히, 두루마리 형태로 보관된 많은 문서들은 내용을 펼쳐보고 확인하여 골라내는 데 많은 시간과 에너지를 필요로 했다.

종이의 발명은 지식의 '생산 - 유통 - 보관'에 획기적인 변화를 가져왔으나, 여전히 종이를 만드는 비용은 높았고, 사람이 손으로 종이에 옮겨 적어 다른 사람이나 다른 장소, 다른 시대로 지식을 전달하는 일은 비용 면에서뿐만 아니라 관리 면에서도 어려운 일이었다. 동아시아에서 발달한 목판 인쇄술이나 금속활자의 활용도 여전히 대중적인 지식의 생산과 유통을 촉진하기에는 부족한 기술이었기 때문에, 대부분은 종교 경전이나 왕실의 중요 기록과 국가의 역사 기록, 국가적 지식관리를 위한 편찬 사업 등과 같은 매우 예외적인 경우에만 사용되는 기술이었다.

1400년대 중반에 유럽에서 개발된 활판 인쇄술과 튼튼한 재질의 종이가 결합되어 촉발된 대중적인 책의 출판과 보급은 인간의 역사상 지식 정보의 생산, 유통, 축적에서 혁명적인 변화를 가져왔다. 기존에 손으로 필사하거나 목판이나 금속 활자판을 하나씩 찍어 손으로 책을 묶는 것과는 질적으로 다른 방식, 즉 기계식 인쇄술이 처음으로 등장한 것이다. 구텐베르크의 활판 인쇄술 발명은 책의 생산과 유통에 있어서 획기적인 변화를 가져왔다. 동시에 책을 매개로 형성되고 전달되는 지식과 정보의 양은 급속한 팽창을 겪었다.

지식과 정보의 급속한 팽창은 사회경제, 정치, 문화, 종교 할 것 없이 인간의 모든 삶의 영역에 혁명적인 영향을 끼쳤다. 인쇄술의 혁신은 지식의 혁신을 가져왔다. 사람들의 생각의 범위와 깊이, 사고의 방향과 방식 등등 거의 모든 것을 바꾸어 놓았다. 르네상스를 거쳐 새롭게 일어나던 학문방식은 15세기의 기계식 인쇄술을 만나 폭발적인 학문연구로 이어졌다. 그동안 소수의 지식인과 고위직 종교 지도자들만 볼 수 있었던 《성경》도 이제는 활판 인쇄술로 대량생산되어 많은 사람이 쉽게 얻을 가능성이 열리자 종교 생활방식과 종교문화도 큰 변화를 피할 수 없었다. 16~18세기를 거치면서 발흥한 유럽의 계몽주의, 종교개혁, 시민혁명, 근대 과학기술의 발달과 산업혁명 등은 인쇄술의 발달과 대량으로 생산·유통되는 지식과 정보의 담지체인 책의 범람을 빼놓고는 설명할 수 없을 것이다.

저렴한 비용으로 인쇄될 수 있는 지식은 '저장-축적-전달-학습'되는 지식의 유통과정 전반의 비용을 크게 낮춰, 지식과 정보가 흔해지는 사회를 초래했다. 근대적 인쇄술이 일반화된 근대 유럽에서 책은 더 이상 귀하거나 너무 비싸서 살 수 없는 것이 아니었다. 하지만 지식을 다루는 사람들은 예상치 못한 문제에 직면했다. 이전 시대에 비해 지식과 정보가 흘러 넘쳐 '많은 지식과 정보를 어떻게 관리하고, 찾아내고, 대조하여 진실된 지식을 가려낼 것인지'가 새로운 난제로 제기되었다.

근대 유럽에서 도서분류학, 학문분류학, 도서관학 등이 발달하게 된 배경에는 출판되고 유통되는 책의 홍수 현상이 있었다. 듀이(Melville Dewey)의 십진분류표나 교과목 구분, 학문분류표 등은 모두 넘쳐나는 지식과 정보 속에서 목표한 지식정보를 정확히 찾거나 관리하기 위해 필요했다. 나아가 근대적 교육체계는 폭발적으로 증가하는 지식 중에서 핵심적인 항목들을 골라 체계적으로 전달-교육시키기 위해 요구되었다. 인쇄된 지식 시대에 맞게 갖춰진 지식-학문 분류체계는 도서관에서부터 근대학교의 교과, 대학교 학과체계까지 일관되게 적용되었다. 이제 근대적 의미에서 지식인은 '지식 – 학문의 구조를 잘 이해하는 사람'으로 정의되었다.

지식의 분류와 관련해 근대 지식인들은 나무의 이미지를 활용하여 지식의 구조를 그려내려고 했다. 보다 기초적이고 넓은 분야의 학문 영역에서 세부적인 학문으로 나뭇가지가 펼쳐지듯 학문 간의 관계를 그려내는 방식은 직관적일 뿐만 아니라 체계적으로 분류되었다는 인상을 주기에도 좋았다. 또한, 학문이 더욱 세분화되고 심화되어 간다는 사람들의 상식에도 부합하는 방식이었다.

디지털 네트워크 지식의 특징

인쇄된 지식은 2차원 평면에 그려진다. 한 축에는 지식의 분야를 기준으로 하고 다른 한 축은 지식의 수준을 기준으로 한다. 그래서 지식 분야는 공통 분야가 아래에 놓이고 위로 올라갈수록 세분화된 영역으로 나뉜다. 다른 한 축에서는 기초에서부터 심화, 고급 단계로 구분된다. 우리는 이것을 지식의 수형도로 이미지화할 수 있다. 이와 같은 인쇄된 지식의 분류체계는 근대학교의 구성원리에도 그대로 적용되었다. 지식 – 학문 분야는 교과목으로, 지식과 학문의 심화 정도는 초중고교에서 대학, 대학원으로 심화되어가는 원칙으로 구성되어 있다. 도서관과 학교체제는 인쇄된 지식체계에 맞춰 동일한 원리에 따라 설계되었다. 인쇄-지식의 전일적 지배체계가 구축된 것이다.

하지만 수형도 방식의 지식분류는 마치 지식들이 서로 단절되고 분리되어 존재할 수 있는 듯한 잘못된 인식을 초래하기 쉽고, 지식을 평면적으로 바라보게 하는 문제점이 있다. 또한 수형도 방식의 지식 표상은 지식에 마치 위계가 있는 듯이 보인다. 보다 근본적인 지식이 있고, 보다 지류에 속하는 지식이 있는 듯이 표현된다. 또한, 수형도의 밑동에 해당하는 지식들은 보다 중요하고 잔가지나 나뭇잎에 해당하는 분야는 덜 중요한 지식이라는 오해를 불러일으킨다.

중세를 마감하고 합리적 이성에 바탕한 근대 계몽주의 혁명이 대량 제작이 가능한 활판 인쇄술에서 시작되었다면, 근대적 산업사회를 마감하고 새로운 탈산업사회, 4차 산업혁명 시대를 가져온 핵심 기술은 디지털 기술과 네트워크 기술의 결합, 컴퓨터와 인터넷이라고 할 수 있다. 종이를 매개로 하는 인쇄된 책은 공간적·시간적으로 제한되고, 정보들 간의 연결성에서도 심각한 제약을 받는다. 세상의 어떤 도서관도 수천만 권 이상의 자료를 보유할 수 없고,[23] 어떤 상점도 수억 개의 상품 정보를 담은 카탈로그를 만들 수 없으며,[24] 늦은 밤이나 도서관이 쉬는 날에는 접근할 수 없고, 어떤 사서도 수백 만 권의 서지정보를 연결시킬 수는 없다. 하지만 디지털화된 네트워크 지식정보는 공간적·시간적·정보 연결성상의 제약을 받지 않는다. 따라서 네트워크화된 디지털 지식은 기존의 지식정보와는 완연히 다른 지식이다.

이제 지식은 도서관, 박물관, 종이책, 학술저널 같은 것들 속에 갇혀 있지 않다. 또한 개개인의 머릿속에서만 머물러 있지도 않다. 인간의 기억은 수많은 지식과 정보를 모두 담을 수 없다. 디지털 네크워크 지식 시대에 모든 지식과 정보는 디지털화되어 네트워크 속에 존재한다. 이제 네트워크는 개인, 도서관, 박물관, 정부나 공공기관뿐만 아니라 지식과 정보를 생산하고 유통하는 데 참여하는 모든 존재를 연결한다.[25]

인쇄된 지식은 평면적으로 연결되고, 관련 지식을 순차적으로 보여준다. 책을 펴면 목차가 있고 목차에 따라 세부 목차와 단락이 차례대로 전개되는 것을 볼 수 있다. 당연하게도 인쇄된 지식은 2차원 평면인 종이 위에 가지런하게 쓰여 있다. 따라서 지식과 정보를 순서에 따라 저자의 논리를 따라가는 방식으로 전달해준다. 하지만 인터넷상의 지식은 단순히 화면상에서 평면적으로 보여지지 않는다. 알고리즘에 의해 관련도와 중요도, 적절성, 최신성 등 다양한 기준으로 지식과 정보를 선별하고 정렬하여 보여준다. 검색자는 자신의 요구에 맞게 정열해서 볼 수도 있고, 추가적인 키워드를 넣어 다시 찾을 수도 있다. 뿐만 아니라, 모든 결과는 그 안에서 또 하이퍼링크로 연결되어 관련된 다른 분야, 다른 관점의 자료를 끝없이 보여준다. 인터넷상의 디지털 지식과 정보는 다차원적이다. 특별한 순서가 없고 연결된 노드(node)를 따라 수많은 방향으로 뻗어나가 결합한다.

인쇄된 지식은 지식의 담지체가 직접 이동을 해야 지식이 전달된다. 독자가 책을 받아 읽어야 하고, 책의 내용을 교사나 강사가 움직여 청중(학생)을 모아놓고 전달해야 한다. 인쇄된 지식은 물리적, 공간적, 시간적 동시성을 요구하기 때문에 전달이 매우 제한적이다. 지식과 정보가 필요한 사람은 지식과 정보가 저장된 공간, 도서관, 박물관, 연구소 등등에 직접 가서 습득하거나, 그 지식과 정보를 지닌 사람을 직접 만나서 전달받아야 한다. 반면에 인터넷은 물리적, 공간적, 시간적 동시성이 필요하지 않다. 지식과 정보를 가진 사람들은 자신이 편리한 방식으로 가공하여 인터넷에 올리면, 필요한 사람이 지식과 정보가 필요할 때 접속하여 탐색하고 이해하고 가져간다. 검색자는 자신의 취향과 관점, 사고방식에 가장 적합한 지식과 정보를 취사선택하여 습득하면 되기 때문에, 디지털 네트워크 지식이 인쇄-지식에 비해 전달력에 있어서도 훨씬 강력하다.

인쇄된 지식은 자체 완결성과 폐쇄성을 지니지만, 인터넷 지식은 개방성과 확장성이 높다. 보통, 한 권의 책은 하나의 주제에 답하기 위해 쓰여진다. 하나의 질문에 대해 세부 장들로 질문을 나누고 각각에 답함으로써 하나의 책이 완결된다. 완결된 책은 그 자체로 자기 완결적이다. 따라서 그 책 안에는 어떤 다른 주장이나 내용이 들어오기 어렵다. 일단 인쇄된 지식은 그 책 속에서 절대적인 권위를 지닌다. 그래서 인쇄-지식은 지식과 정보가 실재보다 관리 가능한 것으로 보이게 만든다.

인터넷의 디지털화된 네트워크 지식에는 경계가 없다. 모든 지식과 정보는 하이퍼링크로 연결되어 있고, 하나의 주장에 연결된 링크에는 그 주장에 찬성하거나 반대하는 주장만이 아니라, 다른 관점에서 제시한 의견까지도 다양하게, 사실은 무한히 연결되어 있다. 네트워크 지식과 정보는 개방적이고 관계적이며, 상호 소통적이어서 무한한 확장성을 지니고 있다. 따라서 디지털 네트워크 지식은 과거에 인쇄지식을 관리하고 통제하던 방식으로는 다루어질 수 없다.[26]

인쇄된 지식은 매체가 단순하다. 종이 위의 텍스트가 중심이고 간혹 그림이나 도표 등이 첨가되는 방식이다. 종이 이외의 매체는 대부분 너무 불편하여 외면받거나 사멸했다. 죽간, 비단, 점토, 양피지, 매듭 등등도 일종의 객체화된 지식과 정보였지만, 종이에 의해 대체된 이후에는 거의 사용되지 않는다. 마이크로필름과 같은 매체도 사용되었지만 인쇄된 지식의 대부분은 종이를 매개로 하는 지식과 정보다. 하지만 디지털화된 네트워크 지식과 정보는 무한한 매체를 통해 전달된다. 디지털 네트워크 지식과 정보는 텍스트뿐만 아니라 음성, 이미지, 동영상, 3차원 가상현실, 증강현실, 심지어 전기적 자극을 통한 감각적 정보의 전달까지 가능하다. 사람들은 자신이 원하는 지식과 정보를 다양한 매체 중에서 선택하여 검색하고 습득할 수 있다. 텍스트가 편한 사람도 있고, 이미지나 동영상에 더 익숙한 사람도 있다. 또, 지식과 정보에 따라 더 효과적인 매체가 있을 수도 있다. 디지털 네트워크 지식과 정보는 이 모든 것이 가능하다.

매체와 관련하여 인쇄된 지식과 정보는 실제 전달력에서 큰 약점을 갖고 있다. 평면적, 수동적 매체를 통하다 보니 형식적 지식 중심으로 전달하게 된다. 예를 들어, 요리책에는 재료와 조리법, 그리고 조리된 요리의 사진이 실려 있다. 하지만 대부분의 독자들은 요리책의 설명만 보고서는 요리를 제대로 따라 하기 어렵다. 소위 형식적 지식은 인쇄되어 전달될 수 있지만, 요리 과정에서 나타나는 다양한 다른 요소들, 암묵적인 지식들은 인쇄된 지식과 정보를 통해 전달되기가 매우 어렵다. 하지만 최근 인터넷에는 요리법 동영상들이 수없이 많아 요리를 쉽게 따라 할 수 있다. 암묵적 지식의 상당 부분을 전달할 수 있게 된 것이다.

인쇄된 지식은 파편화되어 영역 간 연계가 어렵다. 책은 하나의 단위로 완결되어 있기 때문에, 주변의 연관된 영역으로 연계되고 결합되기 어렵다. 예를 들어, 생물학 책에서 세포 내 화학반응이나 물리적 에너지의 흐름을 찾거나 이해하기는 쉽지 않다. 또, 역사책에서 청일전쟁 부분을 펼쳐보면 청일전쟁을 둘러싼 조선의 상황을 중심으로 서술되어 있다. 하지만 같은 시기에 중국과 일본의 상황, 관련된 여러 제국주의 국가들 간의 관계 등은 찾아보기 어렵다. 그런데 인터넷에서 청일전쟁에 관해 찾아보면 관련된 다양한 내용들을 관련도와 중요도에 따라 일목요연하게 볼 수 있고, 또 하이퍼링크로 연결된 내용들을 참조하면서 한번에 볼 수 있다.

종이책은 도서관의 분류체계에 따라 자신이 맡은 영역에 중점을 두어 설명하고, 그 안에서 내용이 완결된다. 따라서 관련된 중요한 지식과 정보는 또 다른 줄기를 타고 찾아가야 한다. 흔히 말하는 '장님 코끼리 만지기' 우화는 그대로 인쇄된 지식과 정보의 파편성을 잘 보여준다. 각자의 저자는 자신의 분야에서, 해당 학문적 관점에서 논의하고 서술한다. 세상과 사물은 다양한 관점에서 접근하고 분석하고 해석될 수 있다. 연계되지 않은 파편적 지식은 그야말로 장님 코끼리 만지기 식의 지식이 되기 쉽다. 하지만 네트워크 지식과 정보는 하이퍼링크로 연결되어 영역을 구분하지 않고 넘나들면서 하나의 대상, 주제와 관련된 무한한 지식과 정보를 연결하여 이해하고 습득할 수 있도록 돕는다. 또, 세상과 대상을 더욱 풍부하고 입체적으로 볼 수 있게 해준다. 따라서 이제는 일반인도 오개념이나 잘못된 지식과 정보에 사로잡힐 우려는 적어졌다(물론 동일한 노력을 기울일 경우를 전제로 할 때 그렇다!).

인쇄된 지식은 검열된 지식이다. 종이매체는 필사본이나 목판 인쇄술에 의한 책보다는 저렴하게 생산되고 휴대와 사용이 편리하다고 하더라도, 여전히 상당한 비용이 들고 이용 제한이 명확하다. 한 사람이 수십 권의 책을 항상 가지고 다닐 수는 없지 않은가! 인쇄된 종이책은 다단계의 검열을 거친다. 우선 책을 쓰는 사람 자신이 책의 부피에 대해 제한을 인식하고 글을 쓴다. 무한정 두꺼운 책을 만들 수도 없다! 종이책의 경우 출판된 이후에는 쉽게 고칠 수 없으므로, 인쇄-지식은 출간 전에 신중하게 선별하여 싣게 된다. 종이책은 인쇄비용도 많이 들기 때문에 핵심적인 내용만 가려내어 정리해야 한다.

또한 출판사나 글을 출판하는 매체에서 두 번째 검열을 거친다. 출판할 만한 지식과 정보를 담고 있는지, 시장성은 있을지, 출판사의 전체적인 지향성과 이미지에 적합한지 등등의 검열을 거친다. 인쇄-지식은 유통 과정에서도 특별한 방식과 공간을 필요로 한다. 책을 전문적으로 취급하는 상점이나 인쇄된 지식과 정보를 유통하는 중심적 기관으로서 도서관 등을 만들어 내게 된다. 결국 인쇄-지식의 특성은 전달 매체인 종이가 가진 특징에 의해 규정된다.[27]

물론 보다 더 직접적이고 폭력적인 검열도 있었다. 전통사회에서 왕과 귀족들은 일반인들의 책 사용을 엄격히 통제했고, 심지어 지식인들 사이에서 유통되는 책에 대해서도 검열과 단속의 칼을 들이댔다. 조선시대에 성리학 이외의 서적들이 금기시되었던 역사적 사실은 누구나 다 아는 사실이다. 근대와 현대에도 독재자와 폭력 기구들은 종이책을 대상으로 검열과 금지를 일삼았다. 우리나라에서도 독재정부 시절에 숱한 금서목록이 있었고, 최근까지도 군대에서 금서목록을 작성하여 병사들의 소지 서적을 통제·관리한 행위가 사회적 문제로 제기된 적이 있다.

인쇄된 지식은 권위에 의해 검열되고 권위의 승인을 요청하고, 출판 과정을 거친 지식은 해당 분야에서 중심적 지위를 차지하고 권위를 인정받는다. 종이매체에 인쇄된 지식과 정보는 출판사의 편집자, 학술저널의 편집자와 심사자, 학교에서 가르쳐질 지식은 교육과정 제정 및 개정 권을 가진 사람들이나 교과서 저자 등과 같이 권위 있다고 여겨진 사람들에 의해 승인받고, 검열을 받아 세상에 나온다. 이후 이전의 권위를 해체하는 새로운 지식이 권위자들에 의해 인정받을 때까지 그 지식과 정보는 굳건히 중심의 자리를 지킨다. 그렇게 해서 이미 틀리거나 잘못된 지식과 정보도 버젓이 권위를 인정받고 중심적 지위를 차지하는 경우가 종종 발생한다.

인쇄-지식에 비해 디지털 네트워크 지식과 정보에는 검열이 거의 없다. 물론 인터넷이나 디지털 매체를 통해 글을 올리거나 미디어를 올리는 사람들은 스스로 사회적 물의를 일으키지 않기 위해 노력하는 정도의 검열은 거친다. 하지만 종이매체에서 사람들이 기울였던 자기검열과는 비교할 수 없을 정도로 글과 각종 콘텐츠를 자유롭게 올리고 유통시킨다. 디지털 네트워크 세상에는 검열을 하는 독재자나 폭력적 기구가 힘을 발휘하기 어렵다. 동시에 디지털 네트워크상에서의 출판과 유통은 거의 비용이 들지 않기 때문에, 지식과 정보의 생산과 유통은 더 큰 자유를 얻는다.

네트워크화된 디지털 지식은 무한히 크지만 중심이 없고, 특정 권위에 의한 검열을 받지 않으며, 상시적 반박과 재반박이 횡행한다. 인터넷상의 지식과 정보를 다루는 과정에는 종이매체에 인쇄된 지식을 다루는 것과 같은 권위자와 검열자가 없다. 세상의 모든 지식은 모두 동일한 권리를 가지고 네트워크 세상으로 나온다. 인터넷은 모든 지식과 정보를 위한 무한한 공간을 제공한다. 디지털 네트워크 지식은 관문도 없기에 검열도 없고, 중심도 없기에 특권도 없다. 디지털 네트워크 지식과 정보는 대중적이고 동시에 민주적이다. 지금 우리는 인쇄-지식과는 완전히 다른 새로운 유형의 지식과 정보가 출현하여 유통되는 상황을 목격하고 있다. "인증받은 것에서 받지 않은 것으로, 일관성에서 풍부함으로, 확신에서 동요로, 권위자가 만든 불투명성에서 투명성에 대한 지속적 요구로, 그리고 제한되고 알 수 있는 것으로부터 연결되고 통달할 수 없는 것으로" 그동안 우리가 중시했던 지식의 핵심적 가치가 변화하고 있다.[28]

계몽주의자들은 인쇄된 지식을 종합하고 분류하여 체계적으로 구조화함으로써 합리적으로 관리할 수 있다고 여겼다. 백과사전을 만들고, 지식의 분류 체계를 치밀하게 다듬는 과정의 심층에는 지식에 대한 지배욕과 지배가 가능하다는 신념이 담겨 있다. 이렇게 지식을 구조화하고 체계적으로 관리하는 전문가들을 자임하고 나타난 직업이 사서다. 라이프니츠(Gottfried Wilhelm von Leibniz)가 사서였다는 사실은 계몽주의의 이러한 꿈을 잘 반영하고 있다. 하지만 인터넷의 디지털 네트워크 지식은 구조화할 수도 없고, 할 필요도 없으며, 관리자도 없고 분류체계도 없다.

구조화되고 체계적으로 관리되는 인쇄된 지식은 특별한 전달기관과 전달자를 두었다. 유럽 전통사회에서는 사원과 수도원이 그런 역할을 수행했고, 근대 유럽에서는 대학과 학회, 학술원이 중심적인 기관으로 등장했다. 각각의 기관은 지식과 정보를 체계적으로 관리하고 전달하는 전달자로서 승려, 신부, 교수, 연구자, 학술회원 등등을 두었다. 인터넷을 통해 디지털화된 네트워크 지식과 정보는 인류 역사상 등장한 시기가 매우 최근이어서 지식과 정보의 전달자들이 특별하게 형성되지 않았다. 기존의 지식전달자 – 교사, 교수, 연구원 등 – 들이 지식전달자의 지위를 유지하고는 있지만, 최근 지식전달자로서의 그들의 역할과 지위가 심하게 흔들리고 있음을 우리는 목격하고 있다.

이제 세계에서 새롭게 창출되는 지식과 정보의 99% 이상은 디지털화된 지식이고 대부분 네트워크에 연결되어 출판되고 공개된다. 인류에게 디지털 네트워크 지식과 정보는 지식과 정보의 생산, 유통, 축적과 활용 측면에서 주류가 된 지 이미 오래되었다. 앞으로 종이책을 통해 지식과 정보를 생산, 유통, 축적하고 습득하는 방식은 지속적으로 축소될 것이다. 주변의 많은 분들이 종이책은 없어지기 어렵다고 주장하는 모습을 많이 보는데, 나는 개인적으로 그것을 우리의 익숙함과 관성에서 오는 '착각'이라고 생각한다. 활판 인쇄술에 의한 책의 출판과 유통이 필사본을 서서히 몰아냈듯이, 전자출판에 의해 종이책은 서서히 밀려날 것이며, 결국은 디지털화되고 네트워크화된 형태의 책과 정보전달 매체가 근대 사회의 종이책 지위를 차지하게 될 것이다. 주요 지식 매체의 교체는 처음에는 서로 공존하면서 상호보완적 관계, 분업적 관계를 유지하지만, 시간이 지날수록 이전 매체의 비중이 줄어들면서 새로 나타난 매체가 주류를 형성하게 되는 과정을 막을 수는 없다.[29]

나는 어릴 적에 도서관에서 책을 빌린다는 생각을 해본 적이 없다. 인구 30만에 가까운 도시였음에도 시에 도서관이 유일하게 하나 있었고, 대부분은 그 도서관에서 제공하는 조용한 학습 환경 때문에 도서관을 이용하는, 요즘으로 말하면 일종의 독서실의 역할을 하는 경우였다. 이제 우리 주변에는 도서관이 급속하게 설립되고 확대되어 대부분의 지역에 한두 개의 도서관이 있다. 우리나라에는 이제 도서관이 많고 흔하게 되었을 뿐만 아니라, 도서관이 제공하는 서비스도 학습 공간을 제공하는 것은 말할 것도 없이, 책을 빌려주고 주민들을 위한 도서 관련 강좌를 열거나 학습프로그램을 제공하기도 하며, 전자책과 주요 자료를 디지털로 제공하는 역할까지 한다.

도서관이야말로 근대적 지식에 가장 적합하게 설계된 매우 오래된 기관이다. 고대 이집트와 중국, 고려와 조선의 왕실도서관이나 장서각처럼 종이에 담겨진 지식을 체계적으로 보관하고 관리하며, 필사나 인쇄를 통해 유통하는 역할을 오랫동안 수행한 핵심 기관이다. 도서관의 구조나 운영원리는 철저하게 종이에 보관된 지식의 특성에 맞게 설계되었다. 모든 도서는 소속되는 학문 영역과 인근 학문 영역에 따라 구분되고, 저자나 제목, 핵심내용 등에 따라 분류되어 저장되며, 지식을 이용하고자 하는 사람들은 도서관의 구조를 잘 인지해야 도서관에 저장된 지식을 효율적으로 활용할 수 있다. 현대의 도서관은 수만 권에서 많게는 수천만 권에 이르는 책, 문서, 각종 자료를 보관하고 있다.

하지만 도서관의 근대적 효용은 갈수록 약화되고 있으며, 이제 이용자들은 도서관이 설계된 방식에 따라 활용하지 않는다. 내가 근무하던 대학교의 도서관에는 80만 권 이상의 책이 있었지만, 최근 5년 동안 한 번 이상 대출된 적이 있는 책은 20만 권에도 미치지 못했다. 게다가 학생들은 도서관의 분류체계를 따라 책을 찾기보다는 모니터에서 검색을 통해 출력된 책을 도서관이 부여한 일련번호를 따라 찾는다. 시간이 지날수록 도서관의 자료 구입비에서 차지하는 종이책 구입 비용은 급격히 축소되어 자료구입 예산의 20% 미만으로 낮아졌으며, 대부분의 자료 구입 관련 지출은 전자적 자료를 구입하고 서비스하는 데 지출되고 있다.

내가 근무한 대학교에서 관찰한 바에 의하면, 더 이상 학생들은 도서관에서 공부하지 않는다. 대부분은 인터넷 환경이 좋고 여러 명이 함께 의견을 나누거나 자유로운 분위기에서 함께 작업할 수 있는 카페나 스터디카페 등을 이용한다. 도서관의 열람석이 붐비는 시기는 중간고사와 기말고사를 앞둔 2주 정도인데, 학생들을 관찰하고 대화해본 바에 의하면, 교수들의 시험출제가 옛날 방식으로 외워서 써야 하는 방식이기 때문에 옛날 방식으로 도서관에 모여 시험 준비를 하고 있는 실정이었다. 학생들은 옛날 방식으로 공부를 해야 하는 경우에만 옛날의 지식 습득과 보관 방식에 맞게 구성된 도서관을 찾는 것이다.

이미 학생들은 새로운 지식 형태에 적응하여, 디지털 네트워크화된 멀티미디어 지식을 활용하고 창출하면서 배우고 있는데, 도서관과 학교만 여전히 옛날 방식으로 운영될 수 있는 듯이 행동하고 있을 뿐이다. 이로 인해 최근 많은 대학교 도서관과 공공도서관들은 '종이책에 기반한 집중적 지식의 암기 공간'을 '디지털 네트워크 멀티미디어에 기반한 공개 – 소통 – 협력적 학습 공간'으로 전환하고 있다. 학교 근처의 인기 있는 카페를 가보면 일정한 공통점을 발견할 수 있다. 일단 자유롭게 출입이 가능하고 인터넷 환경이 좋으며, 몇몇이 모여 공동작업을 하거나 토론하기 좋은 방식으로 탁자와 의자가 배치되어 있다. 디지털 네트워크 지식과 정보를 다루며 작업을 효과적으로 수행할 수 있는 환경인 것이다.

인쇄된 종이 기반 지식의 종말, 디지털 네트워크 멀티미디어 기반 지식으로의 전환과 관련한 또 다른 사례로는 종이신문과 종이잡지의 몰락을 들 수 있다. 1980년대와 1990년대에 우리나라는 종이신문과 종이잡지의 전성시대였다. 나 역시 집에 신문과 한두 개의 잡지를 끊이지 않고 배달받아 구독했었다. 통계에 따르면, 1998년 우리나라 가구의 신문 구독률이 64.5%였다고 하니 세 집 중 두 집은 종이신문을 배달받아 보는 상황이었다. 2019년에 들어와 우리나라 가구의 신문 구독률은 6.4%로 떨어졌다.[30] 불과 20년 만에 열 집 중 채 한 집도 신문을 구독하지 않는 시대가 된 것이다.

사람들은 이제 신문이나 잡지의 기사를 종이매체를 통해 읽지 않는다. 대부분 스마트폰을 이용해 포털에 게시된 기사를 읽거나 유튜브 등의 영상매체를 통해 뉴스를 접한다. 나도 좋아하는 신문사의 종이신문을 구독하고 있지만, 실제로 읽지는 않는다. 일종의 신문사 후원금이라고 생각하면서 구독료를 내고 있는 실정이다. 대부분의 기사는 디지털 매체를 통해서 본다. 밀레니얼 세대인 자녀들이 신문을 안 보는 건 말할 필요가 없다. 그들은 포털의 뉴스 기사도 별로 보지 않는다. 대부분 유튜브나 다른 SNS 기사를 통해 뉴스를 접한다.

이제 사회의 모든 영역에서 종이매체의 시대는 종언을 고했고, 디지털 네트워크 멀티미디어 시대가 벌써 오래전에 우리 곁에 와 있다. 학교에서는 학생들에게 종이책과 공책을 들고 연필로 반복해서 쓰기, 암기, 문제풀이를 하게 하고, 학교 밖에서는 온갖 최첨단의 디지털 기기를 손에 쥐고 네트워크를 비행하며 멀티미디어를 휘두르는 이중생활자(living two lives)로 만드는 일을 언제까지 지속할 것인가?

　종이책은 이미 과거의 산물이다. 현실은 이미 디지털 네트워크 지식과 정보를 스마트 기기, 인터넷을 통해 찾고, 확인하고, 활용하는 시대다. 현실의 삶은 인터넷과 스마트 기기를 떠나서는 한시도 지속되지 않는다. 오직 학교 안에서만 종이책과 인쇄된 지식, 텍스트가 위력을 발휘하는 비정상적인 모습이 지속되고 있다. 이전 세대, 현재의 부모 세대들은 종이매체와 텍스트 중독자들이다. 이들은 평생을 종이에 인쇄된 텍스트에 의지해서 살아왔다. 그들은 종이매체와 텍스트를 통하지 않은 지식은 진지하게 고려해야 할 지식이 아니라고 생각한다. 과거가 현재를 질식시키고, 죽은 지식이 미래의 지식을 막아서고 있는 상황이다.

　이제 우리는 종이매체에 인쇄된 지식을 기반으로 하여 설계되고 운영되어 온 근대학교를 폐지해야 할 시점에 도달했다. 근대학교는 인쇄-지식에 가장 적합한 방식으로 교육과정을 설계하고, 체계적으로 구조화된 인쇄-지식을 다수의 학생들에게 효율적으로 전달하기 위한 시스템으로 건축되었다. 학교 공간, 교육행정 시스템, 교사와 학생 관계, 학습 자료와 평가 시스템까지 모두 인쇄-지식의 구조와 특성에 적합하도록 설계되었다. 우리는 도처에서 디지털 네트워크 시대의 요청과 근대학교의 운영 시스템이 충돌하고 있는 현상을 목격하고 있다.

　결국 우리는 4차 산업혁명 시대의 큰 흐름 속에서 '종이책 세대로 살아온 부모 세대가 태어날 때부터 인터넷상에서 디지털 네트워크 지식과 정보를 접한 세대에게 지식과 정보를 습득하는 방식을 어떻게 가르칠 것인가?'라는 매우 어려운 문제에 봉착해 있다. 이 어려움은 실제적인 문제의 어려움이 아니다. 기성세대가 지니고 있는 익숙함, 관성, 취향과 사고방식과는 전혀 다른 방식으로 접근해야 하는 데서 오는, 낯설기 때문에 수용하기 꺼려지는 어려움이다. 결국은 지난 세대의 경험과 삶의 과정에서 체득한 습관으로 인한 어려움이다. 해결책은 의외로 간단하다. 그동안의 익숙함과 관성을 버리고, 지금부터는 사고방식과 접근법을 달리하겠다고 마음만 먹으면 된다.

그렇다면 새로운 사고방식, 학습방법, 접근법은 무엇인가?

밀레니얼 세대, 디지털 네트워크 지식 세대, 포노 사피엔스들은 어떻게 학습하는가?

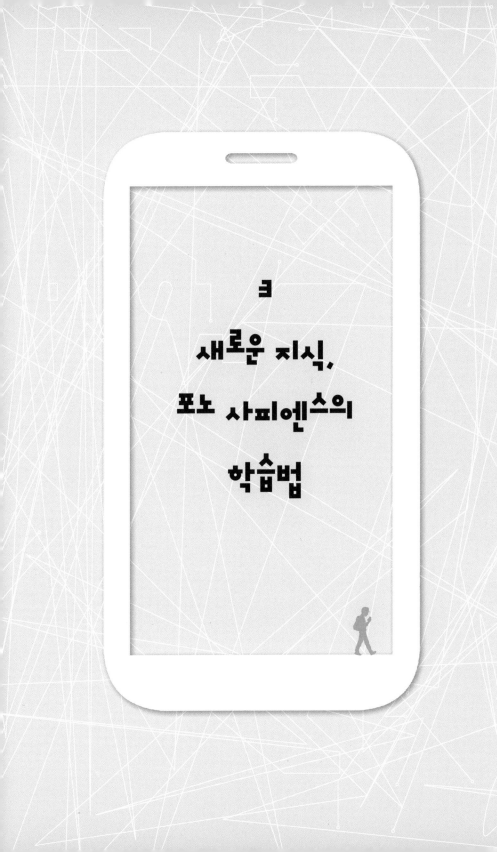

3
새로운 지식,
포노 사피엔스의
학습법

새로운 지식이 초래하는 변화들

근대학교는 근대산업사회의 필요를 반영하여 설계되었다. 근대산업 사회는 기존의 수공업, 개인 - 가족 노동체제를 벗어나 기계식 대량생산 체제로 산업을 재편하여 생산력을 급속히 확대했다. 이 과정에서 산업사 회는 많은 공장 노동자를 필요로 했고, 동시에 공장제 기계생산 시스템을 운영하는 데 필요한 능력을 갖추도록 노동자 양성을 담당할 기관을 만들 어야만 했다. 기계식 생산방식은 제품을 만드는 데 있어서만이 아니라 지 식을 전달하는 매체에도 적용되었다. 기계식 인쇄술을 적용하여 대량으 로 찍어낸 책을 활용해 산업사회에 필요한 노동력을 확보할 수 있는 시 스템으로 설계되고 건설된 체제가 근대학교 체제다.

근대학교는 종이에 인쇄된 지식을 전달받아, 대량생산체제에서 그 시 스템을 운영하는 데 필요한 지식과 기술을 익힌 노동자를 양성하는 일을 핵심 역할로 하여 출발했다. 근대학교 체제의 핵심 운영원칙은 표준화된 전달 내용(교육과정)의 명확화, 전수할 지식과 기술을 담고 있는 인쇄된 매체인 책(교과서)의 규격화, 전달자-전수자의 명확한 역할 분담, 학교-산업체 연결을 통한 노동력 공급과 수요 간 연계 등이다.

이 장에서는 이 중 인쇄된 지식과 기술을 전수하기 위해 고안되고 운영되어온 근대학교가 상정한 학습방식과 비교하여, 21세기를 살아갈 포노 사피엔스의 학습방식이 어떻게 달라졌는지에 대한 논의에 집중하고자 한다.

지식을 생산하고 유통하고 활용하는 도구가 바뀌면 사람들의 사고방식도 변한다. 기억에 의존하여 구술과 암송을 하던 사람들의 사고방식, 공급량이 매우 제한적인 양피지에 손으로 쓴 지식을 저장하고 전달하던 사람들의 사고방식, 그리고 대량으로 인쇄되는 종이책을 활용하던 사람들의 사고방식이 같을 수가 없다. 사회적 환경과 사용하는 기술이 비슷하면 사고방식도 닮아간다. 바꿔 말하면, 사회적 환경과 일상적 기술이 다르면 사고하는 방식도 다를 가능성이 높다. 문자가 발명되고 문자로 기록된 역사 이전인 선사시대 인간의 사고방식을 복원하는 데 관심이 많은 고고학자들은, 원시부족이나 현대문명과 연결되지 않은 채 살아가는 작은 사회나 집단을 대상으로 연구하는 인류학을 참고한다. 원시부족들은 선사시대 사회 집단과 비슷한 환경과 기술적 조건에서 살고 있다고 가정할 수 있기 때문이다.[31]

마찬가지로, 빛의 속도로 저장되고 이동하며 전달되는 디지털 네트워크 지식의 시대를 살아가는 사람들의 사고방식이 이전 시대 사람들과 같을 거라고 생각한다면 터무니없는 일일 것이다. 디지털 네트워크 지식 시대의 첫 세대는 밀레니얼 세대다. 이들은 부모 세대와도 다른 방식으로 사고하고 학습한다. 어떤 사람들은 기존의 사고방식과 학습법이 "가장 옳고 좋은 유일한 방식(the best one way of learning or thinking)"이라고 고집하기도

하고, 또 어떤 사람들은 새로운 사고방식과 학습법을 폄하하기도 한다. 다른 한편에서는 신기하게 바라보기도 하고, 적극적으로 새로운 방식을 수용하고 촉진하기도 한다. 명확한 것은 새로운 세대, 청소년 세대의 사고방식과 학습법이 결국은 주류적 방식, 일상적 방식이 되리라는 것이다. 항상 시간은 젊은 세대, 새 세대의 편이다! 그들은 항상 스마트폰을 손에 들고 거의 모든 것을 스마트폰을 통해 해결하므로, 지금의 청소년 세대를 포노 사피엔스라고 불러도 좋을 것이다.

인류역사에서 지식의 형태와 전달방식이 바뀔 때마다 지식인과 지식기관은 새롭게 형성되었다. 구전되던 지식이 문자의 형태를 띠게 되었을 때, 암송해서 전달하는 사람들과 그들이 지식을 전하던 기관은 사라지고, 문자로 기록된 지식을 생산하고, 보관하고, 전달하던 기관은 늘 새롭게 생겨났고, 그 핵심에는 종교사원이나 도서관 등이 있었다. 마찬가지로, 필사하던 책이 기계식 인쇄술에 의해 생산되기 시작했을 때 지식기관은 새로운 변화를 겪었는데, 그것은 수도원과 사원에서 대중적 근대 학교와 근대적 대학교로 이어졌다.

기계식 활판에 의해 인쇄된 지식이 근대성을 실현하는 기반이 되고 근대학교가 인쇄된 지식을 전파하는 가장 효율적인 기관이었다면, 디지털 네트워크 지식을 대표하는 교육기관, 포노 사피엔스의 학교는 아직 출현하지 않았다! 지금 우리는 밀레니얼 세대를 통해 지식정보의 생산, 전달, 저장, 학습, 재생산의 과정이 혁신적으로 변화하는 일상을 목도하고 있지만, 그에 맞는 교육기관, 사고방식, 학습법, 지식관리법 등에 대해서는 별로 아는 바가 없다. 이 장에서는 간략하고 거칠지만 내가 생각하는 새로운 세대, 밀레니얼 세대, 포노 사피엔스들의 새로운 학습법에 대해 몇 가지 특징으로 정리하여 제시하고자 한다.

아무데서나 시작하고
하이퍼링크로 날아다닌다

근대학교에서 기본적인 학습은 '순서에 맞게, 차근차근, 기초부터 시작해서 심화와 응용으로, 기본교과(학문)로부터 심화, 응용과 융합으로'와 같은 방식이다. 그래서 유치원부터 대학교까지 학생들은 정해진 순서에 따라, 규정된 속도로, 그리고 표준적인 방식을 따라 공부하도록 지도받아 왔다. 표준적인 학습방식이 가장 효율적으로 지식을 습득하는 방식이라고 공인되었기 때문이다! 특히 한국에서는 해방 이후, 더 거슬러 올라가면 일제강점기 시대부터 학교의 공부는 그런 방식으로 진행되어야 했으며, 모든 학생은 학교의 지시와 요청에 맞춰 학습해야만 했다.

왜 이런 방식이 자리 잡았을까? 왜 우리는 이런 방식으로 교육하고 학습하도록 길들여졌을까?

나는 한국의 학교가 학생들에게 강요하는 학습방식은 근대의 인쇄된 지식 시대가 남긴 산물이라고 생각한다. 인쇄매체에 맞춰 지식을 생산하고 저장하고 전달하게 되니, 학습도 그 매체에 맞춰진 것이다. 종이책은 사람들에게 책의 논리 전개 순서에 따라 학습하도록 요청한다. 혹시 종이 책이 말하는 분야에 이미 상당한 지식을 습득한 사람은 그 순서를 무시하고 책을 볼 수 있지만, 대부분은 책이 제시하는 순서를 따라가야만 지식을 습득하는 데 어려움을 덜 겪는다. 책은 독단적이고 일방적이다. 학교의 학습방식은 책의 요청을 분야별로 담고 있는 교과목과 교과서로 틀 지어진다.

또한 책이 지시하는 방식대로 학습하도록 학생을 강제하는 근대학교의 교수법은 근대적 국가주의와 근대 산업주의, 일본 제국주의자들의 식민주의 지배에도 적합한 방식이었다. 개개인이 자신의 학습방식을 주장하고 자율적으로 학습하게 되면, 학생들의 사고방식과 행동양식도 자율과 자치, 독립적 사고와 주체적 행동을 요청하게 될 것이다. 결국 종이책의 순서와 방식을 맹목적으로 따르도록 강제하는 근대학교는 근대적 산업과 국가통치체제, 제국주의와 식민주의 지배체제와도 궁합이 잘 맞았다.

인쇄된 지식에 기초한 교육방식은 하나의 책과 교과에서만 적용되지 않는다. 지식을 어떻게 전달할 것인가와 관련된 모든 기관은 인쇄된 책이 요청하는 방식을 따라야 한다. 그렇게 설계된 것이 국가 교육과정이다. 근대국가의 유치원부터 시작해서 대학교에 이르기까지 우리는 매우 치밀하고 방대하면서도 일관된 교육과정을 볼 수 있다. 한국에서 한 사람이 태어나 대학교까지 교육받는 과정을 요약하면, 한 권의 책으로 정리할 수 있다.

아마 서론은 교육과정 총론으로 '왜 학교를 다니며 배워야 하는가?'와 관련된 내용이 될 것이다. 1장은(초등학교) 기초 개념에 관한 것으로, 문자,

수, 외국어 등에 관한 내용일 것이고, 2장(중학교)은 사회의 다양한 분야와 관련된 기초 개념, 정보 등과 관련된 것이며, 3장(고등학교)은 배운 내용이 실제 일상생활, 사회생활 및 산업현장에서 어떻게 활용되는지와 관련된 내용일 것이고, 4장(대학교)은 그중 개인이 가장 집중해서 배워 앞으로 자신의 직업으로 삼을 내용을 전달해주는 과정일 것이다. 결론은 '각자 자신이 배운 바를 현실에서 잘 적용하라'는 지시로 끝맺음할 것이다. 각 장을 바꿀 때마다 난이도와 응용성은 더욱 높아질 것이다. 즉, 근대학교는 하나의 교과목, 교과서만이 아니라 시스템 전체에서 인쇄된 매체에 담겨진 지식이 전달되는 방식에 맞게 학습을 조직하도록 요청한다.

앞서 언급한 바와 같이, 근대학교의 지식전달 방식과 교육 방법을 가장 잘 이미지화한 형상이 수형도다. 수형도는 나무 모양을 본뜬 다이어그램이다. 아래 밑동은 굵고 넓게 그려지며 위로 올라갈수록 가지가 나누어지고, 굵은 가지에서 잔가지를 거쳐 나뭇잎까지 펼쳐져 간다. 인쇄된 매체에 기반한 교육과 학습은 수형도와 같은 방식으로 진행된다. 그렇다 보니 멀리 떨어진 나뭇잎이나 잔가지끼리는 소통의 어려움이 발생하고, 이로 인해 생겨나는 문제가 융합적 사고의 부족이다. 뿐만 아니라, 멀리 있는 가지들은 서로 대조가 어렵기 때문에 잘못된 개념, 잘못된 지식을 검증하고 가려내기 어렵다. 계몽주의 시대, 인쇄된 매체에 의존하던 시대에는 유명한 학자들도 자신들의 전문 영역이 아니거나 자신이 접할 수 있는 책이 풍부하지 않은 경우, 매우 부정확한 지식과 정보를 굳게 믿었던 사례가 흔했던 이유도 여기에 있다. 헤겔도, 라이프니츠도, 마르크스도 중국이나 동아시아에 대한 그들의 지식은 유치할 정도로 단순하고 부정확했다.

다른 사례로는 도서관을 들 수 있다. 도서관이야말로 근대 인쇄혁명의 총아이자 영웅이다. 근대 계몽주의 시대에 들어와 중세와는 비교할 수 없이 많이 쏟아져 나오는 인쇄된 책들을 보며 당시 학자들은 "책 제목조차 다 읽을 시간이 없다!"고 비명을 질러댔다고 한다. 사람들은 폭발적으로 늘어나는 인쇄물들을 잘 정리하여 지식과 정보를 체계적으로 관리하고 전달하며, 나아가 지식생산의 재료로 활용하기 위해 지식과 정보를 관리할 구조화된 시스템이 필요했다. 그 요청을 가장 효과적으로 충족시킨 기관이 바로 도서관이다.

근대의 지식과 정보의 관리, 전달, 활용은 기본적으로 도서관의 구조와 체계를 따른다. 생각해보라! 우리가 학교에서 배우는 모든 지식과 정보는 기본적으로 도서관의 구조와 체계에 따라 진행된다. 도서관은 근대적 지식의 심상인 수형도와 가장 가깝게 구조화된 지식 관리체계다. 학문분류법, 도서분류법 등은 근대 인쇄매체에 저장된 지식과 정보를 관리하기 위한 운영체제다. 근대학교는 근대적 인쇄-지식과 정보의 총집결처인 도서관과 학생을 연결하는 기관이고, 교사는 도서관에 보관되어 있는 지식과 정보를 학생들에게 전달하는 수송관이었다. 학교는 도서관을 가까이에 두거나 학교 안에 도서관을 설립했고, 교사와 교수는 도서관에 보관되어 있는 지식과 정보의 저장 체계를 잘 이해하고 필요할 때 적절히 관련 지식과 정보를 소환해서 학생들에게 제시할 수 있는 능력이 요구되었다.

그런데 디지털 방식의 지식과 정보처리 방법이 개발되고 네트워크로 연결되자, 지식과 정보의 세계에는 일대 변혁이 일어났다. 이제 디지털 네트워크 지식과 정보는 도서관과 같은 도서분류법을 따를 필요도 없게 되었고, 수형도와 같은 체계로 표현될 수도 없게 되었다. 디지털 네트워크 지식은 밑동도 없고 굵은 가지, 잔가지 구분도 필요 없다. 수형도에서는 반대편에 있는 나뭇잎으로 그려졌던 지식과 정보도 디지털 네트워크에서는 바로 옆으로 인접하여 연결할 수 있다. 기초와 심화, 응용도 굳이 구분할 필요가 없다. 모든 지식과 정보는 모두 인접해 있고 모두 연결되어 있으며, 어떤 지식과 정보도 중심이 아니면서 동시에 모든 지식과 정보는 모두가 중심이다. 마치 우주에는 중심도 없고 변방도 없고 모든 별들이 모든 별들로부터 동일하게 멀어지는 것처럼, 디지털 네트워크 지식은 모두가 중심이고 모든 중심으로부터 지식과 정보는 무한하게 팽창한다. 심지어 가속 팽창한다!

디지털 네트워크 지식과 정보를 태어나면서부터 접한 밀레니얼 세대들, 포노 사피엔스들은 지식과 정보를 어떻게 습득할까? 그들의 방식과 인쇄된 매체, 종이책 중심으로 지식과 정보를 습득하고, 활용하고, 재생산하던 사람들과 지식과 정보를 습득하고 이해하며 활용하는 방식이 같을 수 있을까? 사고방식이 유사할까?

다른 방식으로 생활하고 성장한 사람들은 당연하게도 자신들만의 방식으로 사고하고 생활한다. 지식과 정보의 습득, 학습에서도 동일한 현상이 발생한다. 암송 시대에는 잘 암송하는 방식을 배웠을 것이고, 필사 시대에는 읽을 줄 알고 쓸 줄 알면서, 중요한 내용들은 잘 기억하는 방식을 배우는 것이 중요했을 것이다. 인쇄물이 폭발적으로 증가하던 시대에는 지식과 정보를 담고 있는 책을 잘 분류하고 관리하며, 학문의 구조를 따라 굵은 가지와 잔가지, 나뭇잎을 잘 구별하는 능력이 중요했을 것이다. 몽테뉴가 '머리를 지식으로 채우는 일'보다 중요하다고 강조한 "지식의 구조에 따라 잘 체계화된 머리를 갖는 일"이 인쇄매체 시대의 핵심적인 학습법이었을 것이다. 이제 객관화된 지식이 책에 담겨 항상 서가의 일정한 곳에 놓여 있기 때문에, 어떤 것이 어디에 기록되어 있는지를 알면 굳이 그 내용을 머리에 담고 있을 필요가 없기 때문이다.

그렇다면, 디지털 네트워크 지식과 정보 시대에는 어떤 방식의 학습법이 좋을까? 아니, 디지털 네트워크 지식과 정보 시대를 살고 있는 밀레니얼 세대, 포노 사피엔스들은 어떻게 디지털화되고 네트워크화된 지식과 정보를 다루고, 관리하고, 학습하는가?

첫 번째 특징으로 이들은 지식과 정보를 순차적으로 학습하지 않는다는 점을 들 수 있다. 밀레니얼 세대는 책의 첫 페이지, 머리말부터 차근차근 학습하지 않는다. 그런 방식은 포노 사피엔스들의 배짱(gut feeling)에 맞지 않는다. 이들은 직지심체(直指心體), 곧바로 핵심으로 들어간다. 그 핵심은 학문이나 이론, 개념의 핵심이 아니다. 그들 마음, 관심의 핵심이다. 포노 사피엔스들은 '궁금한 것'에 바로 뛰어 들어간다. 가령, '우주 배경 복사'란 말을 들었는데, 그게 궁금하면 바로 구글이나 위키피디아에 접속해서 바로 검색한다. 온갖 모르는 단어들이 쏟아지겠지만, 아랑곳하지 않는다. 내가 아는 것만 우선 이해하고 모르는 것들 중에서 꼭 필요하다고 여겨지는 것은 하이퍼링크를 눌러 확인하고 다시 돌아오면 된다. 그러니 굳이 고대의 우주론부터 시작해서 빅뱅이론까지 순차적으로 설명되어 있는 교과서에 의존할 필요가 없다. 내가 진화론과 창조론이 궁금하다면 인터넷에 접속해서 검색창에 타이핑하고 검색 버튼을 누르면 된다. 굳이 처음 무기물에서 유기물의 발생과정, 세포의 형성과 진화, 하등동물에서 포유류까지 진화하는 과정을 순서대로, 차근차근 가르쳐주는 생물 교과서를 따라갈 필요가 없다.

포노 사피엔스들의 학습이 순차적일 필요가 없고 무작위적이고, 이리저리 날아다니는 식으로 이루어질 수 있는 기반은 디지털 기기와 인터넷 네트워크다. 인쇄매체가 지식을 평면적으로, 선형적으로 보여주었다면,

디지털 네트워크는 지식을 입체적으로, 다차원적으로, 그물망 구조로 보여준다. 마치 우주에 수많은 별들과 행성들이 펼쳐져 있는 것과 같은 모양으로 디지털 네트워크 지식은 인터넷 속에 구현되어 있다. 어디에서 시작하든 필요한 지식들은 빛의 속도로 찾아 연결할 수 있게 되었다. 그리고 각 노드마다 잘 모르는 지식이나 정보를 만나게 되면 그 노드와 연결된 다른 노드들을 통해 그 노드를 이해하고 위치 지울 수 있기 때문에 겁을 먹거나 주저할 필요가 없다.

인터넷 기반의 디지털 네트워크 지식을 하이퍼링크로 옮겨 다니면서 학습하는 방식은 인쇄된 매체에 기반해서 수형도를 따라가는 학습법과는 전혀 다른 접근법이지만 매우 효과적인 학습법이다. 인쇄매체 기반의 학습법은 장기적 에너지의 투입과 인내심, 자신을 비우고 타인의 논리를 따라가는 겸손함(?), 전체적인 지식과 정보의 구조를 암기할 정도의 기억 용량 등을 요청했다면, 디지털 네트워크 기반 학습법은 자신의 관심과 흥미, 재미와 즐거움에 집중할 수 있는 동기, 자신의 방식으로 무모하게 네트워크를 헤집고 다닐 수 있는 담대함, 스스로를 연결된(connected) 상태로 유지할 수 있는 스마트 기기 활용 역량이 필요하다.

포노 사피엔스들의 디지털 네트워크 학습은 이미 융합적인 학습법이다. 수형도를 따라가는 수업은 가지를 올라갈수록 고립되고 인접 영역으로부터 멀어져 결국은 작은 영역의 지식과 정보에 갇히는 신세가 되지만, 디지털 네트워크 학습은 헤집고 다닐수록 풍부하고 다양한 지식과 정보가 연계되어 자연스럽게 융합되는 것을 경험할 수 있다.

지식은 근본적으로 입체적이다. 인쇄매체에 기반한 지식과 정보는 기본적으로 많은 양의 지식 – 정보 손실이 불가피하다. 마치 커다란 구형의 공을 평면에 원으로 그리는 것과 흡사하다. 원근법이나 음영을 넣어 입체적으로 보이게 할 수는 있겠지만, 근본적으로 2차원 평면에 지식과 정보를 표현하다 보니 엄청난 정보 소실을 감수해야 한다. 반면, 디지털 네트워크 지식과 정보는 입체적으로 지식과 정보를 연결해서 보여주며, 사람들로 하여금 다차원 그물망을 따라 여행하도록 돕는다. 특히 인쇄매체는 형식적 지식과 정보의 전달에서는 소실의 정도가 상대적으로 적지만, 암묵지를 전달하는 과정에서는 정보 소실이 매우 커서 제대로 전달하고자 하는 내용을 전달할 수 없다. 디지털 네트워크 지식과 정보는 다양한 매체를 활용할 수 있어 암묵지의 전달도 매우 용이하다. 요리책에 보여지는 조리법 따라하기와 동영상을 통해 보여지는 요리 따라하기를 비교해 보면 그 차이를 쉽게 이해할 수 있다.

모든 사람은 지식의 소비자이자 동시에 생산자다. 하지만 인쇄매체는 특정한 일부에게만 지식 생산자로서의 권위와 권리를 누리도록 하고 대부분의 사람들을 수동적인 지식과 정보의 소비자에 머물도록 강제한다. 인쇄매체 시대에는 출판사, 저널 편집자, 언론인, 도서관 사서 등이 지식과 정보를 통제하고 독점한다. 그러나 디지털 네트워크 지식은 모든 사람을 적극적인 지식 창조자로서 역할을 하도록 돕는다. 어떤 권위도 권력도 지식과 정보를 독점할 수 없다. 모든 사람들은 적극적인 지식과 정보 세계의 시민으로서 행동하는 학습자가 된다. 디지털 네트워크 기반 학습은 그 자체로 능동성과 활동성을 지닌 학습법이 된다.

인쇄매체에 익숙하고 어려서부터 종이책을 중심으로 학습한 사람들은 밀레니얼 세대의 디지털 네트워크를 기반으로 날아다니는 하이퍼링크 방식의 포노 사피엔스 학습법을 이해하기 어려울 것이다. 하지만 밀레니얼 세대, 포노 사피엔스들은 그렇게 말하는 기성세대를 오히려 이해 불가능한 사람들로 여길 것이다. 포노 사피엔스들이 진득하게 한 주제를 순차적으로 따라가지 않고 다양한 방향으로 하이퍼링크를 따라 오가는 모습이 기성세대들에게는 그저 집중하지 않고 둥둥 떠다니는 모습으로 비칠 것이다.

미국의 노벨경제학상 수상자 허버트 사이먼(Herbert Simon)은 "지식과 정보가 많아지면, 인간의 주의력은 약해진다[32]"고 했는데, 아마 많은 기성세대는 사이먼의 발언에 공감할 것이다. 하지만 포노 사피엔스들은 그렇게 생각하지 않는다. 지식과 정보가 무한한 그들에게 '앞으로 무한히 팽창한다'는 말은 축복이자 즐거움으로 다가온다. 자신들이 헤집고 다닐 우주가 더 넓어졌으니까! 지식과 정보가 풍부해질수록 자신의 관심을 더 깊이 추구할 수 있게 되고, 더욱 재미있는 영역을 탐색할 가능성이 커진다는 의미이기 때문이다. 인쇄매체에 저장된 지식과 정보는 늘어날수록 복잡해져 찾기 어렵고, 대조해보기 어려워서 사람들을 더 혼란스럽게 한다. 하지만 디지털 네트워크 지식과 정보는 많아질수록 더 쉽게 찾고 대조해 보면서, 더 다양한 가능성을 열어주는 자산으로 인식된다. 계몽주의 시대에 기계식 인쇄술의 발달로 출판되는 책이 급속히 증가했을 때, 출판되는 책과 논문의 제목도 채 읽을 수가 없다던 학자들의 탄식은 인쇄매체에 기반한 사고방식의 한계를 적나라하게 보여주는 사례에 불과하다.

그렇다면 인쇄매체에 기반한 근대학교를 대체할 디지털 네트워크 기반의 학교는 어떤 기관인가? 지식과 정보의 생산, 유통, 보관, 학습 방식이 달라지면 기존의 지식을 대표하던 기관인 학교는 쇠퇴하고 새로운 시대의 요구를 반영한 지식기관과 학교가 등장하게 된다. 근대의 인쇄매체에 기반한 지식과 정보를 대표한 근대학교는 이미 오래전에 종말을 고했다. 하지만 안타깝게도 디지털 네트워크에 기반한 멀티미디어 지식과 정보에 적합한 학교는 아직 만들어지지 않았다. 몇몇 국가에서 디지털 네트워크 지식과 정보 시대에 적합한 학교를 설계하기 위한 다양한 시도가 이루어지고 있을 뿐이다.

조만간 포노 사피엔스를 위한 현대식 학교가 다양한 모습으로 우리 눈앞에 등장할 날이 오지 않겠는가?

초점에서 사방팔방으로
네트워크를 유영한다

밀레니얼 세대, 포노 사피엔스 학습법의 두 번째 특징은 기존의 부모 세대의 학습법, 혹은 기존의 근대학교에서 요구하는 학습방식과는 거꾸로 학습한다는 점이다. 포노 사피엔스들은 기초에서 심화와 응용으로, 기본 공통분야에서 세부 전문분야로 이행하는 방식의 전진(forward) 학습을 하지 않는다. 포노 사피엔스 학습법은 기존 세대의 학습법과는 다른 원칙과 알고리즘을 따른다. 이들에게 지식과 정보를 획득하는 과정(학습)은 하이퍼링크로 연결되어진 지식과 정보의 우주, 자신의 관심과 재미를 중심으로 가속 팽창하는 우주를 유영하는 것과 같다.

인쇄매체에 기반한 근대학교의 교육방식은 학생들이 학문의 구조, 백과전서의 항목별 구분과 같은 체계를 따라 순차적으로, 한 발 한 발(step by step) 따라올 것을 요구한다. 학문의 구조나, 학문 분야별 구조와 내용을 그려낸 수형도가 있다면, 나무의 밑동에서 출발해서 가지를 타고 나뭇잎을 향해 나가는 방식, 즉 전방향 학습방식(forward learning)을 따라가도록 요구한다. 인쇄매체 기반의 교육 – 학습방식을 체계적으로 구현한 시스템이 초중고교의 '국가 교육과정 – 교과목 – 교과서' 시스템이며, 대학의 '단과대학 – 학과 – 학과별 세부전공 – 전공별 교육과정'이다.[33] 지금 우리가 보고 있는 모든 학교들, 초중고교 및 대학들은 전방향 교육법(forward teaching)을 전제하고 설계된 시스템이다.

포노 사피엔스들은 근대학교의 교육법과 학습법을 따르지 않는다. 포노 사피엔스들은 반대로 배운다. 비유하자면 나뭇잎, 자신이 깊게 관심을 가지고, 자기에게 가장 재미있어 보이는 것, 현실의 지엽적인, 혹은 생활상 가까운 문제, 혹은 자신이 크게 관심을 가진 문제를 부여잡고 거기서부터 출발한다. 그 나뭇잎에서부터 시작하여 나뭇잎이 달려 있는 샛가지를 살펴보고 그 안쪽의 굵은 가지를 살펴볼 뿐만 아니라, 나뭇잎에 쏟아지는 햇빛도 보고, 나뭇잎을 흔드는 바람도 보고, 저 아래 나뭇잎이 떨어지게 될 땅도 쳐다보고, 심지어 나뭇잎을 갉아 먹는 애벌레도 살펴보면서 신나게 돌아다닌다.

근대학교의 나뭇잎 수업 시간은 생물학에 머무는 반면, 포노 사피엔스들의 나뭇잎 학습법은 생물학에 머물지 않고 화학, 물리학, 지질학, 기후학, 지리학, 사회학 등등 수많은 것들과 그물망처럼, 마치 맑은 샘물에 떨어진 한 방울의 잉크 방울이 물속으로 퍼져나가듯이 3차원 공간, 다차원 지식정보망으로 번져 나간다. 밀레니얼의 학습법을 표현하자면, 정해진 길을 따라 앞만 보고 달려가는 전방향 교육법에 견주어 후방향 학습법(backward learning), 수형도를 따라가는 평면적 교수법(2D teaching)에 견주어 다차원 학습법(multi – dimensional learning), 혹은 브라운 운동형 학습법(Brownian Motion learning)이라고 할 수 있다. 근대학교의 전방향 교육법이 인쇄매체에 기반했기 때문이라면, 포노 사피엔스의 후방향, 다차원형, 유영형 학습법이 가능한 기반은 인터넷과 디지털이다. 인터넷과 디지털 정보의 결합은 그동안 선형적(순차적)이고 평면형이었던 지식이 입체적으로 구성되고 표현되고 제시될 수 있는 세계를 열었다. 이제 지식은 입체 그물망형 구조를 갖게 되었고, 포노 사피엔스들은 지식과 정보를 다차원적으로 인식하는 최초의 인류가 되었다.

본래 모든 지식과 정보는 다차원적이다. 어떠한 지식과 정보도 평면적이거나 선형적이지 않다. 인간이 삶의 과정에서 취득한 지식과 정보를 부득이하게 타인에게 전달하는 과정에서 정보는 파편화되고 상호 간 단절이 발생한다. 하지만 직접적인 대면접촉 상황에서 전달할 때는 지식의 다차원성과 연결성의 소실이 상대적으로 적었다. 경험과 체험을 통해 얻어진 지식과 정보가 언어를 통과하고 문자화되는 과정에서 다차원성과 연결성이 소실되고, 특히 인쇄된 문자 형태로 전환되는 과정에서 지식과 정보의 소실되는 비율은 매우 높을 수밖에 없었다.

인간의 지식과 정보가 디지털화되고 네트워크로 연결되고 다양한 매체를 활용할 수 있게 되면서 지식과 정보는 다시 연결성을 회복하게 되었고, 문자와 종이매체에 담을 수 없어서 소실되었던 많은 정보와 지식들이 소실을 최소화하면서 저장되고 전달되어질 수 있는 세계가 열렸다. 디지털 네트워크 지식은 인쇄매체에서 죽은 상태로 유통되던 지식을 디지털 네트워크 속에서 살아 있는 상태로 유통되고 활용되고 재생산되는 지식으로 전환했다. 디지털 네트워크는 암호화된 문서처럼 해독하기 어려운 상태의 지식과 정보를, 살아서 쉽게 다가오는 지식과 정보로 탈바꿈시켰다.

다차원 그물망 구조의 지식은 디지털 세계에서만 체계적으로 구조화되고, 우리 앞에 실현 가능한 모습으로 나타난다. 물론 근대 산업사회, 인쇄매체 기반의 지식정보 세계에서도 예외적인 거장들이 다차원 그물망 구조의 지식을 체화했지만 그것은 매우 한정적이었으며 그것도 제한적인 범위에서만 가능했다. 디지털 네트워크 지식체계는 누구나 그런 지식체계를 활용할 수 있도록 개방하고, 디지털 네트워크 지식을 창출하는 데 참여할 수 있게 했다. 모두가 지식의 소비자이자 생산자가 될 수 있는 세계가 열렸다. 디지털 네트워크 지식과 정보 세계에서는 개별적인 지식들은 모두 연결되고 공유되어서, 개인의 지식과 정보가 수많은 사람들의 지식과 정보에 즉시 연결됨으로써 집단적 지성과 공동 생산과 공유 활동이 가능한 세상을 열었다. 인쇄매체에 기반한 지식과 정보를 활용하던 시대에는 꿈꿀 수 없었던 신세계가 열린 것이다.

다차원 그물망 구조의 지식정보 세계의 네이티브인 밀레니얼 세대, 포노 사피엔스들에게 선형의 국가 교육과정, 혹은 학교 교육과정을 따라 수행되는 평면적 지식과 정보의 전달 수업은 난센스로 다가온다. 다차원 그물망 구조의 지식정보 세계에는 중심도 없고 중핵도 없고, 앞도 뒤도, 위도 아래도 없다! 어디나 중심이고 어느 것이나 중핵이며, 전후, 좌우, 상하가 모두 하나다. 다차원 그물망 구조의 지식정보 세계에서 모든 지식은 다른 모든 지식을 향해 관계성을 지니고 서로 연결되며, 모든 지식은 본질적으로 융합적이고 창의적이며, 현실적이고 실천적이다.

다차원 그물망 구조의 지식정보 세계의 필요 불가결한 구성요소는 검색엔진이다. 검색엔진의 등장은 지식과 정보의 객관적 특성에 기반한 '저장 – 유통 – 공유' 방식을 파괴하고 인식자, 검색자, 학습자 중심의 '지식 생산 – 유통 – 공유 – 저장' 방식으로 패러다임 전환을 일으켰다. 도서관을 생각해보라. 도서관은 객관적인 관점과 표준적인 구조에 따라 정렬되어 있기 때문에 사용자, 학습자는 반드시 도서관 구성원리를 따라 자신의 검색과 학습을 조직해야만 한다. 그렇지 않으면 매우 비효율적인 상황에 직면하거나 목적한 바를 찾지 못하는 결과에 이를 것이다.

디지털 네트워크 지식정보 세계에서는 도서관의 구조나 운영원리를 굳이 알 필요가 없다. 자신이 관심을 가진 내용을 검색창에 입력하거나, 자신이 찾고 싶은 주제의 핵심 주제어를 검색하도록 명령만 하면 된다. 검색엔진은 검색자, 사용자, 즉 학습자의 관점에 맞춰 지식과 정보를 찾고 보여준다. 검색 결과는 학문의 구조, 도서관의 분류체계, 혹은 백과사전의 항목 나열 원칙에 따르지 않는다. 오히려 학습자의 관심, 사용자의 요구를 중심에 두고 결과를 보여준다. 즉, 학습자가 찾고 싶은 주제, 핵심 개념을 중심으로 다차원 그물망 구조의 지식정보 세계를 새롭게 만들어 학습자의 눈앞에 펼쳐준다.

디지털 네트워크 지식정보 세계의 특성을 잘 보여주는 두 개의 사례를 살펴보자. 하나는 검색엔진의 사례다. 디지털 네트워크 지식정보의 특성을 잘 반영한 검색엔진과 그렇지 못한 검색엔진의 성패에 관한 이야기다. 1990년대 초·중반 검색엔진계의 슈퍼 파워는 야후(Yahoo)였다. 하지만 1990년대 후반 경에는 새롭게 등장한 구글(Google)에 왕좌의 자리를 내주었을 뿐만 아니라, 이제 야후는 검색엔진으로 거의 활용되지 않게 되었다. 왜 이런 일이 일어났을까? 다양한 요인이 있겠지만, 여기서는 디지털 네트워크 지식정보 세계의 특성과 관련된 점만 살펴본다. 야후는 검색 결과를 학습자가 도서관에 들어간 상황을 재현한 방식으로 보여주고, 학습자로 하여금 자신이 검색한 결과를 도서관의 구조와 운영원리에 따라 보관하고 활용하도록 했다. 즉, 학문 분류나 백과사전의 항목 분류처럼, 검색한 결과를 분류 항목을 따라 수형도 방식, 혹은 디렉토리 방식[34]으로 보관하도록 했다. 이는 검색 결과를 지식과 정보의 객관적인 특성에 맞게 표현해주고, 사용자도 지식과 정보의 객관적인 특성에 따라 행동하도록 요구한 것이다.

하지만 구글의 검색 결과를 보여주는 방식과 구글이 사용자에게 요구한 필요 활동은 달랐다. 구글은 사용자 – 학습자가 관심을 가지는 주제어, 사건, 개념 등을 중심에 두고, 크롤링(web crawling)과 랭킹(ranking) 방식을 통해 최신성과 관련도 등을 중심으로 결과를 보여주었고, 따로 사용자에게 결과를 분류하여 보관할 것을 요구하지 않았다. 검색할 때마다 입력한 내용에 가장 근접하고 최신의 결과로 새롭게 보여주는 방식을 취한 것이다. 구글 방식과 야후 방식의 가장 큰 차이점은 학습자의 주관적 관심을 중심으로 하는 방식과 객관적, 표준적 지식정보 체계를 중심으로 하는 방식의 차이라고 할 수 있다. 객관적인 구조와 분류 체계를 상정할 수 없는 디지털 네트워크 지식정보 세계에서 인쇄매체 방식의 객관적인 지식 구조와 분류 방식을 적용하려 했던 야후를 사용자, 학습자가 외면한 것은 당연한 결과가 아니었을까?

생각해보면, 근대학교의 교육과정 구조와 운영체계는 도서관의 도서 분류 체계나 백과사전의 분류 체계를 따라 디렉토리 방식으로 교과와 수업을 구분하고 편성하여 운영하고 있다고 할 수 있다. 현재의 국가 교육과정과 학교의 수업 진행방식은 인쇄매체 기반의 지식정보 사회에 적합했던 방식으로 결국은 야후와 같은 상황에 처할 수밖에 없다.

두 번째 사례는 학교의 수업사례다. 우리 학교의 일반적인 수업 상황은 교과목별로 교과서 중심으로 첫 장부터 마지막 장까지 수업하는 방식이다. 가장 전형적인 근대학교의 운영방식이면서 인쇄매체를 기반으로 하는 학습 형태의 일반적인 모습이라고 할 수 있다. 선형적이고 평면적이고 순차적이다. 우리 학교의 교육과정은 학문구조 위주로 짜여 있고, 학생들의 성향, 관심, 흥미나 필요 등은 고려하지 않는다. 그렇다 보니 학생들은 수업내용을 이해하기도 어렵지만, 보다 중요한 문제는 '하고 싶어 하지 않는다'는 점이다. 이런 수업에서 밀레니얼 학생들은 집중하지 못하고 지루해하며, 잠을 자고, 심하면 딴짓을 하거나 소동을 피우기도 한다.

그런데 프로젝트 수업을 하는 사례들을 보면 학생들은 적극적인 모습을 보인다. 스스로 문제를 제기하고 다양한 지식과 정보를 찾고, 활용 가능한 자원을 연결한다. 또, 관련 전문가 등을 찾아 도움을 얻어가면서 목적한 바를 구현하기 위해 집중하는 모습을 볼 수 있다. 거꾸로캠퍼스의 사례나 학교에서 프로젝트 수업을 적극적으로 수행하고 있는 '사쵀수프 (사상 최대의 수업 프로젝트)[35]'의 사례에서도 학생들은 자신의 관심과 필요에서 출발해서 강력한 집중력을 발휘하고, 일상적인 수업에서와는 비교할 수 없는 학습량을 소화하면서 프로젝트를 수행한다.

프로젝트 수업이야말로 학생들이 디지털 네트워크 지식정보 세계를 자유롭게 유영하면서, 자신의 관심과 흥미를 중심으로 하나의 지식정보 세계를 구성해볼 수 있는 좋은 기회를 제공하는 수업이다. 프로젝트 수업은 선형적이지 않고, 평면적이지 않으며, 전방향적이지 않다. 아이들이 주변에서 관심 있는 주제를 선정하면, 그 주제를 중심으로 관련된 사항을 그물망 모양으로 탐색하면서, 구체적인 세부 항목에서 좀 더 근본적인 문제로 파고드는 후방향적 학습법, 동시에 다양한 분야를 휩쓸고 다니는 다차원적 학습이다. 뿐만 아니라, 프로젝트 수업은 그 자체로 융합적이다. 아이들은 능동적으로 하나의 주제를 중심으로 다양한 분야의 지식과 정보를 연결하고 결합하여 문제의 해결점을 찾아가고 새로운 대안을 만들어 가기 때문이다.

그동안 우리나라의 많은 교육개혁은 인쇄매체에 기반한 지식을 체계적으로 담아둘 구조화된 두뇌를 만들기 위한 학습방식을 그대로 유지한 채, 행정적 접근을 중심으로 이루어졌다. 포노 사피엔스들의 학습법에 맞게, 디지털 네트워크 지식정보 시대에 맞게, 색인과 랭킹 방식, 목적물(for what)을 위한 학습으로 전환하는 핵심 과제를 놓치고 말았다. 학교 교육과 수업 과정의 민주화, 학생 인권, 학생 복지 문제 등에서 여러 가지 개선 성과는 있었지만, 그것이 교육혁신의 핵심 과제는 아니라고 생각한다. 교육혁신의 핵심은 기존의 인쇄매체에 기반해 기초 지식에서 출발하여 세부 지식으로 진행되는 지식 중심의 전방향식 교육, 선형적, 평면적, 객관적 지식 중심 교육을 벗어나야 한다는 것이다.

포노 사피엔스들에게 필요한 교육은 현실 문제에서 원리를 찾고 연관 체계를 이해해가는 후방향식 학습이다. 또, 학습자의 관심과 목적 중심, 다차원적, 융합적 학습 방식으로 전환하여, 자신의 삶과 현실의 문제를 해결하기 위해 디지털 네트워크를 맘껏 돌아다니며 지식정보를 활용하는 '교육방식 – 학습방식'을 구현하는 교육이다.

관심 사항을
개인화된 방식으로 배운다

근대학교는 표준에 대한 강박에 빠졌다. 표준에 대한 강박은 동시에 평균에 대한 맹목적 집착으로 발현되었다. 표준화된 지식, 평균적 인간의 양성, 표준화된 생산방식, 표준 교육과정과 표준 수업운영 절차, 표준 학교 운영방식 등.

마치 학교운영과 교육-학습도 실험실에서 실험을 통해 결과를 뽑아내듯, 혹은 생산 공장에서 컨베이어벨트를 통과하여 표준적 과정을 걸쳐 표준화된 제품을 만들어내듯, 그렇게 관리되고 통제될 수 있다고 믿었다. 테일러-포드 시스템이 바로 그것이다. 근대 산업사회는 표준화된 과정을 통해 평균적인 인간의 욕구를 충족시키는 제품을 대량으로 생산함으로써 전대미문의 물질문명을 건설했다. 하지만 산업사회의 근대적 방식이 교육과 학습에 똑같이 적용될 것이라고 상정한 태도는 큰 망상이었다.

인간에 적용된 근대적 생산체제, 표준적 생산절차를 통한 평균적 제품의 생산은 그 과정을 담당할 사람을 요구했고, 근대학교는 그 역할을 담당할 기구로 설계되었다. 근대학교는 제국의 명령을 식민지에서 무비판적으로 집행할 차가운 관료와 군인, 컨베이어벨트에서 기계처럼 주어진 작업을 무한 반복할 수 있는 영혼 없는 조립공, 사회적 가치와 공공의 복지에 무관심하고 자본의 이해에 충실하게 복무할 파편화된 전문가를 양성하는 체제다.

근대학교는 산업사회적 요구에 부응하기 위해 근대적 국민교육 과정을 창안했는데, 이는 폭발하는 인쇄매체 지식과 정보를 체계적으로 정리하여 핵심적 구조를 형성하고, 기본내용을 선정하여 근대 산업사회에 복무할 표준화된 관료와 군인, 생산직 노동자와 분야별 전문가들로 준비시키는 역할을 수행한다. 근대 계몽주의자들은 폭발하는 인쇄매체를 통한 지식과 정보의 홍수를 감당하기 어렵다고 비명을 질렀다. 근대학교는 근대사회에서 평민들을 인쇄매체의 홍수에 휩쓸리지 않고, 국가와 전문가가 지정한 지식과 정보를 체계적으로 전달받아 반복 활용할 수 있는 근대적 산업사회 노동력을 양성하기 위한 핵심적인 체계로써 필수 불가결한 제도였다.

밀레니얼 세대는 지식과 정보와 관련하여 몇몇 측면에서 근대 계몽주의 시대와는 다른 상황에 직면했다. 첫 번째는 근대 계몽주의자들이 압도당했던 지식과 정보의 홍수보다 비교할 수 없을 정도로 압도적인 지식과 정보의 바다에서도 밀레니얼은 재미있게 잘 논다는 점이다. 이들은 디지털 네트워크 지식과 정보의 우주 크기에 압도당하지 않는다. 마치 광속으로 우주여행을 할 수 있는 것처럼, 웜홀을 통해 공간을 압축하고 접어서 여행할 수 있을 듯이 지식과 정보의 우주를 유유히, 신나게, 놀이처럼, 게임처럼 유영한다는 점이다.

다른 말로 표현하자면, 근대 산업사회의 지식과 정보 세계와는 전혀 다른 지식과 정보 세계를 살아온 밀레니얼 세대는 지식정보 세계를 여행하는 방법이 전혀 다르고, 따라서 이들은 인쇄매체의 한계에 얽매여 설계된 근대학교의 표준화, 객관화, 집단화, 평균화된 학습법을 따를 필요가 없게 된 것이다. 디지털 네트워크 지식과 정보는 그 자체로 다양화, 주관화, 분산화, 개별화된 방식으로 생산, 유통, 보관되며 재생산된다.

밀레니얼이 사는 세상, 스마트 기기로 무장한 포노 사피엔스 세상에서는 지식과 정보의 생산, 유통, 보관, 재생산 과정에서 효율성보다는 적실성, 주제 연관성 및 활용성, 인간성(주관성)이 더 중요하다. 근대 산업사회의 핵심 가치는 효율성이다. 테일러가 '과학적 관리론(The Principles of Scientific Management)'에서 추구했던 핵심 가치도 효율성이었고, 가장 효율적인 하나의 방식을 찾아서 경영관리 전반에 적용하고자 했다. 효율성을 달성하기 위해 필수적인 부분이 표준화와 객관화다. 개인의 주관적 여건, 관심, 재능 등은 고려의 대상이 아니다. 객관적인 상황에 맞춰 누구나 따라야 할 표준화된 절차와 내용을 확정하여 일괄적으로 적용하는 방식이 유일하게 근대 산업사회에서 효율성을 보장하는 가장 좋은 방식이었다. 표준화와 객관화를 통해 달성한 효율성을 가속시킨 시스템이 포드 시스템이었다. 테일러-포드 시스템은 테일러의 효율성에 포드 시스템이라는 가속기를 단 효율성 폭주체제였다. 상품 생산과정만이 아니라, 지식과 정보의 생산체제도 테일러-포드 시스템이 적용되었다. 객관적이고 표준적인 지식과 정보를 과학적 방법을 따라 선정한 다음, 마치 공장에 테일러-포드 시스템이 작동하듯 학교에서도 작동하도록 만든 체제가 근대학교 체제인 것이다.

하지만 포노 사피엔스들은 근대학교가 전제했던 홍수처럼 범람하는 인쇄매체 지식과 정보의 권위적인 선별, 체계적인 표준화, 과학적인 전달 과정이라는 체제를 필요로 하지 않는다. 밀레니얼 세대, 포노 사피엔스들에게 지식과 정보는 많을수록 좋다. 디지털화되어 있고, 네트워크로 연결되어 있으면 어떤 내용도, 어떤 정보도 빠짐없이 찾아주는 검색엔진과 스마트 기기가 있기 때문이다. 밀레니얼에게 지식과 정보의 속성은 자신의 관심과 흥미, 필요에 맞는 지식과 정보인지(적실성), 내가 찾고 싶은 내용과 어느 정도 일치하는지, 얼마나 최신 지식과 정보인지, 내가 하고자 하는 작업에 바로 적용할 수 있는지(주제 연관성 및 활용성), 그리고 그 지식과 정보가 재미있고, 매력적인 방식으로 제시되고 있는지(인간성, 주관성) 등이 매우 중요하다.

밀레니얼은 학교가 표준화, 객관화, 집단화, 평균화해서 공급해주는 인쇄매체에 기반한 지식과 정보를 필요로 하지 않는다. 포노 사피엔스들은 관심만 있으면 거대한 지식창고에 언제, 어디서나 즉시 접근이 가능하기 때문에, 일방적으로 주어지는 교육과정을 황당한 것으로 받아들인다.[36] 포노 사피엔스에게 '안물안궁('안 물어 봤고, 궁금하지도 않은'이란 뜻의 줄임말)'한 지식과 정보의 일방적인 주입은 폭력으로 느껴진다. 밀레니얼들은 그들의 관심을 중심으로 지식과 정보를 구조화한다. 듀이 십진분류법처럼, 혹은 국가 교육과정에서 상정하는 교과목 중심의 객관적인 지식의 구조는 포노 사피엔스에게 필요하지 않다. 지식은 결코 객관적이지 않다. 지식과 정보의 존재는 부존재를 확인하는 순간, 학습자에게 다가온다. 실제로 존재하지 않는 지식과 정보 또한 부존재를 확인하는 순간을 통해 새롭게 발견되거나 (재)구성된다. 근대학교는 존재하는 지식을 주입하는 데 집중해왔다. 하지만 밀레니얼에게 존재하는 지식과 정보의 전달, 주입은 강요와 폭력이다. 밀레니얼, 포노 사피엔스가 부존재로 인식하지 않은 지식은 지식이 아니다. 지식은 학습자가 부족함을 확인하고 찾아 나설 때 적실성을 지닌 지식과 정보로 학습자에게 다가온다.

밀레니얼, 포노 사피엔스의 학습법은 가장 효과적이고 인상적이다. 포노 사피엔스 세상을 연 스티브 잡스(Steve Jobs)가 스탠퍼드대학교 졸업식 축사에서 한 연설은 밀레니얼 세대, 포노 사피엔스의 학습법이 어떤 것인지, 어떤 효과를 가져오는지를 드라마틱하게 보여준다.

> 그때는 약간 무서웠지만, 뒤돌아보면 학교를 중퇴한 일은 제 결정 중에서 가장 잘한 일이었습니다. 학교를 중퇴한 순간부터 나의 관심을 끌지 않는 필수과목들을 듣는 것을 그만둘 수 있었고, 재미있어 보이는 과목들을 듣기 시작했습니다. 사실, 그렇게 낭만적이지는 않았습니다. 기숙사 방도 없어서 친구 방 마루에서 자고, 콜라병을 팔아서 끼니를 때우고, 매주 일요일이면 시내를 가로질러 사원에서 제공하는 괜찮은 한 끼 식사를 얻어먹기 위해 10km 정도를 걸었습니다. 저는 그런 생활을 좋아했습니다. 제 호기심과 직관을 따라 들어간 것들의 대부분은 나중에 너무도 소중한 것들이 되었습니다.[37]

밀레니얼이 사는 세상, 포노 사피엔스 세상의 두 번째 특징은 근대 산업사회의 임금 노동자들이 수행했던 지루하고 반복적이며 단순하고 비인간적인 노동을 대체할 물건이 등장했다는 점이다. 바로 인공지능과 로봇으로 대표되는 자동화 생산체제. 이제 근대학교가 상정했던 인재상, 근대 산업사회가 필요로 하는 노동력은 그 필요성이 급격히 축소되고 있고, 또 시간이 갈수록 더 그럴 것이다.

근대학교의 이상은 무엇이었는가? 모든 국민에게 공통의 핵심적으로 필요한 지식과 정보를 최소기준으로 전달하여 국민국가의 형성과 운영을 받쳐줄 충직한 국민을 양성하는 것이었다. 이를 위해 관련 법령과 규정에 맞게, 지시와 명령에 따라 움직이는 충성스러운 행정 관료와 군인의 양성, 생산과정의 기본 운영원칙을 이해하고, 매뉴얼을 따라 정확하게 노동하는 산업인력의 양성, 가슴이 없는 냉철한 전문가의 양성 등이었다. 하지만 이제 법령과 규정을 자동으로 적용하는 인공지능이 개발되고, 군인들의 육체적, 반복적 활동을 대체하는 로봇들이 속속 도입되고 있으며 의사, 변호사, 회계사들이 수행했던 전문가의 업무 중에서 반복적이고 체계적이며 조직화된 업무의 상당 부분이 인공지능으로 대체되는 상황에서 근대학교의 이상은 이미 퇴색한 지 오래다.

더 나아가, 앞으로 밀레니얼이 살아갈 세상은 전통적인 육체노동과 지식노동의 구분이 없어지고, 단순노동과 전문노동의 구분도 약해질 것이다. 전통적인 육체노동은 갈수록 기계와 로봇으로 대체될 것이며, 지식노동과 전문노동의 많은 부분도 인공지능으로 대체되고 있기 때문이다. 이제 인공지능과 로봇으로 대표되는 새로운 노동력을 개발한 인류는 사회구성도 새롭게 설계해야 하는 상황에 직면했다.

이제 전통적으로 부모 세대가 살아왔던 산업사회적 사회 구성방식은 해체되고, 밀레니얼들이 살아가는 세상은 새롭게 구성되고 있다. 전쟁과 노예로 상징되었던 고역으로서의 노동은 종말을 고할 것이다. 맹자의 말을 빌자면 "노심자(勞心者; 주로 정신적인 노동과 정치를 하는 사람들을 지칭)와 노력자(勞力者; 주로 육체노동을 수행하여 물품과 서비스의 생산을 담당하는 계층을 지칭)의 구분이 없어지고, 모두가 노심자가 될 수 있으며, 진실로 인간다움이 구현되는 사회"의 가능성이 열렸다.

밀레니얼을 대상으로 하는 교육은 근대학교식 교육과 훈련에서 빨리 벗어나야 한다. 산업사회 생산과정을 따라가는 데 필요했던, 표준화되고 객관화된 집단적 지식과 정보는 더 이상 새로운 생산 시스템, 인공지능과 로봇이 노동을 대신하는 사회와 생산체계에 적합하지 않다. 그런 표준적, 객관적, 집단적 지식은 이미 기계 시스템에 내장할 수 있기 때문에 굳이 사람들이 그런 지식으로 무장하고 노동을 수행하도록 할 필요도 없고, 효과도 없다.

밀레니얼 세대, 포노 사피엔스가 살아가는 지식과 정보 세상의 세 번째 특징은 파편화되고 단편화된 지식과 정보, 표준적이고 객관적인 지식과 정보를 이해하고 보관하며 소환하는 역량은 이제 더 이상 중요한 핵심역량이 아니라는 점이다. 객관화된 지식과 정보는 더 이상 인간의 뇌에 저장되고, 소환되는 과정을 거칠 필요가 없다. 항상 손에 들고 다닐 수 있고, 언제나 네트워크에 연결되어 있는 스마트 기기들이 객관화된 지식과 정보를 언제, 어디서나 우리들의 손끝과 눈 밑으로 가져다주기 때문이다.

밀레니얼의 학습에서 가장 중요한 역량은 유발 하라리가 말하는 "큰 그림을 그리는 능력"이며, 그림을 그리는 역량의 핵심은 그리고 싶은 그림의 종자, 핵심 개념과 관점을 확보하고 그를 중심으로 주변을 재구성하는 역량이다. 이것은 다차원 그물망 구조로 지식과 정보를 다룰 줄 아는 포노 사피엔스 학습법에 가장 적합한 사고방식이다. 유발 하라리는 "디지털 네트워크 지식과 정보 환경에서 학교가 가장 하지 말아야 할 일은 더 많은 정보를 주입하는 일"이라고 하면서 "학교가 포노 사피엔스들에게 해야 하는 가장 중요한 일은 지식과 정보를 제대로 이해하고, 경중을 가릴 줄 알며, 다양한 지식과 정보를 자신의 문제의식에 따라 자신의 세상에 관한 큰 그림을 그려내는 역량을 키우는 일"이라고 강조한다.[38]

이제 밀레니얼에게 필요한 학습은 주어진 문제에 정해진 답을 맞추는 일이 아니라 스스로 자신과 공동체의 비전을 만들고, 자신의 메시지를 발하며, 스스로 문제를 찾고 해결책을 창조하는 활동이다. 또, 이미 표준화되고 객관화된 지식을 보관하고 소환하는 단순 작업이 아니라, 상황과 맥락을 파악하고 공유하며 함께 새로운 사회를 만들어가는 역량이다. 포노사피엔스들에게는 새롭게 학습하고 활동할 수 있는 기본 여건이 갖추어져 있고 —그것은 디지털 네트워크 지식정보 체계다— 이미 그들은 새로운 학습을 향해 나아가고 있다. 문제는 이것이다. 인쇄매체에 기반한 근대학교의 패러다임에 묶여 있고, 근대 산업사회의 인재상에 매여 있는 우리 학교와 사회가 가장 큰 문제다.

밀레니얼이 살아가는 지식과 정보 세상의 네 번째 특징은 이제 책을 통해 개념과 이론을 배우고 이해하며, 도상훈련을 통해 그것을 익히는 시대는 끝났다는 점이다. 이전 세대는 책을 읽으며 책 속에 있는 내용을 열심히 이해하려 애쓰고 외우고 '문제지'를 풀며(문제를 푸는 게 아니다!), 지식과 정보의 저장 장치로 자신의 소중한 뇌를 낭비했다. 이전 세대의 학습법이 그나마 유용할 수 있었던 이유는 지식과 정보를 담고 있는 책에 접근하기 어렵고, 흔하지 않으며, 책의 내용을 이해하고 습득하기가 용이하지 않았기 때문이었다. 그래서 부족한 지식과 정보를 하나라도 더 찾아 이해하고 저장하기 위해 온갖 노력을 기울였던 것이다.

대중적인 인쇄매체의 시대는 16세기에 시작되어 20세기 초반까지 500년 동안 지속되었다. 인간의 모든 지식활동, 정보활동은 인쇄매체에 맞춰졌다. 그 이전의 책은 핵심적인 정보를 담아두는 일종의 보석함과 같은 존재였다면, 대중적 인쇄술이 보급된 이후에 책은 하나의 생각이나 주장을 종합적으로 구조화하여 체계적으로 서술하도록 바뀌었다. 이제 책은 전문적인 한 분야의 지식과 정보를 담아서 체계적이고 구조적으로 보여주는 매체로 전환된 것이다.

한편으로 짧은 호흡의 주장이나, 신속한 정보 교류가 필요한 지식과 정보는 학술지나 서신(letters) 형태로 출간되었다. 한계가 명백한 인쇄매체라는 자원을 효율적으로 활용하고, 지식과 정보를 체계적으로 관리하기 위해서는 아무나 글을 쓰는 일이 없도록 동료평가(peer review)를 거친 글만 유통되도록 통제하는 체제가 학술지, 저널, 신문, 서적 등의 편집제도로 정착되었다. 권위를 통해, 권위를 인정받은, 권위 있는 지식과 정보만이 대중과 사회 앞에 발표될 수 있었던 것이다. 이 시대의 학습은 당연히 이 권위 있는 지식과 정보를 이해하고 외워서 향후 자신도 동등한 권위를 지니는, 지식과 정보를 생산할 수 있는 사람으로 성장하도록 대비하는 일이었다.

디지털 네트워크 지식과 정보 시대를 살아가는 포노 사피엔스들은 그럴 필요가 없다. 자신이 지닌 지식과 정보, 개인적인 주장과 소소한 내용들 모두가 자신의 자리를 요구하고, 그 요구를 다 수용하고도 남을 무한정의 시공간이 콘텐츠를 기다리는 시대가 열린 것이다. 이제 굳이 권위자의 검토를 거쳐서 권위 있다고 평가받은 지식과 정보만이 유통될 필요도, 이유도 없는 세상이 된 것이다. 모든 지식은 모두에 의해 만들어지고 모두에 의해 검토되며, 모두에 의해 권위가 평가되는 시대가 도래한 것이다. 좀 진부한 문구지만 차용하여 표현한다면, 그야말로 "만인을 위한, 만인에 의한, 만인의 지식정보 사회(the knowledge and information society of the people, by the people, for the people)"가 도래한 것이다.

이제 우리는 디지털과 네트워크를 통해 시공간을 압축하고 확장하며 누구나 그 과정에서 지식을 자유자재로 활용하여 지식의 생산과 재생산에 참여할 수 있게 되었다. 우리는 네트워크와 스마트 기기를 활용하여 과거와 현재의 모든 지식에 접속할 수도 있다. 포노 사피엔스들은 지식의 시간을 압축하여 쉽게 소환하고, 지식의 공간도 무한대로 확장할 수 있다. 결국 우리는 지식을 생산하고 관리하는 도구를 모두가 갖게 되었다.[39]

이와 같은 디지털 네트워크 지식정보 사회에서 가장 효과적이고 적합한 학습법은 어떤 것일까? 미래를 대비해 교육받고 학습하는 방식은 효과적이지도 않고 밀레니얼의 관심을 끌지도 못한다. 지식과 정보가 무한하게 제공되는 사회에서 가장 효과적으로 확실하게 학습하는 방법은 직접 해보는 것이다. 주변에 널려 있는 지식과 정보를 활용해서 자신이 관심과 흥미를 가지고 있고 또 한편으로는 자신이 잘할 수 있는, 다시 말하면 소질과 재능이 있어서 쉽게 잘할 수 있는 분야에서 자신이 직접 자신의 것을 만들어 보고, 자신이 관심을 가진 주제와 문제를 직접 분석하고 해결해 보면서 지식과 정보를 습득하는 과정과 지식정보를 활용하는 과정을 하나로 통일시키는 학습법이다. 포노 사피엔스들은 이전 세대처럼 읽어서 배우는 방식(learning by reading)이 아니라 스스로 실천하는 과정에서 관련된 사람들과 함께 문제를 해결하면서 배우는 방식(learning by acting and leading)으로 학습한다.

프랑스의 인지 철학자 미셸 세르(Michel Serres)는 근대학교의 교육법에 대해 많은 학생을 자동차나 기차, 혹은 비행기와 같은 탈것에 채우고 지식을 향해 이동시키는 상황으로 비유하면서, 항상 운전은 교사가 하는 상황에 빗대어 비판하고 있다. 그는 이와 같은 방식의 교육법은 전혀 포노 사피엔스에게 적합하지 않다고 주장한다. 네트워크와 스마트 기기를 사용하는 포노 사피엔스들은 항상 깨어 있고 능동적으로 상황에 뛰어들기를 원하기 때문에 스스로 운전하는 방식으로 학습한다.[40]

본래 인간의 인식은 강한 지향성을 지닌다. 자신이 관심을 가진 분야,

재미를 느끼는 분야를 향해 강한 호기심과 실행력을 발휘한다. 기존의 교육과 학습은 인간 인식의 지향성을 무시하고, 모두가 동일한 내용을 동일한 방식과 속도로 배우도록 설계되었다. 이것은 근대 산업사회의 한계이자 동시에 인쇄매체에 의존했던 지식과 정보의 희소성에도 기인했다. 이제는 그러한 한계에 얽매이지 않고 마음껏 지식과 정보의 우주를 유영하면서 각자가 자신에게 맞는, 가장 효과적이면서도 재미있는 방식으로 학습할 수 있는 시대가 열렸다. 그리고 포노 사피엔스들은 태어나면서부터 자신들의 학습법을 온몸으로 배우고 익혔다.

사실 그동안의 교육은 우리가 관심을 가지고 있는 문제와 분야에 집중하도록 돕기보다는 일정한 역할을 수행할 수 있도록, 즉 산업사회의 노동력으로 기능할 수 있는 도구를 갖추도록 준비시키는 데 모든 시간과 노력을 투자했다. 그때나 지금이나 교육에서 제일 중요한 것은 "도구를 준비하도록 가르치는 방식이 아니라 문제를 찾도록 돕는 것"이고, 문제의 답을 찾도록 하는 게 아니라 문제를 해결하는 과정에서 생각하고 실천할 수 있는 역량을 키우는 것이 더 중요한 교육의 역할이다. 디지털 네트워크 지식정보 사회는 이제 교육이 진정한 교육의 역할을 수행하도록 촉구하고, 학습자들이 진정한 자기 학습의 주체가 될 가능성을 열었다.

포노 사피엔스들은
두 개의 뇌로 학습한다[41]

사람은 무엇으로 생각하는가? 우리가 어떤 개념을 안다고 할 때, '안다'는 것은 어떤 의미인가? 나는 아무개의 전화번호를 안다고 말하면서, 스마트폰의 주소록을 검색한다! 그러면 나는 아무개의 전화번호를 알고 있는 걸까, 모르는 걸까? 내가 인공지능이란 무엇인지에 대해 안다고 하면서, 구글이나 위키피디아의 검색창에 '인공지능'을 타이핑하고 나온 결과를 보고 상대에게 설명을 한다면, 상대는 내가 인공지능에 대해 알고 있다고 판단할까, 아니면 모른다고 결론을 내릴까?

인간의 사고는 인간이 사고하는 도구와 별개로 작동하는가? 우리가 종이와 연필, 책을 사용하지 않고 사고할 수 있을까? 컴퓨터나 전자계산기를 이용해서 우리의 사고를 전개하는 경우, 그 도구들은 우리 사고의 일부일까? 외부의 문자나 책, 컴퓨터, 스마트 기기를 우리 사고의 일부라고 인정하든 인정하지 않든 상관없이, 우리가 그러한 외부의 도구들을 사용하지 않는다면, 우리의 사고가 매우 제한적일 것은 명확하다. 이와 관련하여, 독일 철학사학자 에른스트 카시러(Ernst Cassirer)는 '생각의 도구(instrument of thought)'가 시대에 따라 변화하고, 인간 기술의 발달에 따라 생각의 도구도 함께 발달한다고 지적했다.[42]

인간의 사고와 '생각 도구'의 관계를 잘 이해한 지식인들은 오래전부터 근대학교의 관행과는 다른 대응 행위를 보여주었다. 학교에서 소위 '오픈 북 테스트'를 실행한 교수나 교사들은 책이 지식을 담아두는 물건이며 인간은 그런 도구들을 잘 활용하여 사고하는 존재임을 깊이 이해하고 있었기 때문에, 참고서적을 참고하면서 치르는 평가법을 활용했던 것이다. 인쇄된 책이 홍수처럼 쏟아지는 시대에 군이 책에 있는 내용을 모두 외울 필요도 없으며, 그런 행동은 오히려 멍청한 짓이기 때문이다. 마찬가지로, 선진국의 많은 학교에서는 복잡한 계산은 전자계산기를 사용하도록 오래전부터 허용했다. 내가 경험한 미국의 중고등학교에서는 주요 공식을 백지에 미리 메모해 와서 시험 시간에 문제풀이에 활용하도록 허용하기도 했다. 모두 인간의 사고와 '생각 도구' 간의 관계를 깊이 이해하고, 인간의 생물학적 뇌는 보다 중요한 일에 쓰도록 배려한 일이기도 하다.

인간이 사용하는 도구 중 인간의 지식활동에 가장 중요한 도구는 단연 언어와 문자다. 인류가 언어를 사용하기 시작하면서부터 인간의 인식과 사고는 객관화되기 시작했고, 언어가 문자를 통해 더욱 더 객관적인 어떤 것으로 변모했다. 문자를 담은 책이 우리의 사고를 체계적인 구조를 지닌 것으로 객관화하여 타인에게 전달될 수 있게 된 이후, 인간의 사고는 문자와 책을 떠나서 생각하기 어렵게 되었다.

이제 디지털 네트워크 지식정보 시대를 사는 포노 사피엔스들은 컴퓨터와 스마트 기기를 활용해 사고한다. 인간 뇌의 많은 기능을 컴퓨터와 스마트 기기로 외부화했다. 이제 우리는 많은 것들을 생물학적 머릿속에 기억하지 않고, 하이테크 머리(외뇌〈exo-brain〉) 속에 저장한다. 게다가 하이테크 머리는 다른 사람들의 하이테크 머리와 연결되어 있어서 내가 갖지 못한 지식과 정보도 검색엔진을 통해 무궁무진하게 찾을 수 있게 되었다. 스마트 기기로 대표되는 외뇌는 생물학적 머리뿐만 아니라, 세계에서 가장 큰 물리적인 도서관조차도 수행하지 못했던 일을 수행할 수 있는 수준으로 발달했다.

디지털 네트워크 기술은 그동안 인간이 책과 같은 인쇄매체를 통해 수행했던 많은 일들을 새로운 형태로 전환시켰다. 이제는 평면적이며 순차적인 인쇄매체의 공간적 제약을 떠나 무한의 시공간 속에서 개념을 생산하고 축적하며 유통시키고, 다양한 연산을 수행한다. 인간의 인식은 이제 디지털 네트워크를 인식의 전개를 위한 수단으로 내장하게 되었다. 포노 사피엔스는 이제 외부화된 정밀한 '생각 도구'를 활용하여 사고하고, 판단하며, 성찰하는 인간으로 새롭게 탄생했다.

밀레니얼의 부모 세대는 문자와 활자, 책의 후손이다. 이들은 인쇄물을 통해 지식과 정보를 습득한 세대다. 그래서 부모 세대에게는 책을 잘 읽고, 책을 잘 보관하고, 책을 잘 찾고, 책을 잘 쓰는 사람이 지식인이자 지식과 정보를 잘 다루는 사람이다. 포노 사피엔스들은 인쇄매체, 즉 종이책 중심의 지식과 정보 다루기와는 전혀 다른 지식과 정보 활용능력을 지닌 세대가 되었다. 오히려, 책과 인쇄매체로 된 지식과 정보는 싫어하고, 어려워하고, 불편해하는 세대가 되었다.

인쇄매체, 책과 종이 페이지의 본능이 근대학교의 틀을 만들었고, 수업의 형식을 규정했다. 인류는 수백만 년의 음성 시대를 지나, 수천 년의 문자 세대를 거치고, 500년의 '인쇄물–종이책'의 시대를 지났다. 이제 갓 디지털 네트워크 시대에 진입한 인류는 그것이 무엇인지 잘 모른다. 특히 부모 세대는 더욱 그렇다. 밀레니얼 세대는 이미 디지털 네트워크와 본능적으로 하나가 된 포노 사피엔스들이다. 근대 학교 공간과 교실 공간, 수업의 구성과 운영은 모두 책과 인쇄매체 시대의 요구사항을 반영한 것이다. 모든 권위는 책(교과서) 속에 있듯이, 학교에서는 교무실이, 교실에서는 교탁이 모든 권위의 중심이 되었다. 근대학교는 선형의, 평면적인, 단방향의 인쇄매체에 객관화된 지식과 정보를 기반으로 구조화되었다.

디지털 네트워크 지식정보 세상은 전혀 다른 구조와 운영원리를 요구한다. 이제 밀레니얼은 지식이 어디에나 있고(ubiquitous), 분산(decentralized) 되어 있지만 모두 연결되어(connected) 있기 때문에, 지식정보 세계에서는 모든 학습자가 중심이 되는 공간을 요청한다. 그래서 포노 사피엔스들은 책에 귀를 기울이지도 않고, '안광(眼光)이 지배(紙背)를 철(綴)하다'나 '독서백편의자현(讀書百遍義自見)', '위편삼절(韋編三絕)'과 같은 말들은 그들에게 그저 헛소리로만 들릴 뿐이다. 책이 보물처럼 귀하던 시절, 소수의 경전이나 《성경》과 같은 책들만이 종이책으로 제작되어 보급될 수 있었던 시절에나 중요한 책 한두 권을 백 번 읽고, 집중해서 읽고, 또 반복하던 시절의 방식을 포노 사피엔스들이 이해할 수 없는 건 당연하고, 그러니 그런 짓을 따라 할 리는 더욱 만무한 것이다.

포노 사피엔스들은 초등학교 교실에서부터 대학원 수업에 이르기까지, 앞에서 일방적으로 읊어대는 소리에는 귀를 기울이지 않는다. 이유는 간단하다. 이미 그런 내용들은 다 네트워크에 있고, 마음만 먹으면 바로 접속해서 확인해볼 수 있기 때문이다. 그래서 학생들은 수업 시간에 서로 채팅을 하고 눈팅을 하고, 잠을 자거나 딴짓을 한다. 앞에서 떠들어대는 이야기들은 다 자기 손안에 있기 때문이다! 인터넷이 처음 나왔을 때, 컴퓨터는 엄청나게 컸고, 개인용 컴퓨터가 상용화된 시절에도 결국은 책상 앞에 앉아야 디지털 네트워크에 접속할 수 있었지만, 이제는 누구나, 언제 어디서나 스마트폰만 있으면 디지털 네트워크에 접속할 수 있게 되었다. 이제 포노 사피엔스들은 더 이상 교실에 앉아서 책 읽는 소리를 들을 필요가 없는 세대가 되어 버렸다.

포노 사피엔스의 외뇌는 모두 서로 연결되어 있다. 지식과 정보는 연결의 산물이다. 인간이 다른 동물을 제압하고 지구상의 가장 우세한 종이 될 수 있었던 비결은 그들이 지식과 정보를 서로 연결할 수 있는 네트워크를 끊임없이 발전시켰기 때문이다. 동물의 군집이 대략 150을 넘어가면 의사소통이 원활해지지 않아서 그 집단을 유지하기 어렵다고 한다. 인간은 이 장벽을 연결을 통해 극복하고 수억 명, 수십억 명이 모여 하나의 커다란 지구촌을 이룰 수 있게 되었다. 처음에는 그 연결의 매체가 언어였고, 이어서 문자, 다음에는 '인쇄매체 – 책', 그리고 지금은 디지털 네트워크가 인간의 지식과 정보를 끊임없이 연결해주고 있다. 인쇄매체 시대에는 서신공화국, 책과 저널의 네트워크가 있었다면, 이제 포노 사피엔스에게는 디지털 네트워크와 스마트 기기가 있다. 그렇다면 마땅히 밀레니얼 세대, 포노 사피엔스의 학교는 디지털 네트워크에 기반해야 하지 않겠는가?

이전 세대도 서로 연결하여 지식과 정보를 공유하고 확대하며, 생산과 재생산의 순환 고리를 강화하고자 했다. 하지만 문자 이전의 시대에는 직접적인 면대면 접촉을 통해 구두로 내용을 전달하고 전달받는 매우 협소한 네트워크가 있었을 뿐이다. 이후, 종이와 문자가 결합하자 두루마리나 종이, 비단 등에 쓰여진 지식과 정보가 유통되는 네트워크가 넓게 형성되었다. 혜초가 다섯 천축국을 여행했던 동기도, 삼장법사가 인도를 향해 긴 여행을 떠났던 것도 모두 이 지식과 정보의 네트워크에 직접 접속하고자 했던 열망이었다.

근대 활판 인쇄술 이후의 지식과 정보의 네트워크는 한편으로는 인쇄물의 급격한 확대를 통해, 그리고 한편으로는 산업혁명에 따른 교통·통신의 발전에 의해 새로운 국면을 맞이하게 되었다. 이제 책과 저널, 학술적 서신, 각종 학술대회 등을 통해 지식과 정보를 가진 사람들의 네트워크가 지식정보 유통의 중심으로 자리 잡게 되었다. 그래서 근대 지식인들은 책과 학술저널, 그리고 학자들 간의 서신 교환이나 세미나, 학술대회 등을 통해 지식인 공동체를 형성했다.

근대 초기 유럽에서는 특별한 사람들만 학술적 서신을 교환하면서 지식과 정보 세계의 일원이 되었지만 밀레니얼 세대, 포노 사피엔스들은 누구나, 어디서나 어떤 매체를 통하든 상관없이 지식정보 세계의 일원으로서 지식과 정보를 생산하고, 유통시키고, 보관하고, 공유하고, 연결하면서 종횡무진 돌아다닌다. 포노 사피엔스들은 그 어느 세대보다도 긴밀히 서로 연결된 지식정보 네트워크를 활용하는 세대이자, 두 개의 뇌를 지니고 그것들을 무수히 연결하여 활용하는 첫 세대가 되었다.

밀레니얼은 기성세대를
앞서 배운다

밀레니얼 세대는 이제 학교에서 지식과 정보를 배우지 않는다. 근대 학교는 종이매체에 인쇄된 지식을 최대한 많은 사람에게 효율적으로 전달하기 위해 조직된 관료체계다. 종이매체에 의존한 지식전달 체계는 필연적으로 물화된 지식을 살려내서 이해할 수 있는 형식과 방식으로 전해주는 사람(교사)을 필수요소로 포함한다. 학교와 교실, 교육과정과 수업은 근대 인쇄매체 기반 지식정보 세계에 적합하게 설계됐다. 근대학교 체제에서 핵심은 인쇄매체 속에 객관화, 물화(物化)되어 있는 지식을 선형적으로, 평면적으로, 계통을 따라서 암호를 해독하듯 풀어서 전달해주는 교사다. 교사는 인쇄매체 기반 지식정보 세계와 학생을 연결해주는 교량이자 매개자로서 존재한다.

디지털 네트워크 기반의 멀티미디어 지식은 그런 중개 기제와 중개자를 필요로 하지 않는다. 모든 지식과 정보는 학습자의 요구에 맞게 작성되어 언제 어디서나 접근할 수 있는 형식과 방식으로 주변에 보편적으로 존재한다. 따라서 학습자는 검색할 줄만 알면 자신이 필요한 학습 내용을 언제 어디서나, 어떻게든 접근할 수 있게 되었다. 이제 지식과 정보는 학습자, 지식정보 수요자가 습득할 수 있는 방식으로 존재한다. 다양한 방식으로 존재하는 지식과 정보 중에서 학습자와 수요자는 자신이 필요하고, 흡수할 수 있는 양식, 양과 질로 구성된 지식과 정보를 검색하여 습득하면 된다.

인쇄물은 해설자가 필요하지만 디지털 멀티미디어 지식은 친절하게 스스로 설명해준다. 지식과 정보의 보편적 존재성, 지식정보의 표현 매체와 방식의 다양성, 유연성은 지식과 정보를 독점하면서, 지식과 정보를 해독하여 전달해주던 전문직 종사자들을 무용지물로 만들고 있다. 게다가 포노 사피엔스들은 기성세대의 지식정보 관리자, 전문적 전달자들이 제공하는 콘텐츠보다 학습자들 스스로 자신의 요구와 여건에 적합한 지식과 정보를 더 잘 찾고, 더 효과적으로 활용할 줄 안다.

그렇다면, 이제 우리는 이렇게 질문하지 않을 수 없다. 디지털 네트워크 지식정보 사회에서 학교와 교사는 무엇을 할 수 있는가? 혹은 무엇을 해야 하는가? 지식과 정보가 희소하던 시절에 그 희소성에서 오는 독점과 우월성을 누렸던 학교와 교사, 대학교와 교수의 지위는 이미 퇴색되었다.

시대마다 청소년 세대와 기성세대 간의 관계는 교육 형식을 규정했다. 전통적으로 청소년 세대는 기성세대에 의해 교육되었다는 의미에서, 세대관계는 곧 '교육-피교육' 관계를 의미했다. 근대 시민사회의 출현 이후 '청소년-성인 관계'는 대략 세 국면으로 구분할 수 있다. 첫 단계는 근대사회 초기로 기성세대가 청소년 세대에 대한 전적인 교육결정권을 행사하던 시기다. 이 시기에 성인들은 경험, 지식과 정보상의 절대적 우위를 지녔기 때문이다. 두 번째 단계는 1960년대를 전후한 시기인데, 청소년 세대가 기성세대의 교육결정권에 저항하게 되자 급속히 그 권한이 약화되는 시기다. 이 시기는 유럽의 68운동과 전 세계적인 반전운동, 저항문화 등으로 특징지어졌다. 세 번째 단계는 1960년대 이후 정보화 사회의 도래에 따라 청소년 세대에 대한 기성세대의 교육 영향력이 줄어들고 또래집단이나 사회 매체가 점차 중요한 의미를 갖게 된 시기다.[43] 대중매체 이론가이자 교육이론가인 포스트맨(Neil Postman)은 대중매체의 영향으로 인해 기성세대의 '정보 독점력'은 이미 상실되었기 때문에 세대 간의 지식정보 차이에 기초한 교육의 정당성이 크게 약화되었다는 의견을 제시했다.[44]

상황은 여기서 끝나지 않는다. 부모 세대는 밀레니얼을 가르칠 능력을 상실한 지 오래다. 게다가 부모가 가르칠 수 있는 시대가 지났다. 이제 학습자가 스스로 지식과 정보를 찾고 습득하는 시대가 되었다. 스스로 찾고 습득하는 능력이 뒤떨어지는 부모 세대가 어떻게 찾고 습득하는 능력이 뛰어난 포노 사피엔스들을 가르칠 수 있겠는가? 베이비부머 세대는 인류 역사상 처음으로 모두가 교육을 받을 수 있었던 세대였고, 대중적으로 교육을 받은 세대였다. 밀레니얼 세대는 포노 사피엔스가 되면서 인류 역사상 최초로 스스로 학습할 수 있고, 스스로 학습하는 세대가 되었다. 밀레니얼의 디지털 네이티브적 특성을 분석한 책《디지털 네이티브(Digital Native)》의 저자 돈 탭스코트(Don Tapscott)는 밀레니얼들이 인류 역사상 처음으로 앞선 세대보다 더 많은 지식과 정보로 무장하고, 더 똑똑해진 첫 번째 세대가 되었다고 지적했다.

인터넷과 컴퓨터가 어떻게 밀레니얼의 학습을 촉진하고, 스스로 배울 수 있게 돕는지를 생생하게 보여주는 많은 사례 중 하나를 보자. 인도의 수가타 미트라(Sugata Mitra) 교수는 빈민촌과 시골의 아이들 앞에 아무런 설명 없이 인터넷에 연결된 컴퓨터를 놓아두고 아이들이 자유롭게 가지고 놀게 함으로써, 아이들이 놀라운 학습 과정을 스스로 조직하고 서로 함께 배우는 많은 사례를 관찰하고 보고했다. 그는 '스스로 학습을 조직하는 환경(Self Organizing Learning Environment; SOLE)' 조성 운동을 펼치고 있다.[45] 스마트 기기를 전혀 접해보지 못한 인도의 빈민촌과 시골의 아이들도 스스로 디지털 네트워크 지식정보 세계에 접속하여 학습할 수 있음을 보여주었는데, 한국의 학생들이야 달리 말을 덧붙일 필요가 없다.

특히 근대학교는 닫힌 체제다. 자기 완결적 지식체계, 자기 정당화 지식구조를 지녔다. 근대학교는 교육과정과 교과서, 그리고 마지막 객관식 평가를 통해 자기 스스로를 완성한다. 하나의 올바른 '지식 – 정보 – 사고'를 익히도록 세뇌한다. 반면 디지털 네트워크 지식정보 체계는 열린 체제다. 다양한 의견이 횡행하는 인터넷 세상에서는 어떤 권위도 강제력을 행사하지 못하며, 어떤 의견도 자기 완결적이거나 자기 정당화를 주장할 수 없다. 무한의 개방된 디지털 네트워크 지식정보 세계를 자유롭게 유영하는 포노 사피엔스에게 자체 완결성과 정당성을 주장하고, 항상 정해진 답을 맞히는 재미없는 게임을 지속하게 할 수는 없다.

밀레니얼 학습법에 대한
반동과 좌절

밀레니얼은 생래적으로 근대학교 체제에 저항하는 반체제 세력, 저항 세력이다. 선형으로, 평면적인 내용을, 계열을 따라, 닫힌 시공간 안에서, 모두에게 동일한 표준화된 형식을 따라, 주어진 속도로 학습하라고 강제하는 근대학교 체제. 그것에 순응할 수 없는 밀레니얼은 그래서 매일매일 저항한다. 공부에서 도망치고, 수업 시간에 잠을 청하고, 학교를 떠나는 식으로 저항한다. 가장 강렬하고 파괴적인 저항은 근대학교의 요구에 자신의 혁신성, 창의성, 생명력을 저당 잡히고 체제 순응적으로 적응하는 우등생들이다. 이들은 스스로 자신의 창의적 생명성을 파괴함으로써, 기성세대와 사회의 미래를 파괴한다. 하지만 이러한 저항은 눈에 보이지 않는다. 아니, 애써 저항으로 해석되지 않는다. 모범생, 우등생, 부적응, 도태, 회피로 명명되지만 모두가 근대학교 체제에 저항하고 있다는 점에서는 동일하다.

하지만 새로운 지식과 정보 세계가 도래할 때, 기존의 세대와 권위자들이 변화의 흐름을 멈추려 시도했지만 결국은 거대한 혁신의 강물에 휩쓸려 떠내려 가버린 경험을 역사는 반복하여 보여준다. 첫 번째 저항은 아마도 음성언어를 통해 구술과 암송으로 전달되던 지식과 정보가 문자 형식으로 매체에 쓰여질 때였을 것이다. 신적인 권위를 지니고 전설이 되어버린 옛 경험을 문자로 물화하고 객체화하려고 할 때, 기존 권력 집단의 반대와 저항이 얼마나 강렬했는지 지금은 알 수 없지만, 적어도 수많은 영역에서 문자화를 거부했다는 흔적들이 많이 남아 있다. 소크라테스는 대화를 통해 주고받는 생각과 사고 틀을 글로 남기는 일에 대해 경멸적인 태도를 취했다고 한다. 그래서 소크라테스에 관한 기록은 플라톤의 손을 빌려 가능했다.[46] 암송되어 오던 부처의 말씀을 글로 옮겨 책으로 물화하고 객체화하려고 할 때도 많은 불교 신도들이 반대했다고 한다. 하지만 지금 전해지는 불교 경전은 모두 문자로 옮겨진 것들 뿐이다. 그들은 문자화에 저항했지만, 결국 절멸되었다.

　그동안 필사에 의존하던 경전, 주요 지식과 정보가 활판 인쇄술에 의해 대량생산될 때, 이를 거부한 세력도 또한 시대의 흐름에 뒤처져 역사의 뒤안길로 사라져 갔다. 유럽의 르네상스를 불러일으킨 기반으로 작용했을 만큼 중세 아랍 세계의 지식과 정보는 매우 높은 수준에 있었다고 한다. 하지만 유럽의 인쇄혁명에 의해 지식과 정보의 생산과 유통방식이 크게 변했음에도 이슬람 세계는 이전의 지식과 정보 유통방식을 계속 고집했다고 한다. 이들은 학생들에게 필사본의 구술을 들으며 그것들을 받아 적고 암기하도록 했고, 필사와 암송을 마치면 그 책에 관해 다른 사람을 가르칠 수 있는 면허장(이자자ijaza)을 발급해주었다고 한다. 중국의 종이를 일찍 받아들이고 많은 지식과 정보를 축적하며 유통하던 아랍 세계가 유럽의 인쇄기는 오랫동안 받아들이지 않고 거부했던 것이다. 결국 아랍 세계의 지식과 정보는 중세처럼 사람에게서 사람으로 전달되는 방식으로 고착되었고,[47] 때문에 아랍 세계는 르네상스와 인쇄 혁명을 거치면서 유럽에 뒤처진 세계로 전락하고 말았다.

최근에 우리는 야후의 몰락과 구글의 급성장을 지켜보았다. 월드와이드 웹(www)이 등장하여 인터넷 서핑을 누구나 즐길 수 있는 서비스로 바꾸어 놓은 이후, 다양한 검색엔진이 출현했다. 1990년대 중후반, 전 세계의 검색 시장을 압도한 기업은 야후였다. 당시 야후는 도서관의 도서 정렬 방식과 유사한 방식의 근대적 지식 정렬 방식으로 검색 결과를 보여주고, 그중 저장하고 싶은 인터넷 사이트 주소를 디렉토리 방식으로 저장할 수 있는 검색엔진을 선보여 큰 인기를 끌었다. 하지만 이용자들은 곧 혼란에 빠졌다. 자신이 찾은 내용이 어떤 분류에 속하는지 정확하게 알기 어려웠고, 자신이 찾은 결과를 저장한 디렉토리 수가 늘어나고 저장된 사이트 주소가 증가하면서 원하는 내용을 찾는 일은 점점 복잡해져 갔다.

구글이 등장한 때는 야후의 검색방식에 대한 불편함과 불만이 한창 고조된 시기였다. 구글의 검색엔진은 검색 결과를 디렉토리 방식이 아니라 관련도, 유사도, 최신성 등을 참조하여 랭킹을 부여하고 색인을 첨부하여 제시함으로써, 검색자가 찾고자 하는 내용에 가장 가까운 사이트를 상위에 제시하는 방식이었다. 처음에는 야후 방식에 비해 우위가 있어 보이지 않았으나, 이용자가 많아지고 데이터가 쌓이자 구글 방식의 우위는 명백한 것이 되었다. 구글은 검색 결과를 검색자의 관심에 초점을 맞춰 제시하는 방식이었다면, 야후의 방식은 기존의 학문이나 개념 분류체계에 맞추는 방식이었다. 야후의 방식이 '인쇄-지식'에 기반한 분류방식이었고, '인쇄-지식'을 관리하는 데 적합한 방식이었다면, 구글은 디지털 네트워크 지식에 적합한 검색과 결과 제시 방식을 새롭게 창안한 것이었다. 결국 구글이 등장한 지 10년도 되지 않아, 전 세계 검색 시장은 구글 방식이 점령했다. 구글 검색엔진의 성공에는 여러 가지 원인이 있겠지만, 나는 구글이 디지털 네트워크 지식과 정보에 적합한 방식의 검색과 결과 제시 방식을 찾았기 때문이라고 생각한다. 마찬가지로, 야후는 '인쇄-지식'에 적합한 방식을 고집했기 때문에 오래가지 못해 절멸했다고 생각한다.

먼 나라만의 이야기는 아니다. 우리는 그동안 동일한 지체현상과 저항을 여러 번 목격했다. 조선의 성리학자들과 정조 등은 18세기 조선에서 일어난 활발한 인쇄·출판문화와 새로운 작문, 독서 문화를 비천하다고 탄압하고 저술가들을 억압했다. 각종 서적을 읽기 쉽고 휴대하기 편리하게 소형화한 책자들을 경망하다고 탄압했다. 그들에게 지식과 정보는 아무나 다루는 것이 되지 않도록 감시하고 검열해야 하는 것이었으리라. 이미 책과 인쇄물이 대량으로 생산·유통되는 사회에서 기어코 암송하도록 하는 교육방식, 이미 디지털 네트워크 지식과 정보가 99% 이상을 점유한 현대사회에서 여전히 스마트 기기를 출입 금지하고 압수하여 금고에 가두어 놓는 방식으로 대처하는 우리 학교의 모습도 18~19세기 초 조선의 모습과 크게 다르지 않다.

또, 지금 우리는 지식의 디지털화, 네트워크화의 거대한 흐름에 대한 다양한 저항과 반동을 보고 있다. 지식과 정보의 디지털화, 네트워크화에 저항하는 개인적인, 정서적인 반감부터 근대학교에서 조직적이고 제도적으로 디지털화되고 네트워크화된 지식을 차단하는 집단적인 활동까지 목격하고 있는 것이다. 심지어 퇴행도 관찰된다. 우리 학교에서 특정한 내용을 암기할 목적으로 수없이 반복하여 쓰도록 하는 '깜지' 관행은 명백히 지식정보의 디지털 네트워크 시대를 거슬러 올라가려는 반동이다.

4

4차 산업혁명 시대는
근대학교를 거부한다

3만 달러 시대,
근대학교형 인재를 거부한다

한국은 단 두 세대 만에 1인당 국민소득 100달러 미만의 극빈 후진 농업국에서 1인당 국민소득 3만 달러를 달성한 사회·경제 부국이자 동시에 과학기술 혁신역량을 갖춘 선진 기술국가가 되었다. 지난 60년간 우리는 경제와 기술만 급격한 변화를 겪은 게 아니라 정치, 사회, 문화, 개인과 가정 등 모든 영역이 상전벽해(桑田碧海)의 변화를 겪었다. 거의 80%의 노동력이 농업에 종사하고 인구의 70% 이상이 농촌에 살던 60년대 한국이 이제는 노동력의 3% 정도가 농업에 종사하고 인구의 80% 이상이 도시에서 사는 제조업과 서비스업 중심의 도시문명 사회로 변화했다.

대한민국이 극빈국이었던 시절에 국가와 사회의 최대 과제는 생존을 위한 수단을 확보하는 일이었다. 근대 산업사회에서 생존을 확보하기 위해서는 단기간에 생존 비용을 확보할 수 있는 일을 찾아야 했고, 축적된 산업 자본이나 과학기술 역량이 전혀 없는 상황에서 선택할 수 있는 길은 선진국의 하청을 자청하는 일이었다. 이 과정에서 우리나라의 산업과 경제는 선진국의 개념과 설계도를 들여와서, 그들이 제시한 매뉴얼을 따라 빠르고 정확하게 생산하면서 요구되는 품질 수준을 맞추는 데 집중했다. 경공업부터 중화학공업, 조선, 반도체 등 전기·전자 산업에 이르기까지 우리는 선진국에서 이미 검증되고 표준화된 생산 공정을 전수받아 그들이 제시한 기준과 방식에 따라 제품을 찍어내는 하청기업의 역할을 충실하게 수행했다. 지난 30년간 중국이 전 세계의 생산 공장 역할을 수행하면서 보여주었던 모습이 1960년대부터 1990년대 초반까지 대한민국의 산업과 경제의 모습이었다고 해도 크게 틀리지 않을 것이다.

특히 근대를 맞이하며 제국주의적 침략과 식민지 수탈을 수십 년간 겪고 나서, 또다시 전 국토가 폐허가 되는 참혹한 전쟁까지 겪은 대한민국은 차분히 과학과 기술을 발전시키면서 스스로 시행착오를 거쳐 새로운 개념을 제시하고 경험을 축적하여 독자적인 기술력을 확보할 수 있는 처지가 아니었다. "개념설계 역량을 확보하는 데 시간이 오래 걸리기 때문에" 우리나라는 일단 선진국의 기업들이 이미 검증한 분야를 전수받아 빠르게 산업기반을 다지면서, 국가적 차원에서 자원을 동원하여 속성으로 선진국을 추격하는 경제전략을 구사했다.[48]

한 나라의 경제는 산업체와 그 산업체들이 제대로 운영될 수 있도록 사회적 인프라와 경제제도가 뒷받침되어야 하지만, 더 하부에서 사회적 인프라와 경제 시스템을 지지하는 역할을 수행하는 일은 교육제도와 학교에 맡겨질 수밖에 없다. 지난 60년간 한국의 학교와 교육제도는 급격한 근대화와 산업화 과정을 뒷받침하는 일을 훌륭하게 수행했다. 단기간에 전 국민을 기본적인 문해력과 수리력, 지식정보 습득 및 활용력, 그리고 현장 적응력을 갖춘 산업역군으로 길러냈다.

이 과정에서 우리 학교와 교육행정 체제는 불가피하게 주어진 과제에 맞춰 '위에서 아래로' 기본 방향과 기본 틀이 짜여졌다. 산업에서 필요한 노동자의 능력은 주어진 매뉴얼을 제대로 이해하고 그것에 따라 가장 빠른 속도로 정확하게 수행하는 능력이었다. 학교와 교육제도 역시 학생들에게 주어진 상황에 맞춰 주어진 정답을 이해하고, 그것에 따라 반복하여 습득하고 익혀 현장에서 그대로 따를 수 있는 사람을 길러내는 데 집중했다.

내가 군대에 갔을 때 교관으로부터 가장 많이 들었던 지시사항은 "너희들의 주관적인 판단은 금지된다. 주어진 매뉴얼대로 정확하게 반복, 숙달하도록 하라!"였다. 좀 심한 평가라고 하겠지만, 사실 우리의 학교는 군대와 크게 다르지 않다. 학생들의 주관적인 생각이나 판단은 중요하지 않다. 아니, 오히려 해롭다. 흔히 국어 문제로 주어지는 작가의 의도나 작품이 주는 의미 같은 문제들이 요구하는 것은 정작 시를 읽는 학생의 주관적 생각이나 시에서 받는 정서적 느낌을 묻는 것이 아니다. 중요한 것은 주어진 문제를 객관적으로 판단하고 '객관적인 답'을 정확하게 기억하고, 그에 따라 답안을 작성하고 행동하라는 것이다! 지난 60년간 우리 학교와 교육제도는 이 일을 너무도 훌륭하게 수행했다! 너무 잘해서 이제 그것을 버릴 수가 없다! 흔히 말하는 '성공의 함정'이 지금 우리 학교와 교육제도가 직면한 딜레마 상황이다. 우리는 그동안 그것을 너무 잘해냈기에 쉽게 바꾸거나 버릴 수가 없다.

하지만 이제 대한민국이 세계에서 차지하는 지위와 역할이 변했고, 우리 사회와 경제, 문화와 생활이 변해버린 상황에서는 당연히 우리가 직면한 과제도 변할 수밖에 없다. 그렇다면, 당연히 학교와 교육제도가 수행해야 하는 역할과 목표도 변한다. 그러면 우리 사회가 직면한 과제 상황은 어떤 것인가?

지난 60년간 우리나라 경제는 후진 농업국에서 개발도상국을 거쳐 선진기술국의 문턱으로 들어섰으며, '앞으로 60년간 선진기술국으로서 당당히 자리 잡고 명실상부한 리더로서 역할을 할 수 있을 것인가? 아니면, 그동안의 성과에 만족하고 현실에 안주하다가 다시 중간 개발도상국으로 뒤돌아가 선진국의 하청 국가로 돌아갈 것인가?'의 기로에 서 있다. 이정동 서울대 교수는《축적의 길》에서 우리 경제가 직면한 과제 상황을 '개념설계 역량'의 획득으로 규정했다. 개념설계 역량이란 선진국들이 르네상스와 근대 산업혁명 과정 등 수백 년의 '축적의 시간'을 통해 달성한 기술역량, 중국이 압도적인 공간적·양적 축적을 통해 최근 급속히 달성하고 있는 기술역량을 말한다.

이정동 교수는 대한민국 산업 전반이 처한 문제 상황에 대해 "개념설계(conceptual design) 역량의 부재"라고 강조한다. 개념설계 역량이란 "제품 개발이 되었건 비즈니스 모델이 되었건 산업계가 풀어야 할 과제가 있을 때, 이 문제의 속성 자체를 새롭게 정의하고 창의적으로 해법의 방향을 제시하는 역량"이다. 지난 수십 년간 우리나라가 탁월한 성과를 거둔 영역은 개념설계 역량과 대비되는 실행역량이다. 개념설계 역량은 새로운 문제가 제시되었을 때, 그 문제를 해결할 대안을 창출하는 능력, 새로운 소재를 개발하고 생산해내는 프로세스를 설계할 수 있는 역량, 새로운 기술을 활용하여 플랫폼을 만들고 이를 토대로 혁신적인 비즈니스 영역을 개척해내는 역량, 시대와 문화, 사회·경제적 변화에 맞춰 새로운 제도를 설계하고 실행하여 혁신적인 사회 시스템을 구축하는 역량 등을 말한다. "산업의 종류를 막론하고 우리 산업에서는 이처럼 개념을 새롭게 정의하고, 이를 실현할 최초의 설계도를 그려내는 역량이 부족하다."[49]

그는 선진기술국들이 지닌 특징으로 시행착오를 거쳐 해당 분야에서 높은 경지에 오른 고수의 존재, 아이디어를 키워 성공적인 제품과 서비스로 키워내는 스케일업(scale - up) 역량, 경쟁을 통해 시행착오가 축적될 수 있는 현장과 개방적인 네트워크, 시행착오와 축적을 장려하는 문화 등을 제시했다.[50] 이를 통해 우리 사회가 명실상부한 기술선진국, 경제뿐만 아니라 사회·문화적으로 수준 높은 사회가 되기 위해서는 축적을 체화한 고수, 다양한 시행착오를 통한 스케일업, 도전과 실패를 지지하는 사회시스템, 그리고 축적을 장려하는 리더십 문화 등이 필요하다고 제안하고 있다.[51] 이정동 교수가 《축적의 길》에서 제시한 과제는 당장은 산업계와 과학기술계 등이 해결해야 할 문제겠지만, 동시에 한국 교육계와 학교가 직면한 과제도 크게 다르지 않다는 걸 알 수 있다. 나아가, 지금 우리에게 필요한 혁신을 이루기 위해 우리 산업계와 과학기술계에서 가장 근본적으로 뒷받침되어야 할 과제는, 학교와 교육제도가 우리 사회의 과제를 해결해 나갈 청년세대를 제대로 양성하는 일이다.

이제 위에서 제시한 선진기술국의 특성과 핵심 과제에 비추어 우리의 학교와 교육제도를 간단히 살펴보자.

우리 학교와 교육제도는 다양한 분야에서 시행착오를 거쳐가며 각자의 영역에서 최고 수준의 경지에 이르는 고수들을 키우는 역할을 제대로 하고 있는가? 우리 학교는 중고생, 대학생, 청년들에게 도전적 시도를 하고 현장 경험을 통해 스스로를 성장시킬 수 있도록 지원하고 있는가? 우리 학교는 학생들이 서로의 시행착오를 공유하고 협력하면서 함께 새로운 분야로 뻗어나가고, 더 높은 경지로 향상되도록 개방적 네트워크 속에서 운영되는가? 우리 학교는 학생들이 시행착오로부터 받게 되는 충격과 위험을 공유하고 나누고 덜어줌으로써 시행착오를 장려하는 문화를 촉진하는가? 안타깝지만 대부분의 사람들이 이 질문들에 "그렇다!"고 대답하기는 어려울 것이다.

반대로, 우리 학교는 하나라도 틀리지 않기 위해, 정답에서 벗어나지 않기 위해 끊임없이 주어진 매뉴얼(교과서)을 반복해서 암기하고, 유사한 문제들과 다양한 패턴의 기출문제를 무한히 반복하여 풀도록 하고 있다. 우리 학생들은 새로운 것에 도전하기보다는 주어진 텍스트를 경전으로 받들도록 훈련받으며, 현장을 통해 배우기보다는 책 속에 파묻히고, 독서실과 도서관 책상에 최대한 붙어 있도록 장려받는다. 서로를 제로섬 게임의 경쟁자로 인식하고 상대가 실패하기를 빌면서 각자도생하도록, 서로 무한경쟁하는 폐쇄회로 속에서 맴돌도록 부추긴다. 도전과 시행착오에서 오는 위험을 공유하고 분산시키기보다는 '나대면 이렇게 된다'는 본보기로 전시하고 처벌하는 문화를 유지하고 있다.

애초에 대중적인 근대학교의 탄생은 후진국가들이 선진기술국들을 따라잡기 위한 효율성 중심의 지식정보 전달체계로 출발했다. 영국에 뒤처진 독일이 영국을 따라잡기 위해, 유럽에 뒤처진 일본이 '탈아입구(脫亞入歐, '아시아 국가 수준을 벗어나서 유럽 국가의 수준으로 발돋움한다'는 의미로 일본 제국주의자들이 사용했던 표현)' 전략으로, 유럽 국가들의 선진기술력에 뒤처진 미국이 교육을 통해 유럽을 따라잡기 위해, 그리고 한국도 유럽과 미국 등 선진기술 국가들을 따라잡기 위해, 각각 근대적 국민교육제도와 이를 구현하는 기관으로서 근대학교를 도입했던 것이다.

독일, 일본, 미국, 그리고 한국도 근대적 학교를 도입한 소기의 목표를 성공적으로 달성했다. 하지만 선진국 따라잡기가 완료되고 난 후가 더 큰 위기 상황이다. 대략적으로 보면 독일은 선진국 따라잡기를 마치고 나서 성공적으로 근대적 학교체제를 탈출했고, 대부분의 유럽 국가들도 근대

적 학교체제를 탈피하여 현대적 교육 시스템으로 패러다임을 전환하는
데 성공했다. 반면에 일본은 선진기술국임에도 근대적 교육체제를 상당
부분 온존시키고 있는 상황이고, 한국은 근대적 학교체제에서 벗어나지
못하고 있는 상태다. 따라서 지금 우리 교육체제와 학교의 과제는 근대적
학교를 새로운 지식정보 시대, 4차 산업혁명 시대에 적합한 디지털 네트
워크 학교로 탈바꿈시키는 일이며, 선진기술국으로서 확고히 자리 잡기
위해 필요한 교육의 역할을 담당할 수 있는 새로운 틀의 학교로 대전환
하는 일이다.

노동의 종말은
근대학교의 종말을 부른다

우리는 대부분 일을 하면서 산다. 그것이 육체노동이든, 정신노동이든, 하고 싶은 일이든, 하기 싫은 일이든, 돈을 받는 일이든, 돈을 받지 못하는 일이든.

그런데 4차 산업혁명을 거치면서 인간의 노동이 변하고 있다. 근본적인 변화가 몰려오고 있다. 인류 역사상 처음으로 대부분의 인간이 노동으로부터 해방되는 시대가 도래하고 있다. 원시시대의 노동은 인간의 생존을 확보하기 위한 전투였고, 전통사회에서는 특정 신분계층에게 부과된 형벌이었으며, 산업사회에서 노동은 팔 것이라고는 자신의 노동밖에 없는 임노동자들의 유일한 선택지였다. 그래서 원시사회에서부터 산업사회까지 인간에게 노동이란 '하지 않을 수 있으면 참 좋겠는 어떤 것'이었다.

1차 산업혁명을 거치면서, 인간은 삶의 모든 영역에서 인간의 노동을 대신해주는 기계를 발명하여 사용하기 시작했다. 기계가 근대적인 동력, 증기기관과 결합하고 이어서 전기와 결합되면서 인간의 노동은 급속히 기계로 대체되기 시작했다. 20세기 중반에 발명된 컴퓨터는 인간 노동의 기계 대체를 더욱 가속시켰으며, 인간 노동의 고유한 부분이라고 생각했던 분야, 즉 정신노동까지 기계로 대체할 수 있는 수준에 이르렀다. 최근의 빅데이터와 인공지능, 로봇, 네트워크 기술은 인간의 노동이 어디까지 기계로 대체될 것인지, 그 끝을 알 수 없는 상황에 이르렀다. 1차 산업혁명 초기에 노동자들이 기계를 때려 부순 러다이트 운동(Luddite Movement)이 하나의 희비극이었다면, 이제 4차 산업혁명 앞에서 인류는 어떤 선택을 할 것인가?

4차 산업혁명에 따른 인간 노동의 기계 대체 현상은 인류가 역사상 경험해보지 못한 최초의 상황을 초래했다. 인간이 노동할 필요가 없는 상황, 그동안 인간이 멸시하거나, 하기 싫어하거나, 위험하여 기피했던 노동을 모두 인공지능과 로봇을 통해 해결할 수 있는 가능성이 열렸다. 인간노동의 기계 대체는 이제 육체노동, 정신노동을 구분하지 않고 진행되고 있다. 바꿔 말하면, 여전히 개개인은 싫어하는 일을 하도록 강제되는 상황에 놓일 수 있겠지만, 유적 존재로서 인간은 이제 하고 싶은 일만 하면서 살아갈 수 있는 세상이 도래한 것이다. 그리고 언젠가는 모든 개인이 자신이 하고 싶은 일만 해도 되는 세상이 올 것이다. 물론 이 문제는 단순히 과학과 기술만의 문제는 아니다. 복잡한 사회적, 문화적, 정치적 논란이 함께할 것이다. 하지만 큰 흐름은 되돌릴 수 없는 지점을 인류는 이미 통과했다.

4차 산업혁명 시대에 태어난 밀레니얼에게 노동은 더 이상 고통과 강제, 멸시와 회피의 대상이 아니다. 밀레니얼에게 노동은 재미난 놀이여야만 한다. 그들은 1인당 국민소득 2만 달러 이상인 부유한 사회의 자녀가 하나나 둘밖에 없는 가족 안에서 귀하게 컸고, 동시에 자동화, 인공지능, 로봇과 함께 성장했기 때문이다. 지나간 시대, 앞선 세대가 감당해야 했던 괴로운 노동은 이제 기계에게 맡기는 일이 되어버렸다. 그렇다면 이제 밀레니얼에게 남은 노동은 자신의 재능을 펼쳐 보일 수 있는 재미있고 신나는 놀이의 장이 될 수밖에 없다. 그 옆에는 로봇과 인공지능이 항상 똑똑한 조수로 함께할 것이다.

우선 인간의 지난 역사에서 노동은 어떻게 변해왔는지, 그리고 노동의 특성에 따라 교육이 어떻게 조응해 왔는지 살펴보자. 태초에 인간은 노동을 하면서 도구를 만들기 시작했고, 도구를 이용한 노동을 시작하면서 동물의 세계를 벗어나 인간 사회를 형성하고 사회적 존재가 되었다. 인간이 자연과 동물의 상태에서 갓 벗어나 인간 사회를 형성하는 사회적인 존재가 되었을 때, 교육은 별도의 기관이 필요하거나 특정한 장소와 시간을 점유하는 활동이 아니었다. 공동체의 일원으로서 생활하는 과정 자체가 교육이자 학습의 과정이었고, 교육 공간과 학습 시간이었다. 생활과 노동과 교육이 하나로 결합된 상태라고 할 수 있지만, 사실은 '생활－노동－교육'이 분화되기 이전의 상태라고 해야 할 것이다.

인간이 만든 도구는 노동 효율을 높여 주었다. 그렇지만 여전히 인간은 대부분의 일을 육체적 힘으로 스스로 해결해야만 했다. 원시사회에서 인간의 일상은 노동과 구분되지 않았다. 일상에서 생존 자체가 끊임없이 위협받고 기초적인 생존 조건을 충족하기 위해 대부분의 에너지를 사용해야 했던 사회에서 노동은 각자의 능력에 따라, 사회의 분업에 따라 이루어졌다. 지금도 원시부족 사회에서의 노동은 유사한 모습을 보인다. 각 구성원은 자신이 할 수 있는 일을 하며, 구성원 누구나 노동을 한다.

하지만 신분제 사회로 진입하게 되면서 노동은 대체적으로 육체노동과 정신노동으로 분리되고, 정신노동은 지배자, 귀족, 양반 계급이 담당하고 육체노동은 평민이나 노예들이 담당하도록 강제하는 사회가 형성되었다. 신분제 사회에서는 강제된 육체노동을 합리화하기 위해 종교, 이데올로기, 신화 등을 활용하여 육체노동을 숙명으로 받아들이도록 세뇌했다. 신분제 사회에서 공식적, 비공식적 교육은 모두 이 세뇌 과정에 기여하도록 설계되었다.

《구약성서》에서는 인간이 신의 명령을 어기고 선악과를 따먹는 죄를 범했기 때문에 아이 낳는 산고와 스스로 땅을 경작하여 먹을 것을 구해야 하는 힘든 노동을 수행해야 했다고 말한다. 인도의 힌두교와 전통 종교는 윤회하는 생명의 신화를 만들어내서, 현생의 강제된 육체노동은 전생에 행해진 악행의 결과라고 말한다. 전통적으로 동양에서는 타고난 신분은 하늘이 정해준 운명이며, 맑고 총명한 정신을 타고난 자는 정신노동을 하고, 혼탁하고 둔한 정신을 타고난 사람은 자신의 몸을 사용하는 힘든 육체노동을 수행해야 한다고 말해왔다.

《맹자》의 논리를 보면, 일종의 역량에 따른 사회적 분업으로 정신노동과 육체노동을 담당하는 집단의 차이를 설명하려고 한다.

군자가 하는 일이 있고, 소인이 하는 일이 있다. 사람은 몸이 하나이기 때문에 생활에 필요한 일을 모두 스스로 챙기게 한다면, 이는 모두 길바닥에서 사람들의 시간을 허비하게 하는 일이다. 그래서 어떤 사람은 마음을 쓰는 일을 하고, 어떤 사람은 육체적인 힘을 쓰는 일을 하게 되었다. 마음을 쓰는 사람은 사람들을 다스리는 일을 하고, 힘을 쓰는 사람은 다스림을 받는다. 다스

림을 받는 사람들은 의식주를 담당하고, 다스리는 사람은 의식주 부양을 받
는다. 세상의 보편적 질서가 이렇다.[52]

하지만 어떤 논의를 따르더라도 전통사회에서 노동, 특히 육체노동
이 일종의 형벌이었다는 점은 공통적이다. 이는 여러 언어의 '노동'이라
는 단어의 어원에서도 드러난다. 독일어에서 노동을 뜻하는 '아르바이트
(arbeit)'는 부정적인 의미를 지니고 있고, 게르만어의 '아레바이트(arebeit)'
는 '힘든 일에 육체를 혹사한다', 혹은 '전쟁'과 '살육' 같은 불길한 의미를
담고 있다. 노동을 의미하는 프랑스어의 '트라바이(travail)'는 고문에 사용
되는 '세 개의 말뚝'을 뜻하는 라틴어 '트리팔리스(tripalis)'에서 유래했는
데, 동사형인 '트라바예(travailler)'는 '고문하거나 심한 고통을 준다'는 뜻으
로 쓰였다고 한다. 슬라브어의 '로보타(robota)'는 '강제된 노동'을 뜻했는
데, 요즘 사용하는 '로봇(robot)'이라는 말은 '힘든 노동을 수행하는 사람'
을 뜻했다. 현대 독일어의 '로보텐(roboten)'은 '힘든 일을 겪어 고역을 치
른다'는 의미로 사용된다.[53]

종교개혁과 산업혁명을 거치면서 노동에 대한 새로운 관념이 생겨났
다. 이제 노동은 신성한 것이 되었으며, 한편으로 노동은 신에 대한 경배
이자 다른 한편으로는 신의 은총을 확인하는 과정이었다. 프로테스탄트
의 직업윤리는 산업사회의 노동 요구에 적합한 것으로 드러났다. 종교개
혁을 이끈 마르틴 루터(Martin Luther)는 직업은 신이 부여한 신성한 의무이
며, 게으름과 구걸을 죄악이라고 여겼다. 칼뱅주의자들은 구원예정설을
제시하여 신앙을 입증하고 신의 영광을 드높이는 종교적 활동으로 노동
을 정당화했다.[54]

산업사회에서 이제 인간은 신분적인 강제나 정치적인 억압을 통해 노

동을 강제받는 처지에서 벗어나 스스로 '신의 부름(소명; calling)'에 답하는 경건한 종교적 행위를 수행하는 주체가 되었다. 산업사회의 노동에 대한 새로운 의미 부여는 두 가지 측면을 동시에 만족시키려는 의도를 지니고 있다. 한편으로는 가난한 노동자들이 고된 노동을 감내하도록 하는 이데올로기로 작용하면서, 동시에 지배적 지위에 오른 부르주아지의 자본축적 노동에 가치를 부여해 주었다.

산업사회에서 노동은 기계의 대규모 도입과 함께 급속히 분업화되었다. 이제 사람들은 스스로 전체 생산과정을 계획하고, 수행하고, 감독하는 장인에서, 전체 과정 중 한 부분만 담당하는 부분 생산 담당자가 되었다. 게다가 인간은 기계의 속도에 자신의 노동의 속도를 맞춰야만 했다. 산업사회에서 인간의 노동은 기계에 종속되거나 거대한 생산과정의 한 부품으로 전락했다. 기계와 동일한 생산과정에 투입됨으로써 노동을 담당하는 인간은 기계처럼 취급받았다. 산업사회의 노동은 형벌이자 동시에 비인간화 과정이었다.

산업사회의 노동은 전쟁이었다. 노동자들은 자신의 피와 살을 깎아 상품을 만든다고 해도 지나치지 않을 만큼 끔찍한 환경에서 극도로 고통스러운 과정을 견뎌내며 노동해야만 했고, 그 결과 그들의 평균 수명은 40세에도 이르지 못했다. 최근 글로벌 기업, 대한민국 1등 기업이라는 삼성전자에서조차 노동자들은 목숨을 걸고 작업을 수행했다는 사실이 드러나고 있는데,[55] 산업혁명 초기에는 상상을 초월하는 혹독한 환경이었을 것이다.

1800년대 유럽 산업사회의 노동자들은 거의 일주일 내내 하루에 12시간 이상 일했다. 가족의 생계를 유지하기 위해서 여성과 어린이도 열악한 환경에서 가혹한 노동을 수행하도록 강제되었다. 심지어, 네 살배기 아이까지 노동에 투입되었다. 어린이의 노동 기간도 성인들과 같았다.[56] 영화 〈설국열차〉에 나오는 장면 중에, 키 작은 아이들이 기관실의 좁은 공간에 들어가 톱니바퀴를 청소하는 모습이 나온다. 그런데 이것은 19세기 산업사회의 아동노동에 비하면 차라리 귀여운 수준일 것이다.

산업혁명 초기, 산업사회가 형성되던 시기의 노동은 인간이 참기 어려운 육체적 고통과 정신적 피로를 감내해야만 하는 과정이었다. 아동들은 4~5세 무렵부터 노동현장에 투입되었고, 여성의 노동은 헐값이었으며, 일반 노동자들은 과중한 노동, 열악한 근무환경, 궁핍한 생활여건으로 인해 40대 초반이면 노동능력을 상실하거나, 죽음에 이르는 경우도 흔한 일이었다. 근대화된 산업현장에서 노동을 제공할 인력을 양성하는 일은 산업사회의 핵심적 과제였고, 근대학교는 이 임무를 맡기 위해 설계되었다.

산업사회 노동에 적합하게 사람들을 교육시키기 위한 기관으로 출발한 대중적 근대학교는 아동을 산업사회 노동을 잘 받아들이고 적응하며, 주어진 업무를 효율적으로 수행할 수 있는 능력, 태도와 인성을 갖추도록 교육시키는 임무를 맡았다. 학생들은 학교 시스템에 들어오는 순간부터 집단적으로 행동하고 표준화된 절차에 따라 국가(회사, 학교, 상급자 등등이 될 수 있다)가 정한 교육과정에 따라 가르침을 받아들여야 한다. 이 과정에서 학생은 권위자(교사 혹은 관리자)로부터 주어지는 내용을 최대한 효율적으로 받아들이도록 훈육받는다. 이 과정을 제대로 수행하지 못하면 형벌이 주어지고, 지속적으로 부실한 경우에는 학교로부터 배제되는데, 이는 학생들에게 노동현장에서도 동일한 일이 일어날 수 있다는 경고가 된다. 학교의 전체과정은 근대적 관료체제에 의해 통제되고 감독된다. 근대학교를 제어하는 관료체제는 '중앙정부 – 지역교육청 – 학교장 – 교사'로 구성되는 피라미드형 관료조직에 의해 운영되고 유지된다. 근대학교는 근대 산업사회의 노동자를 양성하기 위한 핵심기관으로 도입되었고, 산업사회의 요구에 충실히 부응한 기관이었다.

특히 근대학교 체제에서 높은 교양과 비판적 사고력을 향상시키기 위한 교육은 특별한 사람들을 위한 교육이었다. 따라서 특별한 교육을 위한 학교는 따로 만들었다. 지시한 대로 시키는 일을 할 노동자를 위한 학교는 대중적인 학교로 두고 지도자, 관리자, 사업가를 위한 학교는 별도로 두었다. 그런 종류의 학교가 사립 귀족학교 혹은 특별한 트랙으로 분리된 학교들이다. 전통적인 신분제 사회에서 교육의 차별과 분리가 신분을 기준으로 형성되었다면, 산업자본주의 사회에서는 명시적으로 능력주의에 기초하고 암묵적으로 부모의 사회·경제적 지위에 기초한 차별과 경제적 신분에 따른 분리를 기획했다. 그 분리는 엘리트 학교, 명문 사립학교 등으로 나타났는데, 영국의 그래머 스쿨(grammar school), 독일의 김나지움, 미국의 사립 중고등학교 등이 지금까지도 남아 있는 계급적으로 분리된 학교의 잔상들이다.

최근 한국에서도 별도의 특별학교에 대한 논란이 지속되고 있다. 과학고, 영재고, 국제중고고, 외국어고, 자사고 등은 대중적 노동자를 양성하기 위한 교육기관인 근대학교의 태생을 본능적으로 인식한 우리 사회의 부유층, 상류층이 자신들을 위한 별도의 학교를 만들고 싶은 욕구에서 나온 분리교육 시스템 성격이 있음을 부인하기 어렵다. 아무나 다니는 학교, 노동자를 양성하는 학교는 자신들을 위한 학교가 아니라고 생각하는 것이다. 반대로 노동자 양성소로서의 근대학교, 교묘히 분리된 근대 교육 체제의 틀을 벗어던진 나라들은 모두를 특별한 존재로 대접하는 학교, 지도자를 양성하는 학교에서와 같이 모두가 자신의 소질과 재능을 따라 마음껏 배울 수 있는 새로운 교육체제를 만들었다.

핀란드, 덴마크 등의 학교가 대표적이다. 핀란드의 학교, 덴마크의 학교는 기존 근대학교 체제에서 귀족학교나 사립 엘리트 학교보다 더 개개인을 배려하고 소질과 재능을 키울 수 있도록 학교를 운영하여 교사와 학생이 최대한 배움의 기쁨을 누릴 수 있도록 하고 있다. 모든 고등학교에서 학생들의 재능과 소질, 관심과 흥미에 따라 과학고와 같은 과학 수업이 진행되고, 외국어고와 같은 외국어 수업을 수행하며, 예술고와 같은 수준의 예술 수업을 운영하는 학교가 지금 우리에게 필요하다. 모든 학생들에게 자사고에서처럼 하나하나 소중히 배려받고 지지와 지원을 받으며 성장할 수 있는 기회가 주어져야 한다.

산업혁명 초기부터 20세기까지 산업사회의 끔찍한 노동자의 삶을 바꾸기 위한 엄청난 저항이 전 세계를 휩쓸었다. 사회주의 운동, 노동운동 등은 노동해방을 외쳤고, 비인간화된 노동에서 벗어나 인간다운 삶을 살 수 있는 사회와 작업환경을 만들기 위해 목숨을 건 저항이 오랜 기간 지속되었다. 노동해방과 노동자의 세상을 약속했던 공산혁명, 사회주의 혁명을 성공시킨 나라들은 노동자들의 삶을 더 고단하게 했을 뿐만 아니라, 노동의 강도를 더 높이고 강요된 노동을 더 일상화했다.

그러나 노동해방의 메시지는 사회주의 혁명과는 전혀 다른 곳에서 날아왔다. 과학기술의 발달에 따른 기계화, 자동화, 정보화 등은 인간 노동의 양상을 혁명적으로 바꾸어 놓았다. 전통적인 신분제 사회에서뿐만 아니라, 산업사회에서도 노동자들 대부분은 자신의 몸을 깎아 노동을 수행했고, 제품과 서비스를 만들어냈다. 수많은 이들이 그 과정에서 목숨을 잃거나 장애인이 되었다. 현대 한국 사회에서도 매년 많은 노동자가 작업현장에서 사고로 목숨을 잃거나 작업 중 얻은 질병으로 사망하고 있다.

산업재해예방안전보건공단에 따르면 2019년에만 2,020명의 노동자가 산업재해로 사망했다.

인공지능, 로봇 도입과 자동화, 빅데이터 처리와 네트워크화된 생산체제는 더 이상 인간이 위험하고 육체적으로 힘든 노동을 수행하지 않아도 되는 세상을 열어주었다. 물론 당장 그런 세상이 현실에서 펼쳐진다는 뜻은 아니다. 그럴 수 있는 현실적 가능성이 열렸다는 뜻이다. 시간이 지남에 따라 점차 힘든 육체노동은 자동화되거나 로봇이 대신할 것이다. 지루하고 답답한 반복적 정신노동이나, 단순한 지적 기능을 활용하는 자료 분류하기, 설정된 모델에 따라 자료 분석하기, 정해진 과정을 거치면서 패턴 판별하기 등등 그동안 전문가들이 수행했지만 사실은 반복적이고 일정한 패턴을 지닌 일들은 더 이상 인간이 수행할 필요가 없게 되었다. 인공지능과 네트워크가 더 빨리, 더 정확하게, 더 많은 곳에서 더 효율적으로 수행할 수 있다. 그럼, 4차 산업혁명 이후의 사회에서 인간은 어떤 일을 하게 될까? 앞으로 인간의 노동은 어떤 모습일까?

산업사회에서 인간 노동의 많은 부분은 단순 육체노동이었다. 애덤 스미스(Adam Smith)의 말대로, 산업사회에서 수많은 노동자가 매일 몇 가지 단순 작업만 담당하게 됨에 따라, 인간은 창의적 역량을 활용하는 법을 잊게 되어 멍청하고 우둔한 상태로 전락할 위험에 처하게 되었다. 하지만 인간은 4차 산업혁명을 통해 자동화와 로봇, 빅데이터와 인공지능, 발달된 스마트 기기와 네트워크를 활용하여 창조적 노동, 실천적 노동, 자유로운 지식인이 될 가능성을 획득하게 되었다.

리처드 플로리다(Richard Florida)는 "4차 산업혁명 시대는 창조적 계급의 부상으로 특징지어진다"고 주장하면서, 창조적 계급을 "의미 있는 새로운 틀(meaningful new forms or designs)을 창조하는 사람들"이라고 정의했다.

창조적인 사람들은 문제를 해결하는 데 집중할 뿐만 아니라, 동시에 문제를 찾고 재정의하는 일에도 집중한다. 이들은 무한한 지식정보 네트워크를 누비며, 광범위한 지식과 정보를 활용하여 문제를 찾고 해결하는 사람들이다.[57] 한 사회의 노동자 집단에서 창조적 계급이 차지하는 비율은 갈수록 높아질 것이다. 창조적이지 않은 일들은 지속적이고 가속적으로 기계, 로봇, 인공지능, 네트워크 등으로 대체될 것이기 때문이다.

이제 육체적인 힘을 써야 하는 고단한 노동에서 인간은 해방될 것이며 "마음을 쓰는 사람들", 즉, 창조적이며 의미 있는 일을 하는 사람들이 대부분인 사회가 도래할 것이다. 맹자가 표현했던 "힘을 쓰는 사람들(노력자)"은 이제 로봇과 인공지능으로 대체될 것이다. 그리스 로마인들의 이상에 비추어 말하자면, 누구나 폴리스의 정치를 위해, 폴리스의 과제를 해결하기 위해 자유시민으로서 참여할 수 있는 사회가 도래하고 있다. 그리스 로마 사회에서 노예들이 수행했던 일보다 더 다양하고 많은 일들을 이미 기계가 수행하고 있다. 이 거대한 흐름의 선두에 밀레니얼 세대가 있다. 밀레니얼에게 노동은 자신의 재능을 펼쳐 보일 수 있는 재미있고 신나는 놀이의 장이며, 수많은 사람과 함께 소통과 공유의 장을 형성하는 계기가 된다. 이들은 무한한 지식과 정보의 우주를 스마트 기기와 네트워크를 활용해 자유롭게 돌아다니면서, 끊임없이 재미와 놀이를 만들어 낸다.

약간 관점을 바꿔 말하자면, 밀레니얼은 창조적인 노심자, 지식과 정보를 자유자재로 활용할 수 있는 지식인, 인공지능과 로봇과 함께 네트워크 속에서 즐겁게 협업할 수 있는 기계 친화형 인간이 되어야 한다. 그렇지 못한 밀레니얼은 인공지능과 로봇에게 삶이 끊임없이 위협받는 처지에 놓일 것이다. 나아가 이제 근대 산업사회의 출현과 함께 제작되었던 자본주의적 직업윤리도 종말을 고할 것이다. 새롭게 형성되는 직업윤리는 아직 나타나지 않았다. 명확한 것은 이제 직업으로 자신의 정체성을 확보하고, 노동을 통해서만 삶을 유지할 수 있고, 꼭 그렇게 해야 한다는 생각에 근본적인 변화가 나타날 것이다. 더 이상 '물고기 잡는 법을 가르쳐라'는 격언은 통용될 수 있는 세상이 아니다. 물고기는 사람보다 로봇과 인공지능으로 설계된 배가 다 잡아들여 더 이상 사람이 잡는 것은 아무런 의미가 없는 세상이 되었으니까! 이제 물고기를 잡으려는 욕망과 고기잡이를 잘하는 로봇이나 인공지능을 활용할 줄 아는 역량이 더 중요한 세상이 되었다. 이와 관련하여 최근에 전 세계적으로 급부상하는 '기본소득' 담론은 귀담아 듣고, 우리나라도 진지하게 논의해야 하는 주제가 되었다.

노동 없는 미래를 살아갈 밀레니얼과 그 자녀들을 위한 학교는 근대적 직업윤리를 바탕으로 강제와 배제의 운영체제로 설계된 근대학교일 수 없다. 근대학교는 국가 교육과정을 따라 달리는 궤도차를 관리, 감독하고 통제하는 역할이 주어진 교사를 중심으로 돌아가는 기관이다. 이 과정을 통해 직업을 가지고 노동으로 살아가는 삶이야말로 '올바른 삶'이라고 세뇌한다.

밀레니얼을 위한 학교는 그들이 자유자재로 유영할 수 있는 무한한 지식과 정보의 우주와 같은 공간이 되어야 한다. 밀레니얼을 위한 학교는 어른, 아이, 남녀, 선후배, 전문가와 초보자의 구분 없이 모두가 함께 네트워크로 연결되어, 개방과 소통, 공유와 협력을 통해 배우고 가르치는 일이 하나가 되는 조직이다. 밀레니얼을 위한 학교는 피라미드형 관료체제에 의해 운영되는 기관이 아니라, 지역 공동체와 학교, 교육기관과 산업체, NGO-NPO 활동가와 교사-학생 등등이 서로 횡단하고 협력하며 연결되는 탈관료적인 네트워크다. 이제는 피라미드형, 수형도형 조직이 아니라 그물망 조직으로 연대하는 학교가 필요하다. 산업사회의 직업윤리를 대체하는 삶의 가치는 폴리스의 자유시민으로 살아가는 새로운 시민정신이 될 것이다. 이제 밀레니얼 앞에서 근대학교는 종말을 고해야만 한다.

수명 백만장자 시대,
근대학교의 수명은 끝이 났다

인간의 기대수명은 최근에 급속히 증가해서 기대수명 100세 시대, 백만 시간(114년 57일)을 산다는 의미의 '수명 백만장자(Longevity Millionaire)' 시대를 말하고 있다.

산업혁명 초기에는 노동환경이 매우 열악했고, 여성과 아동이 장시간 노동에 투입되는 경우가 많아 여성과 아동의 조기 사망 원인이 되었다. 성인 노동자들도 강도 높은 육체노동과 위험한 작업환경으로 인해 조기 사망하는 경우가 많았다.

대중적인 근대학교가 설계되고 국가적인 차원에서 적극 도입되었던 1800년대에는 인간의 기대수명이 고작 40세 전후였다. 당시에 모든 국민을 대상으로 하는 대중적 국민교육제도, 아동 의무교육제도를 고안했던 사람들은 일반인들이 학생으로 살아가는 기간에 대해 일생 동안 단 한 번 경험하게 되는 과정이라고 생각했을 것이다. 그리고 교육받은 아동이 취업해서 퇴직할 때까지 동일한 일을 한다고 가정했을 것이다. 이런 상황에서 근대학교의 설계자들은 학교를 어떻게 조직했을까? 아마도 다음과 같은 네 가지 조건을 상정했을 것이다.

1. 모든 국민은 일생에 한 번 학교를 경험한다. 대부분 초등학교 혹은 중학교 과정 정도를 이수하고, 특별한 사람들만 대학교육을 받는다.

2. 초중등학교를 졸업한 자는 회사나 기관에 취업하여 퇴직할 때까지 동일하거나 유사한 일을 수행한다.

3. 맡은 일에서 새로운 능력이 필요하면, 약간의 보수교육을 통해 처리한다.

4. 퇴직한 사람은 약간의 여가 기간을 누리다 사망한다(당시에는 대부분 퇴직 전에 사망했다. 제2차 세계대전 직후에도 기대수명은 퇴직연령과 유사했다).

따라서 근대학교는 일회성 제품과 같은 노동자를 만들어내는 기관으로 조직되었다. 필요한 업그레이드는 회사나 일하는 곳에서 알아서 할 일이다. 그래서 직장에서 하는 교육을 '보수교육(고치고 다듬는다는 뜻)'이라고 부른다. 한번 학교를 통과한 사람은 다시 학교에 오지 않는다. 결국 근대학교는 학령기 아동만을 대상으로 하여 일회성, 직선형 교육과정을 제공하기 위한 기관으로 설계되었다. 평생 한 번 교육받고, 평생 하나의 직장을 다니다가 죽는 인생을 상정했기 때문이다. 일회성, 직선형 교육과정 운영의 특징은 아동을 대상으로 하는 학교만 그런 게 아니다. 산업사회에서 성인을 대상으로 하는 전문대학과 일반대학교도 '한 번의 교육, 하나의 직장'이라는 동일한 전제에 기초해서 설계되고 운영되었다.

근대학교는 청소년 인구가 상대적으로 다수를 차지하고, 성인과 노인으로 갈수록 인구비율이 줄어드는 피라미드형 인구구조를 전제하고 있다. 피라미드형 인구구조를 지닌 산업사회에서는 아동 - 청소년을 빨리 생산가능 인구로 전환하여 죽기 전에 생산성을 뽑아내야만 한다. 그래서 가능한 한 최소한의 교육을 통해 최대한의 생산능력을 확보한 학생들을 바로 산업현장에 투입하여 노동하게 함으로써 투자비용을 회수하고, 투자비용 이상의 이윤을 창출하는 데 기여하도록 해야 한다. 그 이후에는 노동과정에서 형성된 만성질환이나 사고 등으로 인해 퇴직 이후 머지않아 사망하는 인생경로를 거치게 된다. 근대학교는 피라미드형 인구구조를 지닌 근대 산업사회에 가장 효율적으로 봉사하는 교육 시스템이다.

근대학교 체제는 인간의 성장에 관해서도 10대 소년기와 청년기에 최고의 학습능력을 발휘하고, 청년기와 장년기에 가장 높은 노동능력을 발휘한다고 전제한다. 그래서 근대학교는 아동과 청소년을 중심으로 교육체제를 설계했고, 청년 - 장년기에는 배운 바에 따라 충실히 작업지시를 실행하는 노동자로 살아가는 인생경로를 상정하고 있다. 근대의 교육이론이나 심리이론들은 근대학교의 가정을 뒷받침해주었다. 즉, 인간의 학습능력은 아동·청소년기에 가장 높게 나타난다는 많은 연구를 제출하여 근대학교가 아동 - 청소년을 중심으로 교육하고, 그 이후에는 배운 바를 실행하는 데 전념하는 노동자로 살아가는 방식이 효율적일 뿐만 아니라 자연의 이치에도 맞는 것처럼 설파했다. 근대학교를 유지하기 위해 많은 이들이 아동 - 청소년기의 학습의 중요성을 강조했는데, 이들은 '연골학습'이니 '조기학습'이니 하는 근대교육의 상식들을 많이 만들어 냈다.

짧은 인생에서 교육받는 기간이 너무 길면, 교육시키는 비용 대비 수익이 적어지는 문제가 발생한다. 따라서 근대학교는 최소한의 교육으로 산업현장에서 최적의 상태로 임무를 수행할 수 있는 노동력을 길러내는 데 일차적인 관심이 있다. 일부 학자들이나 언론에서 언급하는 학력인플레이션 주장이나 과잉교육(over-education) 주장 등은 근대적 교육관의 관점에서만 타당한 주장이다. 즉, 근대교육은 효율적으로 주어진 노동을 수행할 산업역군을 훈련시키는 일을 핵심 사명으로 했기 때문에, 개개의 노동자가 산업현장에서 노동하는 데 필요할 것으로 예상되는 수준을 넘어서는 교육은 낭비로 바라보는 관점을 가진다.

더군다나 평생 누군가 시키는 일을 하면서 살아갈 산업노동자가 고상한 교양을 익히고, 수준 높은 사회적 담론에 참여할 수 있는 역량을 지니며, 심오한 예술을 향유한다는 것은 관리자나 자본가의 입장에서 보면 '나쁜 일'이다. 높은 교양과 비판적 사고력에 능숙한 피고용인은 고분고분하지 않기 때문이고, 비판적으로 자신과 사회적 삶의 맥락을 분석하며 해석하는 노동자나 하급자는 막 부려먹기 어렵기 때문이다. 따라서 노동자가 높은 학력을 지니는 일은 학력 인플레이션이 심각하다거나 과잉교육된 것이라고 깎아내리고 비이성적, 비합리적 선택이라고 비난해서 막아야 하는 일이 된다.

동시에 근대학교는 산업사회의 공장에서 일할 준비를 하는 곳이기 때문에, 근대학교 자체가 공장 운영체제를 그대로 답습하도록 했다. 학생들은 관리자와 감독자의 지시를 정확히 수행하며 복종할 수 있어야 하고, 주어진 권위체계를 순종적으로 수용해야 한다. 그래서 근대학교에서 아동-청소년들은 권위가 부여된 교장-교사 중심의 운영을 아무런 비판 없이 받아들이도록 훈육되어야 한다. 권위적 수직적 교사-학생 관계를 전제로 하는 근대학교는 동시에 거대한 근대적 관료체제 속에 포섭된 하나의 단위로 기능한다. 근대학교는 국가-광역지자체-기초지자체-학교로 이어지는 관료적 행정체제의 말단에 위치한다. 근대학교는 권위적 관료체제의 핵심 요소지만, 가장 말단의 요소로 기획되고 운영되어 왔다.

하지만 지난 세기를 거치면서 인류의 생산력이 급속히 증가하여 인간의 영양상태와 위생상태가 빠르게 개선되었으며, 의학기술과 과학의 발달은 인간의 수명을 획기적으로 늘렸다. 현재 유럽과 주요 선진국들 대부분의 기대수명은 80세를 넘어서고 있고, 100세를 넘어 사는 사람들은 갈수록 늘어나고 있으며, 우리나라도 예외가 아니다. 뿐만 아니라, 빠른 지식과 기술의 변화로 인해 사람들은 전면적으로 새로운 지식과 기술을 새롭게 배워야 하는 상황에 일생 동안 여러 번 직면하게 되었다. 예를 들어, 최근 70세 이상의 노인들은 스마트폰을 비롯한 최신 스마트 기기를 활용하지 못해 많은 불편을 감수하고 살아갈 수밖에 없다. 스마트 기기를 활용하지 못하는 노인들은 다양한 정보는 고사하고 생존에 필수적인 안전과 생명에 직결되는 정보도 받아볼 수 없는 지경에 이르렀다.

현대사회에서 학령기 아동을 중심으로 일회성, 직선형 교육과정을 운영하는 근대학교, 권위적 관료 운영체계 속에서 기능하는 근대학교는 현대적인 교육과 학습 수요를 충족시킬 수 없는 구조적 결함을 드러내고 있다. 근대학교가 상정했던 '아동·청소년기 학교 교육 → 취업과 노동 → 퇴직과 여가 → 사망'과 같은 직선형 인생은 이제 사라지고 있기 때문이다.

수명 백만장자 시대의 도래에 비추어 근대학교의 문제점을 몇 가지로 정리해 보면 다음과 같다.

첫 번째는 인간 기대수명이 길어지고, 지식과 기술의 변화가 빨라짐에 따라 조기 퇴직과 이직이 급속이 늘어나고 있고, 첫 직장에서 퇴직한 이후에도 20~30년 정도, 70세 이상까지도 직업생활을 계속하는 사람들이 빠르게 늘고 있다. 이로 인해 사람들은 첫 직장에서 퇴직한 이후, 새로운 분야로 이동하기 위해 다시 학교의 도움을 필요로 한다. 하지만 근대학교는 풍부한 현장 직업경력과 다양한 생활경험을 지닌 성인을 대상으로 교육하기에는 부적합한 구조와 형식을 가졌다. 애초에 설계 단계부터 학령기 아동을 대상으로 상정했기 때문에, 또 권위적인 관료체계를 통해 교육과정과 시설을 운영하기 때문에 성인들을 수용하기에 매우 부적합한 기관이 되었다.

두 번째 문제는 학습과 새로운 경험에 대한 요구는 학령기 아동만이 아니라 다양한 연령에서 나타나는데, 근대학교는 다양한 연령층과 문화적 배경을 지닌 사람들을 대상으로 교육 서비스를 제공하고 학습 경험을 조직할 역량이 없다. 근대학교는 인간의 성숙이 청소년기에 급속히 진행되고, 성인기에 접어들어서는 지적 능력이 감퇴하여 새로운 지식과 기술을 배우기 어렵다고 전제했다. 하지만 최근의 심리학과 뇌과학의 연구 성과는 인간의 학습능력이 일생에 걸쳐 지속적으로 성장하며, 학습할수록 학습 역량은 높아진다는 점을 밝혔다. 오히려 아동 – 청소년기의 학습능력은 미숙하고 편협하며, 특정 영역에서는 성인의 역량에 크게 미치지 못한다. 따라서 교육에서 더욱 관심을 두어야 하는 분야는 학령기 청소년이 아니라, 성인을 중심으로 평생에 걸친 학습 역량의 제고와 배움의 기회 제공이다. 현대사회에서 사람들은 순환적이고, 복합적인 방식으로 네트워크 속에서 배우고 활동한다.

세 번째로 근대학교는 상호 호혜(相互互惠)적인 사회적 자본에 대한 관점이 결여되어 있다. 사람은 상호작용 속에서 더 많이, 더 효과적으로 배운다. 특히, 디지털 네트워크화된 멀티미디어 형식의 지식과 정보는 누구나 접근할 수 있기 때문에, 함께 공유하고 소통하며 협력하여 활용하는 과정에서 익숙해지고 깊이 있는 배움을 얻는 과정을 통해 학습하게 된다. 현대사회의 지식정보 환경 속에서는 사회적 관계에 기반하고, 그 관계를 활용하는 방식으로 활발하게 학습이 일어난다. 근대학교는 고립된 섬으로 지역사회와 현실세계로부터 철저히 차단된 상태에서 운영되도록 설계되었다. 근대학교에서 지역사회의 관여는 오염으로 간주되고 학교의 권위에 대한 손상으로 여겨진다.

수명 백만장자 시대에 맞는 현대학교의 모습은 교육과 학습의 순환성, 연령과 경험의 다양성, 학습의 자발성, 교육 – 학습 관계의 복잡성, 삶의 맥락성에 기반하면서 지역사회와 상호침투적 관계를 적극적으로 형성하는 개방성 등을 특징으로 할 것이다. 수명 백만장자 시대, 근대학교는 이제 수명이 다했다. 우리 시대와 사회에는 새로운 학교가 필요하다.

밀레니얼 세대는 부모 세대와는 확연히 다른 문화 속에서 성장했고, 자신들만의 문화를 형성했으며 독특한 사고방식과 행동양식을 지니고 있다. 부모 세대는 근대적 계몽주의, 근대적 합리성과 이성주의, 국가주의와 민족주의 등으로 대표되는 집단주의 문화 속에서 살았다. 이들은 신분제가 철폐된 근대사회에서 정치적 자유와 경제적 풍요를 추구하면서 살았다. 한국 사회의 50~70대의 부모 세대는 근대화 세대, 산업화 세대, 민주화 세대라고 부를 수 있다. 이들은 근대성에 매료되었고, 근대적인 삶을 위해 노력했던 '모던 보이와 모던 걸(modern boys & girls)'이었다. 이들은 근대학교를 축복으로 받아들였고, 근대학교는 삶을 위한 일종의 정언명령이요, 실천의 지침이었다. 그들에게 근대학교는 진리요, 생명이요, 길이었다.

밀레니얼 세대, 포노 사피엔스, 그리고 앞으로 성장하는 밀레니얼의 자녀 세대는 현재 한국의 기성세대와는 전혀 다른 문화와 사고방식, 행동양식을 지니고 한국 사회를 변화시킬 세대다. 이들은 근대성을 넘어서고 있다. 근대적 이념들, 제국주의와 식민주의, 계몽주의와 합리성에 대한 맹신, 사회적 진화주의, 유럽 백인 중심의 독단과 배제, 경제적 신분제와 불평등, 전쟁과 빈곤, 여성과 소수자에 대한 핍박과 편견, 자연에 대한 약탈과 파괴 등등을 벗어나 자율과 평등에 기초한 삶, 전 지구적 차원에서 지속 가능한 연대, 인간과 자연의 생태적 상호의존 등을 실현할 세상을 꿈꾸고 있다(밀레니얼 세대의 특성과 부모 세대와의 차이점에 대한 자세한 논의는 전작인 《교육을 교육답게, 우리 교육 다시 세우기》 제2장 '19세기 학교 속 밀레니얼 세대'를 참고하기 바란다).

이들은 그동안 권력과 권위에 의해 지배되던 국가주의, 집단주의를 거부한다. 이들은 개방적 평등에 기초한 개인주의적 사고와 행동이 몸에 배어 있고, '흙수저-금수저' 담론에서도 알 수 있듯이 정치적 신분제뿐만 아니라 경제적 신분제도 거부한다. 계몽주의와 이성주의에 근거한 설교를 거부하고 경험주의와 삶의 체험을 통해 질적인 행복을 추구한다. 패권주의를 거부하고 글로벌한 연대를 통해 상호 호혜적인 세계를 창조하고자 한다. 사회적 가치를 중히 여기고 개인의 행복과 공동체의 풍요가 함께 동반자적 관계를 형성하는 자치를 원한다. 이들은 디지털 네트워크의 무한한 가능성에 기초해서 새롭게 생겨나는 인류의 관계망을 공유하고 그 속에서 협력하면서 삶을 새로운 차원으로 열어간다.

국가주의에 기초한 국가 교육과정과 관료적 통제 중심의 근대 교육제도, 근대학교 시스템의 운영은 밀레니얼 세대와 그 자녀 세대에게 작동할 수 없다. 우리는 지난 30년간 수많은 장애 현상을 보아왔다. 매년 수백 명의 아이들이 자살로 사망하는데, 실제 자살을 심각하게 고려하거나 시도하는 학생은 그보다 수백 배 더 많은 상황이다. 우리나라 청소년 (9~24세) 사망원인 1위는 수년째 자살이다. 2018년 청소년 자살은 10만 명당 9.1명이었는데, 한국 청소년 자살률은 OECD 평균 자살률의 두 배를 뛰어넘었다.[58] 매년 수만 명의 학생이 학교를 그만두고 '학교 밖 청소년'이 된다. 정부가 대학 교육을 위해 투자하는 재정보다 더 많은 비용이 사교육 비용으로 초중고교 학부모들의 지갑에서 지불되고 있다.

중앙정부가 일방적으로 지시하고 강요하는 제도와 시스템, 교장과 교사가 모든 권한을 행사하는 위계적인 근대학교 운영체제가 밀레니얼 세대와 그 자녀 세대에게 수용될 수는 없다. 곧 소용될 곳이 없어질 지식을 일방적으로 전달하고 주입하는 방식의 교육이 지속될 수는 없다. 다양한 재능과 흥미를 무시하고 하나의 기준, 표준화된 방식으로 재단하는, 줄 세우기식 상대평가에 기반한 근대학교의 선발체제는 존속될 수 없다. 모든 지식과 정보가 디지털화되고 네트워크로 연결되고, 스스로 말하고 설명하는 멀티미디어 매체 시대에서 종이책 속에 학생들을 가두어 놓고 어떤 외부세력도 오염원으로 취급하는 근대학교 체제는 더 이상 우리 사회의 미래를 받쳐주는 기반이 될 수 없다. 편협한 민족주의적 가치관, 근대적 국가관에 기초한 근대학교는 글로벌 시대를 살아가면서 전 지구적 문제를 자신의 문제로 삼고 직접 행동하는 밀레니얼 세대와 그 자녀 세대를 가르칠 수 없다. 이제 근대학교는 새로운 학교, 포노 사피언스의 학교로 대체되어야 한다.

PART II

포노 사피엔스
학교의 탄생

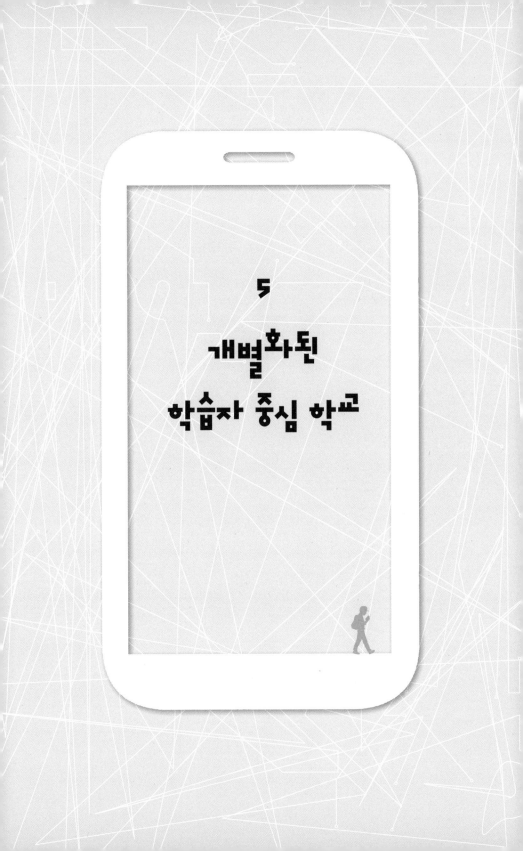

5

개별화된
학습자 중심 학교

개별화된 학습자 중심 수업

한국에서 초중고교를 다닌 현재의 학부모들에게 개별화된 교육, 학습자 중심 학교는 어쩌면 알 수 없는 어떤 것이다. 현재의 학부모, 40대 이상 세대들은 모두가 집체화된, 모두가 똑같은 것을 배우는, 교사는 일방적으로 말하고 학생들은 대부분 듣고, 기억하고, 외워야 하는 그런 교육을 받았기 때문이다.

선진국에서 도입된 혁신적인 교육이론이나 프로그램들도 한국에서는 왜곡되고 변형된 형태로 수용되고 실행되는 예들이 많다. 예를 들어, '자기주도학습'이라는 말이 한국에서 오랫동안 유행하고 있다. 하지만 한국에서 자기주도학습이란 국가가 정해준 교육과정을 교사나 학원 강사의 일방적 수업을 들으며, 반항하거나 포기하지 않고, 스스로 자신을 채찍질하여 끝없이 참고 인내하며 견뎌내어, 결국 좋은 시험성적을 거두는 특성을 지닌 학생들의 학습 태도와 행동으로 이해하는 경향이 있다.

이런 한국적 현상은 한 번도 자기주도학습을 해본 적 없이 일방적으로 주어진 학습 내용을 억지로 공부해야만 했던 학부모들의 한계에 기인한다. 본래 자기주도학습의 핵심은 자기 스스로 공부하고자 하는 학습 동기를 불러일으키는 데 있다. 스스로 학습 동기를 불러일으키는 일은 학습자 자신의 관심과 흥미에 기반할 때 비로소 가능하다. 스스로의 관심과 흥미에서 출발하면 교사나 강사, 학부모가 강제하고 일방적으로 밀어붙이지 않아도 스스로 학습을 진행하고, 찾고, 묻고, 실제로 실행해보는 일들이 자연스럽게 진행된다. 자기주도학습은 학습자가 떠밀려가는 공부가 아니라 학습자가 끌고 가는 공부일 때 가능한 학습 방식이고, 이럴 때 학습의 효과가 극대화되는 것이다.

개별화된 학습자 중심의 교육과 관련하여 가장 중요한 것은 강력한 국가 교육과정 중심의 교육 운영을 당장 중지해야 한다는 점이다. 한국은 유럽 국가나 선진국에서는 찾아볼 수 없이 강력한 강제력을 지닌 국가 교육과정을 운영하고 있다. 대부분의 선진국들은 학교 중심, 더 나아가 교사와 학생 중심 교육과정을 운영한다. 수많은 나라들이 공식적인 국가 교육과정 문서를 가지고 있지만 대부분은 교육의 가치와 지향성, 핵심적인 교육운영의 원칙 등을 제시한다. 실제 학교에서의 수업과 관련한 국가 교육과정은 일종의 권고 수준의 규정력을 지닌다. 기본적으로 교육과정은 학교 단위로 편성 운영이 이루어지며, 학교 내에서도 과목 담당 교사가 학부모와 협의하고 학생의 상황을 중요하게 고려하여 편성하고 수업을 운영한다. 즉, 교사의 교육과정 결정권을 존중하면서 학생들의 구체적인 상황에 맞게 학생 중심의 교육과정이 운영될 수 있는 여건을 조성하고 있다.

한 번도 개별화된 자기주도학습, 학습자 중심 수업을 제대로 경험한

적이 없는 한국의 학부모, 기성세대들에게 개별화된 학습, 학습자 중심 수업을 이해할 수 있도록 몇 가지 사례를 들어본다.

먼저, 우리나라는 모든 입학생이 3월 첫날 함께 입학하는 관습에 매우 익숙하다. 하지만 아이를 키워본 부모들은 다 알 것이다. 초등학교 저학년에서 한두 달의 생일 차이는 아이들의 성장과 능력 발달에 얼마나 큰 차이를 가져오는가! 많은 선진국에서는 학생들의 성장발달 단계의 차이에 주의를 기울이고 있다. 예를 들어, 뉴질랜드는 학생들의 입학을 연간 4회로 나누어 입학생의 생일과 가까운 분기에 입학할 수 있도록 배려한다. 또한, 선진국들은 특히 초등학교에서 학생들 개개인의 학습 특성과 속도에 맞춰 개개인의 학습 과정을 배려하고 개별적 보살핌을 제공한다. 교사가 다그치거나 끌고 가지 않고, 기다려주고 지지해주고 도와주면서 학생 개개인이 스스로 걸어갈 수 있도록 최대한 배려한다.

핀란드의 경우, 우리나라 초등학교와 중학교에 해당하는 종합학교에서 시간제 및 그룹형 특수교육을 받는 학생들이 2008~2009년에 1/3에 이르렀다고 한다. 핀란드에서 말하는 특수교육은 한국에서와 달리 장애인을 위한 교육만을 의미하지 않는다. 핀란드의 특수교육은 여러 교과목이나 분야에서 학습에 어려움을 겪는 학생들도 특별한 프로그램을 제공받거나 교사의 개별관리를 받으면서 그 어려움을 극복할 수 있도록 돕는 시간제 특수교육 혹은 그룹형 특별 교육 전체를 지칭한다. 또한 말하기, 읽기, 쓰기, 수학과 외국어 분야의 가벼운 학습장애와 관련하여 20% 이상의 학생이 특수교육을 받았다고 한다.[59]

또 다른 개별화된 학생 중심 교육의 사례를 살펴본다.《우리도 행복할 수 있을까》의 저자인 오연호 오마이뉴스 대표는 한 강의에서 덴마크 중학교의 역사 수업 사례를 소개했다. 이 사례에 나오는 학생은 중학교 3년

동안의 역사 수업 시간에 한국전쟁과 한반도의 분단 상황에 대해 학습했다. 한반도의 평화와 향후 동북아시아의 평화체제에 대해 관심이 많고 관련 전문가가 되고 싶다는 이 학생은 중학교 내내 한국 문제를 스스로 학습한 것이다. 그렇다면, 이 학교에서 다른 학생들은 역사 시간에 무엇을 학습했을까? 당연히 다른 학생들은 다른 주제를 스스로 정해 개인별 프로젝트를 수행했을 것이다. 모든 학생이 단군조선 시대부터 거의 2,500년에 이르는 역사를 시대별 주요 정치 사건과 전쟁 중심으로 외워야 하는 한국의 역사 수업과는 전혀 다른 개별화된 모습이다.

내가 미국에서 박사학위 과정을 이수하는 동안 관찰한 미국의 학교도 비슷하다. 초등학교 수학 시간에 학생들은 자신의 수준에 따라 각자 다른 문제를 풀었다. 어떤 아이는 기초 문제를 컴퓨터에 있는 학습 프로그램으로 수행하고, 어떤 아이는 두세 명이 모여 좀 어려운 문제를 함께 풀기도 한다. 교사는 아이들 사이를 돌아다니며 각자의 학습 과정이 잘 흘러가는지 살피고 때때로 도와주거나 좀 더 도전적인 문제를 풀도록 격려한다. 중고등학교의 수학 시간은 대부분 학생들의 수준이나 관심에 따라 선택할 수 있는 수업이 많아진다.

사회 교과나 과학 교과도 마찬가지다. 같은 시대를 배워도 아이들은 해당 시대의 다양한 분야 중 자신이 관심이 있는 것을 골라, 스스로 조사하고, 분석하고, 정리하고, 발표하면서 학습한다. 발표는 항상 학생과 교사로부터의 질의응답과 토론으로 이어진다. 매 학기 학생들은 자신이 정한 주제에 대해 자기주도적으로 학습하게 되고, 보다 적극적으로 발표 준비를 한다. 이 과정에서 일어나는 '학습'은 모든 학생이 일방적으로 주어진 교과목 내용을 동일하게 배워야 하는 경우와 전혀 다르다. 개인별로도 다르고, 발표하고 토론하는 과정으로 이루어지는 학급에서 일어나는 학습도 전혀 다르다.

최근에는 우리나라에서도 수업 혁신이 많이 시도되어 새로운 수업들이 이루어지고 있다. 많은 혁신학교에서 거꾸로 수업, 참여-토론형 수업, 프로젝트 수업, 문제해결 중심 수업 등이 시도되어 상당한 성과를 거두고 있다. 하지만 여전히 우리나라 학교는 일제 강의식 수업이 중심을 이루고 있고, 모든 학생들이 국가가 정한 동일한 교과 내용을 같은 속도로 배우는 면에서 전혀 달라진 점이 없다.

최근 정부가 추진하는 고교학점제가 2025년에 전면 도입되면, 고등학교 교육과정에서는 개인별, 수준별로 학생의 관심과 흥미에 맞게 선택한 교과목을 보다 다양한 수업방식으로 배울 수 있는 기회가 확대될 것으로 기대된다. 이제 우리나라에서 시도하고 있는 개별화된 학습자 중심 수업의 사례를 몇 가지 살펴보자.

한 초등학교 교사가 시도한 이후 전국의 많은 학교로 확산된 프로젝트 수업이 있다. '사상 최대의 수업 프로젝트(사최수프)'로 이름 붙인 이 수업에서 학생들은 자신들이 가장 해결하고 싶은 주변의 문제를 선택하여 그 해결을 위한 프로젝트를 수행한다. 학생들은 학교의 작은 불편을 해결하는 일부터 사회의 주요 정책적 변화를 필요로 하는 문제까지 제시하고 해결 방법을 모색한다. 이 과정에서 학생들은 현황 조사, 문제점 분석, 여러 가지 대안 탐색, 각 대안을 시행할 수 있는 이론, 기술 검색, 방안 작성 및 평가, 해결방안 제시 및 실행 등의 단계를 거친다. '사최수프' 수업에서 각 팀의 학생들은 주도적으로 학습을 이끌어 가며, 문제를 해결하는 과정에서 하나의 교과목이나 분야에 구애받지 않고 수많은 이론, 기술, 대안 등을 학습한다. 예를 들어, 한 초등학교 학생들의 '교실 미세먼지 해결 프로젝트'를 수행하는 과정을 보면 초등학생들이 환경 문제와 미세먼

181

지 문제, 필터와 전동기의 원리, 전압과 전류의 개념, 성능과 가격의 관계, 비용－효과 분석 등등 사회·경제 문제에서 과학이론까지 매우 폭넓은 범위의 학습을 스스로 수행하고 있다.

오래전부터 공교육의 일방성, 집단성, 위계성, 학습보다 교육 위주, 강압성 등에 문제의식을 지닌 교사, 학부모, 교육운동가들이 시도한 다양한 대안학교들도 개별화된 학습자 중심의 교육과정을 개발하고 운영해 오고 있다. 영국의 서머힐 학교(Summerhill School)는 가장 강력한 형태의 개별화된 학습자 중심 학교의 모습을 보여준다. 학생들은 수업을 들을 것인지, 어떤 수업을 들을 것인지, 언제 학습을 할 것인지 등등에서 매우 넓은 선택권을 허용받는다.[60] 서머힐 학교 만큼은 아니지만 한국의 많은 대안학교들도 학습자 중심의 교육을 구현하기 위해 많은 노력을 기울이고 있다. 대부분의 대안학교들은 교육과정을 어떻게 운영할 것인지를 학부모－교사－학생이 함께 의논하여 결정하며, 교육과정의 운영에 있어서도 팀별, 개인별로 개별화된 주제와 활동으로 구성하여 다양한 학습이 동시에 진행되면서 상호 간 교류와 공유가 이루어지도록 한다.

최근 공교육의 일방성, 획일성, 강제성에 문제의식을 가진 한국 벤처 사업가들의 후원으로 문을 연 '거꾸로캠퍼스'도 개별화된 학습자 중심 교육을 다음과 같이 선언하고 있다.

"거꾸로캠퍼스는 학습자가 좋아하는 것을 찾을 수 있도록 돕고, 기다리면서 긍정적인 호기심과 자극을 주는 것도 소홀히 하지 않습니다. 학습자가 하고 싶은 일을 하면서 자신의 삶에 주도권을 갖도록 하는 것입니다. 하고 싶은 일을 할 때 사람들은 스스로의 삶에 주인이 되고, 즐거움을 느낍니다. 학생들이 스스로 잠재력을 발휘하며 즐거움을 느끼는 최적의 학습 환경을 제공하는 거꾸로캠퍼스가 되겠습니다."[61]

거꾸로캠퍼스의 수업은 대부분 프로젝트 형식으로 진행되며, 일반적인 개념학습도 학생들이 스스로 조사하고 이해하여 토론하고 발표하면서 진행된다. 철저하게 학습자 중심으로 진행되는 수업이다. 최근 한 토론회에서 거꾸로캠퍼스 정찬필 대표는 "가장 중요한 것은 교사들이 주도하는 일제식 강의를 완전히 폐지하고 철저하게 학생 중심으로 운영하면서 모든 것을 학생들의 자발적 학습에 맡겨야 합니다"라고 말했다. 포노 사피엔스 교육에 있어 자기주도적 교육과정 편성, 학습에 있어 자기결정권, 자발적 학습동기의 중요성을 강조했다고 생각된다.

개별화된 학습자 중심 교육과정을 운영하는 학교에서 평가는 어떻게 이루어지는가? 우리나라에서 일상적으로 진행되는 평가는 중간고사와 기말고사, 그리고 대학수학능력시험과 같이 모든 학생들이 동일한 내용을 배웠다는 전제에 기초해서 배운 내용을 제대로 기억하고 이해하고 그것들을 회상해내서 묻는 질문에 답을 하거나 적합한 답지를 선택할 수 있는지를 평가한다. 이런 방식의 평가는 성취도 중심평가(achievement test)라고 할 수 있으며, 일반적으로 학생들 상호간의 상대적 순위를 매기는 방식으로 진행되는 상대평가 중심이다.

개별화된 학습자 중심의 교육과정을 운영하는 경우, 기존의 지필평가방식은 학생들의 학습 결과를 제대로 평가(assessment)할 수 없다. 그래서 개별화된 학습자 중심 교육과정 운영은 필수적으로 수업과 학습과정을 얼마나 충실하게 수행했는지를 중심으로 과정 평가, 계획한 학습 목표에 얼마나 도달했는가를 평가하는 절대평가 방식으로 진행된다. 즉, 수업 과정에서 학습자가 얼마나 계획한 수준의 역량에 도달했는지를 일상적으로 여러 번 평가하여, 학습자의 학습 수준을 평가하는 방식이다. 개별화된 학습자 중심 교육과정을 운영하는 경우, 각각의 학습자가 학습한 내용이 상이한 경우가 많으므로, 학습한 내용에 대한 이해 수준을 평가하는 지필고사를 통한 성취도 평가나 상호간 비교가 중심인 상대평가가 이루어지기 어렵다. 또, 교육적으로도 별다른 의미가 없는 평가방식이다. 따라서 개별화된 학습자 중심의 교육과정 운영은 단순히 교육내용과 수업방식의 변화뿐만 아니라 평가체제의 변화, 학교 운영방식과 교육제도의 혁신을 필수적으로 요구한다.

그러면 왜 개별화된 학습자 중심 학교가 필요한가? 근대학교는 국가와 산업을 위해, 학습자보다는 학교와 교사 중심으로, 지식과 정보를 밀어내는 방식(push-driven)으로 운영되는 학교다. 하지만 밀레니얼 세대, 포노 사피엔스들의 학교는 개개인의 행복을 위해 학습자인 학생이 중심이 되어 학생 스스로 끌고 가는(pull-driven) 배움의 공간과 네트워크인 학교가 필요하다. 나는 국가 중심, 학교-교사 중심, 내용 중심의 근대학교를 종식시키고 개별화된 학습자 중심의 새로운 학교가 필요한 이유를 세 가지로 제시하고 싶다.

첫째, 국가는 개인의 행복을 보장할 의무가 있기 때문이다.

둘째, 학습은 교육에 우선하며, 교육은 학습을 보장하는 한도 내에서만 가치를 지니기 때문이다. 교육한다고 해서 학습이 되는 것은 아니다!

셋째, 학습의 본질은 자율과 협력에 기반한 창의적인 사회적 활동이기 때문이다.

국가를 위한 개인은 없다

　근대학교는 국가주의적 관점에 기반하여 국가와 산업의 요구에 맞춰 설계되었다. 대중적 근대학교를 처음으로 도입했던 프로이센은 통일된 강력한 독일국가의 건설이라는 국가적, 민족적 목표를 달성하기 위한 도구로 국민의무교육제도를 도입했다. 그리고 당시 후진적이었던 독일의 산업발전을 위해 표준적 지식을 갖춘 산업인력을 양성하기 위한 수단으로 근대학교를 설계했다. 따라서 학교에서 주인은 배우는 학생이 아니라 국가와 산업의 요구이며, 교장과 교사는 국가와 산업의 요구를 따라 설정된 목표에 맞게 학생을 관리·감독하고, 학생들의 품질을 관리하는 현장 매니저의 역할을 수행하도록 설계되었다.

　18세기 말 19세기 초, 독일은 오랜 기간의 분열을 끝내고 통합된 민족국가를 형성하기 위한 핵심 기제로 근대학교를 설정했고, 학교의 교사들은 학생들을 근대성에 근거하고 산업 기술적 지식으로 무장한 민족전사와 산업역군을 양성하는 교관이었다. 훔볼트의 독일 교육개혁은 모든 학교를 "공무원 혹은 개별 전문가로서 국가를 위해 봉사할 수 있는, 유연하고 적응 잘하는" 인력 양성소로 만드는 것이었다.[62] 독일의 근대학교 교육을 국가적 과업을 달성하기 위한 도구로서 잘 작동하도록 시스템을 강화시킨 핵심 인사는 베를린대학 초대 총장이었던 피히테(Johann Gottlieb Fichte)였다. 독일은 프랑스와의 전쟁에서 패한 후, 강력한 독일 건설을 위한 역군을 양성하기 위해 강한 독일 정신을 개발하도록 교육하는 프로그램이 필요했다. 피히테는 청소년 시기부터 독일 민족과 국가를 위해 봉사하는 국민으로 양성하기 위한 교육 프로그램을 만들고, 그들을 이끌어갈 엘리트를 교육하는 학교를 만들어 제복을 입은 지도적 전사를 양성하는 신성한 임무를 수행하도록 했다.[63]

근대 산업사회에서 계몽주의적 이성을 구현한 존재로 간주되었던 국가, 과학적 지식과 기술을 활용하여 자연을 정복해가는 산업은 학교와 학생 위에 군림하고 명령하며 지시하는 존재로 설정되었다. 국가와 산업은 학생들이 무엇을 배워야 할지, 언제 어떻게 배워야 할지, 학교를 졸업하면 어떤 직업을 택해 무슨 일을 할지 결정하는 데 막강한 권력을 행사했다. 근대학교 시스템에서 학생은 국가와 산업이 요구하는 지식과 기술을 습득하고 수행할 수 있는 일종의 '말하는 기계'로 간주되었다. 학생들은 공장에서 노동자들이 수행해야 하는 일을 미리 배우며, 정해진 작업규칙을 따라 주어진 과업을 수행하는 과정을 익히도록 '미리 경험하는 공장'과 같은 형태로 학교를 구성했다.

최근 독일을 비롯한 평행교육체제(Dual System)를 운영하던 나라들에서는 학문적 교육 경로와 직업적 훈련 경로 간 이동 경직성이 많이 완화되었다. 하지만 독일의 경우를 예로 든다면, 여전히 초등학교를 졸업하는 시점에 학문적 경로와 직업적 경로로 학생들을 나누는 전통을 그대로 유지하고 있다. 이는 근대 계몽주의적 근대학교 초기 설계의 유물이라고 할 수 있다. 근대학교에서는 학생 개개인의 관심과 흥미, 소질과 재능의 발견과 성장이 중요하지 않았고, 국가와 산업의 요구에 적합한 지식과 기술을 익힐 가능성이 있는지, 명령과 지시를 따르고 규율을 지키면서 주어진 과업을 말없이 수행할 태도가 갖추어졌는지에 따라 경로가 결정되며, 국가와 산업이 조금 더 투자한다면, 고급 지식을 창출하고 전문적 관리자로 개발될 여지가 있는지가 중요한 결정 변수였다.

우리나라 교육 시스템도 일본을 거쳐 도입된 독일식 평행교육 시스템의 잔재가 남아 있어, 학생들은 중학교를 졸업하는 시기에 학문적 경로를 택할 것인지, 직업적 경로를 택할 것인지를 선택하도록 강제된다. 그리고 그 선택은 대부분 자신의 선택이라기보다는 부모의 사회·경제적 지위에 커다란 영향을 받으며, 초등학교 이전부터 시작되어 누적된 학업성취도 경쟁의 결과에 따라 결정된다.

이제는 세계 경제체제와 시대가 근대 산업사회 초기와는 완전히 바뀌었다. 국가와 산업은 개인의 행복에 복무하지 않는 한 존재 이유가 없고 지식과 정보는 무한대로 확장되었지만, 언제 어디서나 접속 가능한 대상이 되었으니 개인이 배워야 하는 내용을 국가와 산업이 결정하고 지시하는 시대는 이미 오래전에 끝이 났다. 이제, 케네디 대통령이 언급했다는 말을 뒤집어 이렇게 이야기할 수 있다. "개인이 국가와 사회를 위해 어떤 일을 수행하도록 지시하고 통제하기 전에, 국가와 사회가 개인의 행복을 위해 무엇을 어떻게 해야 하는지를 먼저 생각하라!"[64] 이제 개개인이 무엇에 관심과 흥미를 갖는지, 사람마다 어떤 소질과 재능을 지녔는지를 살펴 꽃 피워줄 수 있는 학교, 사회, 국가가 필요하다. 산업은 사람들의 관심과 흥미, 삶의 행복을 위해 노력하는 과정에서 산출되는 사람들 간의 관계이자 서비스이며, 일종의 사회적 네트워크에 다름 아니라는 점을 명심해야 한다.

개인이 국가를 위해 희생하는 시대는 오래전에 지나갔다. 국가를 위한 개인은 없다! 개개인의 행복을 위한 국가, 사회, 산업이 있을 뿐이다. 중세시대에는 신분과 정치권력으로 국가가 개인을 지배하고 착취했다. 근대 시민혁명과 산업혁명의 가장 큰 성과는 더 이상 국가나 특정집단이 종교적 맹목과 신분적 억압을 통해 인간을 차별하거나 착취할 수 없는 세상을 만들었다는 데 있다. 하지만 세계는 경제적 신분에 따른 차별과 억압, 착취와 배제가 횡행하는 근대 산업사회의 잔재가 여전이 남아 있다. 새로운 천년(뉴 밀레니얼)을 맞이한 세계는 경제적 신분에 따른 차별마저도 철폐하기 위해 노력하고 있고, 우리나라에서도 밀레니얼들은 '금수저-흙수저' 담론을 통해 '더 이상 경제적 신분에 따른 차별과 배제, 그리고 경제적 신분의 상속이 지속되어서는 안 된다'고 강력히 주장하고 있다.

개인이 국가와 산업과의 관계에서 종속적 지위를 벗어난 시대, 학교와 교사가 지식과 기술의 독점적 지위를 상실한 현대에는 국가, 산업, 학교, 교사, 학생의 관계가 이전과 완연히 달라졌다. 앞으로 국가가 지정하고 명령한 내용을 가르치고 배우는 학교는 더 이상 존재할 가치도 없고 필요하지도 않다. 국가의 권위를 이어받아 학생 위에서 지시하고 통제하는 교사도 더 이상 학생들에게 수용되지 않는다. 거꾸로, 학생이 스스로 무엇을 배울지, 어떻게 배울지를 결정하고, 그것을 돕는 과정으로 수업이 진행되고 교사는 안내자, 보조자, 지원자로서의 역할을 맡게 되며, 국가와 사회는 교사와 학생이 학교에서 원활하게 활동하면서 즐겁고 행복한 시민으로 성장할 수 있도록 돕는 데 최선을 다하도록 요청받고 있다. 더 이상 국가를 위한 개인은 없다. 개인의 행복과 성장을 돕는 국가와 사회만이 존재할 수 있고, 존재할 가치가 있는 시대가 되었다.

배우려고 하지 않는 한
누구도 가르칠 수 없다

학습의 주체는 학생이다! 학습이란 개개인이 삶의 여정에서 발생하는 상황에 대응하기 위해 필요한 지식, 정보, 기술을 습득하고, 실천 역량과 사회적 관계 역량을 기르는 과정을 통해 자기 삶을 독립적으로 살아가는 주체로 성장해가는 과정이다. 근대 계몽주의는 인간의 합리적 이성과 과학적 진리의 객관성, 절대성에 대한 과도한 믿음을 기반으로 하여, 인간의 학습을 객관화된 기계적 과정 혹은 통제하고 조종할 수 있는 과정으로 대상화했다. 근대적 계몽주의의 이상은 절대적 진리를 찾아 누구나 이 진리에 복무하도록 개종하는 것이었다. 테일러의 표현을 빌자면 "유일하게 최선인 방법(The best way)"을 찾아서 과학적으로 관리하면 최선의 행복한 상태에 이를 수 있다는 신념으로 충만했다. 하지만 세상에는 어디에나, 누구에게나 적용할 수 있는 가장 최선인 단 하나의 방법은 존재하지 않는다. 개개인에게는 각자의 행복이 있고, 개별적인 소질과 재능에 따라 각자가 가장 선호하는 방식이 있을 뿐이다.

따라서 근대적 계몽주의에 깊게 세뇌된 사람들, 통제와 지시에 익숙한 사람들은 '자신들이 의도하고 체계적으로 기획하여 과학적 방식을 따라 실행하면 무엇이든 의도와 계획대로 관철된다'는 환상을 갖고 있다. 근대학교 역시 학생들을 모아놓고 과학적 방법을 활용하여 가르치면, 학생들은 당연히 배운다고 전제한다. 하지만 인간은 절대 수동적인 그릇이나 은행의 예금통장이 아니다. 인간은 주체적이고 적극적으로, 자신의 의지로 활동하는 사회적 존재다. 본인이 배우려고 하지 않는 한 누구도 그를 가르칠 수 없다. 강제로 가르치려고 하면 오히려 부작용이 발생하고, 심지어 전혀 다른 것을 배우기도 한다. 근대학교의 일방성과 강제성에 대해 프랑스의 인지철학자 미셸 세르는 다음과 같이 일갈했다. "사람들은 가르치는 일이 자연스럽게 배우려는 수요를 창출한다고 여겼다. 그렇다보니 가르치는 일을 하는 교사들은 학생들의 배우려는 동기, 학생들의 학습 선택권, 수업에 대한 의견 등에 귀를 기울이지 않는다. 그들은 지식이 책 속에 저장되어 있어서 교사가 읽고 가르치면 곧바로 학생들에게로 지식이 전달된다고 생각한다. 학교와 교사들은 '학생들은 조용히 하고 내 말을 들어라, 내가 허락하면 너는 말하고 읽을 수 있다'고 말한다. 옛날부터 지금까지, 학교에서 가르치는 것들을 정말로 배우기 원하는지 학생들에게 아무도 묻지 않았다."[65]

근대학교에서는 학생 자신의 관심과 흥미는 중요하지 않으며, 국가와 산업이 결정한 내용을 학생들이 제대로 이해하고 기억하는지의 여부가 더 중요하다. 학생들은 국가와 산업의 대리자인 학교와 교사가 명령하는 대로, 한 교과에서 다음 교과로, 한 교실에서 다음 교실로, 한 학년에서 다음 학년으로 정확하게 움직이는 것이 중요하다. 파울루 프레이리(Paulo

Freire)는 근대학교의 이와 같은 특징을 지목하여 "은행예금식 교육", "학생을 지식을 담는 그릇으로 취급하는 교육"이라고 신랄하게 비판하면서, 근대학교는 교육이라는 이름으로 아동을 길들이기 위해 비인간적인 수단을 무수히 동원했다고 말한다.[66]

근대학교는 증기기관으로 대표되는 동력을 활용하여 이전 시대와는 비교할 수 없이 대량의 책들을 보급할 수 있는 기계화된 인쇄술의 시대에 도입되고 운영되었지만, 여전히 지식과 기술이 희소한 시대를 배경으로 운영되었다. 한편으로는 희소한 지식과 기술을 최대한 효율적으로 전달하기 위해 체계적이고 합리적으로 조직된 교육과정이 필요했고, 다른 한편으로는 중세와 비교해서 폭발적으로 증가한 지식과 기술 중 근대적 산업체에서 노동자로 활동하는 데 필요한 지식을 엄선한 교육과정이 필요했다. 이 과제를 국가가 나서서 해결하려는 시도가 국가 교육과정이 도입된 배경이다. 따라서 계몽주의적 이성의 구현체인 국가가 결정한 국가 교육과정은 신성한 것으로 받아들여져야 하며, 개인은 국가 교육과정을 통해 하찮은 개인에서 국가와 산업을 위해 봉사할 수 있는 인재로 거듭나 신성한 임무를 수행하는 영광을 안게 된다.

국가가 공인한 신성한 복음과 같은 국가 교육과정을 전달하는 시대적 임무를 맡은 교사들에게는 학생들이 감히 범접하거나 무시할 수 없는 권위가 부여되고, 학생들은 그 권위를 인정하고 수용해야 했다. 반면, 학생은 그보다 하찮은 존재이고, 교사와 학교, 나아가 국가와 산업이 부과한 과정을 따라올 수 있는 능력이 있는 경우에만 학교로부터 인정받을 수 있었다. 학생 개개인의 관심과 흥미, 소질과 재능은 전혀 고려의 대상이 될 수 없었다. 국가와 산업은 개인의 행복을 위해 작동하지 않고, 학교와 교사도 개개인을 배려하면서 운영될 수 없었다.

하지만 학습 과정은 매우 능동적인 활동이며, 대상을 향한 적극적 관계 맺기다. 수동적인 자세로 주어진 과제를 습득해야 하는 상황은 학습이 일어나기 매우 어려운 환경이며, 학습이 강요된 환경에서 학생은 오히려 학습에 대한 혐오와 반감을 갖게 된다. 최근 우리는 '교실 붕괴', '교권 실추', '잠자는 교실', '중2병'과 '대2병'의 출현, 학생들의 자살, 극도의 불안과 우울을 경험하는 학생이 증가하는 추세를 목도하고 있다. 이런 현상에는 다양한 원인이 있겠지만, 학습과 관련하여 일방적으로 강요된 교육을 받아야 하는 상황에 처한 학생들의 저항과 좌절의 산물이라는 측면을 무시할 수 없다.

　　특히 최근 우리가 경험한 자유학기제, 거꾸로 교실, 혁신학교 등에서 주체적 참여와 능동적 학습활동이 허락되었을 때 학생들이 보이는 적극성, 협력성, 사회성, 학습효과 등은 학생들이 자신의 관심과 흥미, 참여와 협력을 허용하는 주체적 학습과정을 얼마나 요청했는지 확인할 수 있는 계기가 되었다. 포노 사피엔스들은 인터넷과 스마트 기기를 통해 스스로 모든 것을 찾아내고 활용할 수 있는 인간으로 업그레이드되었다. 그들은 디지털 네트워크 속에서 스마트 기기를 타고 스스로 조종사가 되어 적극적으로 활동한다.

　　그동안 학교 교육을 국가와 학교가 주는 시혜로써 수용하도록 학생들을 강제했다. 하지만 자유학기제에서 학생들이 자신들의 관심과 흥미를 찾아 관련된 경험을 통해 스스로 배우고, 그 과정을 성찰할 수 있도록 안내하자, 학생들은 그동안 찾아볼 수 없던 적극성과 협력 역량을 보여주었다. 자유학기제는 시행 초기에 많은 관련자들로부터, 특히 학부모로부터 우려와 반대가 있었음에도, 채 1년이 지나지 않아 학생들뿐만 아니라 학부모, 교사들로부터도 적극적인 지지를 받아 지속적인 프로그램으로 정착했다. 그 핵심에는 '학습의 주체로서 학생을 프로그램의 중심'에 두었기 때문에 학생의 자발성을 이끌어 낼 수 있었던 결과라고 생각한다.

최근에 여론의 관심이 집중되고 있는 '거꾸로 교실'은 혁신적인 교사들이 학생들의 학습 효과성을 높이고 수업 집중도를 향상하기 위해 고안한 교수법으로 많은 학교에서 도입하여 활용하고 있다. 거꾸로 교실이 학생들의 높은 참여와 좋은 성과를 거둘 수 있는 원리도 학생들이 학습 과정에서 스스로 학습하고 주인으로 참여하기 때문이다. 그러면서 친구들과 협력하여 결과를 확인하고, 성찰적으로 자신을 뒤돌아볼 수 있도록 자극한다. 거꾸로 교실 수업은 이미 결정된 내용을 학습해야 한다는 측면에서 학생을 학습의 주체로 세우는 측면에 있어 제한적이지만, 그래도 학습 과정에서 학습자 주도성을 보장하는 혁신적인 교수법 중 하나다.

최근에 문을 연 '거꾸로캠퍼스'와 혁신적인 대안학교에서는 국가가 정한 국가 교육과정이 아니라, 학생이 주도하고 교사와 학부모가 참여하여 결정한 교육과정을 중심으로 학생들이 능동적으로 학습 과정을 주도하는 교육 시스템을 운영한다. 극단적인 사례이긴 하지만, 대안학교의 효시와 같은 영국의 서머힐 학교에서는 학습 내용뿐만 아니라 학습을 언제, 어떻게 시작할지도 학습자가 결정하는데, 이 경우 학생들의 학습 속도, 학습 수준, 학습 집중도 등은 일반 학교의 수업과는 비교할 수 없는 수준에 이른다. 서머힐에서 학생들은 영어도, 프랑스어도, 수학도, 역사도, 패션도, 목공도, 피아노도, 테니스도 스스로 배우겠다고 결심하고 배우기 시작한다. 교사는 학생들이 배우려고 할 때 잘 배울 수 있도록, 하지만 자신의 방식과 속도에 맞게 배울 수 있도록 옆에서 도울 뿐이다. 항상 학생이 주인이다. 학습은 학습자가 배우려고 마음을 내었을 때만 발생하는 과정이기 때문이다.

나는 한 국립대학의 사무국장으로 근무하면서, 한 건축과 교수님으로부터 최근 자신이 어떻게 수업을 바꾸었는지에 대해 들을 기회가 있었다. 교수님은 20년 이상 학생들을 가르치면서 학생들에게 좋은 강의로 기억되는 수업을 많이 수행하셨고, 여러 번 '우수 강의상'을 받으셨기 때문에 스스로 자신의 강의에 대한 자부심이 강했다. 그런데 자신은 그토록 열심히 가르쳤는데, 다음 학년에 올라간 학생들이 자신의 수업 내용을 거의 기억하지 못하거나 제대로 활용하지 못하는 경우를 많이 보게 되었다. 고민 끝에 5년 전부터는 교수로 임용된 이후 20년이 넘도록 수업의 금과옥조로 여겨왔던 원칙들을 버리고, 세 가지를 하지 않기로 결심했다. 즉, 교수 주도로 강의하기, 한 학기 5권의 관련 도서를 읽고 독서록 제출하기, 그리고 학생들이 발표할 때 지적하는 것을 하지 않기로 한 것이다.

대신 그 교수님은 한 학기 동안 다루어야 하는 핵심 주제를 주별로 제시하고, 관련된 내용을 학생들이 팀별로 조사·분석하여 발표하도록 했다. 학생들이 팀별 발표를 듣고 서로 질문하고 함께 토론하도록 수업을 조직했다. 학생들의 변화는 놀라웠다. 일단 수업 중에 졸거나 한눈을 파는 학생이 없어졌다. 학생들의 발표 수준은 교수님이 일방적으로 강의하던 내용보다 더 다양하고 풍부했으며, 미처 생각지도 못한 주제와 과제에 대해서도 학생들은 생각하고 토론했다. 더 놀라운 일은 학년이 올라갈수록 학생들이 해당 수업에서 활동한 내용들을 지속적으로 심화시켜가는 적극적인 모습을 보였다는 점이다. "그동안 나는 많은 것을 가르치려고 20년 넘게 애써왔는데, 학생들이 스스로 배우도록 격려하니까 내가 가르친 것보다 훨씬 더 많은 내용을 더 깊이 있게 배우더라고요!"

교수님이 지난 5년간 깨달은 바를 전국적으로 실천하고 있는 나라가 있다. 지난 20년간 교육 강국으로 확고히 자리 잡은 핀란드는 OECD 국가 중 학생들의 연평균 수업 시간이 가장 짧은 나라에 속하고, 학교에서 보내는 시간이 가장 적은 나라에 속한다. 핀란드 교육은 '적게 가르칠수록 아이들은 많이 배운다'는 신념에 기초하고 있다. 왜 그런가? 교사가 많이 가르치겠다고 욕심을 부리면, 학생들이 주도적으로 계획하고 독립적으로 실행하면서 성찰적으로 돌아볼 여유를 빼앗아버리는 꼴이 된다. 학생들은 교사들이 참고 멈춘 그 자리에서 자신들을 위한 공간과 시간을 확보한다. 교사가 학생들이 스스로 점검하고 함께 협력하여 문제를 해결하고, 의도를 현실로 구현할 수 있도록 여건을 조성하고 지지하면서 배려하는 역할에 충실할 때, 학생들은 스스로 학습하는 주체로 탄생하기 때문이다.

이제 우리는 그동안 깊게 믿고 오랫동안 고집해왔던 근거 없는 가정을 버려야 한다. '교사가 가르치면 학생은 배운다'는 관념은 허상이라는 사실을 깨달아야 한다. 교육보다 학습이 더 근본적이라는 점을 직시해야 한다. 따라서 학교의 중심, 수업의 중심, 학습의 주도자, 교육과정 편성과 운영의 핵심에 '배움의 주체인 학생'을 두어야 한다. 학생은 작은 어른이 아니다. 무지와 몽매에 빠진 계몽의 대상도 아니다. 학생은 스스로 자신의 삶을 주도적으로 영위하기 위해 배우면서 성장하려는 학습의 주체다.

학습은 소통과 공유, 협력과 조정을 통한
지식 창조의 과정이다

근대학교의 구성 원리와 수업 원칙, 교사와 학생의 관계, 학교 내 관계 맺기는 철저히 인쇄-지식과 종이책에 객체화된 지식을 효율적으로 전달하려는 목적을 중심으로 이루어졌다. 따라서 교실 공간은 교사, 교단과 교탁을 중심으로 설계되었고, 수업은 학생들 모두 교사를 향해 앉아교사의 지식전달 의식을 경건한 자세로 경배하도록 구성된다. 근대학교의 수업은 일방적인 관계의 강요다. 교사는 무조건 가르치고, 학생은 닥치고 배워야 한다.

근대학교의 권위적 공간구성, 지배적이고 강제적인 교사 – 학생 관계, 일방적 수업은 지식과 정보, 기술이 매우 희소한 자원이었던 전근대 농업사회와 근대 산업사회의 경험에 기초하고 있다. 권력과 부를 뒷받침해주는 지식과 정보, 기술을 공유해주는 사람은 세상에서 자신의 일상생활과 목숨을 유지하도록 도와주는 사람과 같았다. 그래서 중세시대의 교사는 왕이나 부모 등과 같은 절대적인 권위를 인정받을 수 있었고, 한국에서 익숙하게 설교되었던 '군사부일체(君師父一體)'라는 표현도 전통사회의 지식정보 환경을 반영한 것이라고 할 수 있다.

근대 산업사회에서는 인쇄술의 발달로 지식과 기술이 상대적으로 저렴한 재화와 쉽게 구할 수 있는 서비스로 전환되었기 때문에, 예전과 같은 교사의 권위는 더 이상 유지될 수 없었다. 그래서 근대 산업사회에서 교사는 많은 직업 중 조금 더 권위를 인정받는 정도로 대우받았다. 지식과 정보, 기술을 언제 어디서나 무료로 접할 수 있는 디지털 네트워크 지식정보 사회에서는 이를 전달하는 교사들이 전통사회나 산업사회의 교사들과 같은 수준의 권위를 인정받을 수는 없다. 최근의 교권 추락 현상은 너무도 달라진 지식정보 환경 때문이기도 하므로, 예전과 같은 권위를 인정받는 교사상을 다시 구현하려는 시도는 가능하지 않다. 게다가 최근의 디지털 네트워크를 통해 얻을 수 있는 지식과 정보는 멀티미디어 형식을 취하고 있어서 찾기도 쉽지만, 직접 보고 들을 수 있으므로 이해하고 따라 수행하기가 매우 쉽다. 이 또한 근대학교에서 교사들이 수행했던 역할의 축소를 초래하는 요인이 되고 있다.

오히려 최근에 바람직한 교사상으로 논의되는 자질을 보면, 지식과 정보를 전달하고 가르치는 권위자로서의 역할보다는 학생과 함께 학생들의 학습과 체험을 지지하고 도와주는 안내자(guide), 학생의 학습을 함께 설계하고 체험을 기획하는 코치, 혹은 자신의 경험을 공유하고 학생의 경험에 대해 조언해주는 멘토의 역할을 더 중요하게 여긴다. 이제 교사와 학생의 관계는 전달과 수용의 관계가 아니라 지원과 공유를 통해 함께 성장하는 상호작용적 관계로 전환되었다. 특히, 디지털 네트워크 속에서 지식과 기술을 공개하고 공유하면서 소통하는 과정을 통해 배우는 포노 사피엔스들에게 교사와 학생의 관계는 유동적이고 수평적인 상호작용을 통해 상승작용을 할 수 있는 동반자적 관계로 인식되고 있다.

이들의 문화는 수평적이고 상호적인 경향을 강하게 띠고 있다. 이들은 태어나면서부터 디지털과 네트워크, 스마트 기기를 통해 나이나 지위에 따른 상하관계보다는 서로의 필요와 소통적 관계에 따라 사회적 관계를 맺는 경험을 쌓으며 성장했다. 예를 들어, 그들은 네트워크 게임에서 팀을 구성하여 게임에 참여할 때 팀장이나 팀 내 역할을 나이나 사회적 지위, 직업에 따라 결정하지 않는다. 나이나 지위와는 아무 상관없이 각자의 게임 수행 역량과 전문 역할에 따라 팀을 구성하게 된다. 팀장은 중학생, 팀원들은 30대 회사원, 20대 대학생, 초등학생 등등으로 다양하게 구성될 수 있다. 이들은 자신의 역량과 역할에 의해서만 팀 내 지위를 결정한다. 포노 사피엔스들은 수평적, 공유적, 경험적 관계 맺기에 매우 익숙한 것이다. 따라서 교실에서 교사와 학생의 관계도 학생들의 일상적 경험과 지역사회 활동, 디지털 네트워크상의 경험에 의해 영향받게 된다.

포노 사피엔스들은 일방적으로 지식을 전달하는 교사를 좋아하지 않고, 그들과 밀접한 관계 맺기도 거부한다. 이들에게 있어 학습의 출발은 국가 교육과정이나 교사의 수업 계획이 아니라, 자신들의 관심과 흥미여야만 한다. 포노 사피엔스들의 학습을 지속시키는 기반은 지속적인 숙제나 시험의 압박이 아니라 자신이 지닌 소질과 재능이며, 학습을 창출하는 환경은 교사, 교단, 교탁, 교과서로 이루어진 독점적 통제 공간이 아니라 소통과 공유, 조정과 협력의 과정을 촉진하는 네트워크 플랫폼이다.

포노 사피엔스의 학습은 상하좌우, 전후 내외를 가리지 않고 종횡으로 펼쳐져 나간다. 학교 내에만 머물지도 않고, 국내에 한정되지도 않는다. 이들의 학습은 교사에 의해 전달되는 지식과 기술을 통해 사회화되는 과정이라기보다는, 오히려 사회적 관계 맺기를 통해 얻는 지식과 기술을 공유하고 소통하며 상호협력하고 충돌과 긴장을 조정하는 과정을 통해 스스로 '개인화'하고 '주체화'하는 과정이다. 그동안 교육학에서는 사회화 과정을 중시해왔지만, 비고츠키(Lev Vygotsky)는 교육을 인간이 성장하는 과정에서 사회적인 것을 받아들여 그것을 개인화하고 주체화하는 과정임을 강조했다.[67] 이제 우리는 개인화하고 주체화하는 과정인 학습을 중심으로 학교를 새롭게 디자인해야 한다.

6

지식 주입 교육에서
실천 역량 학습으로

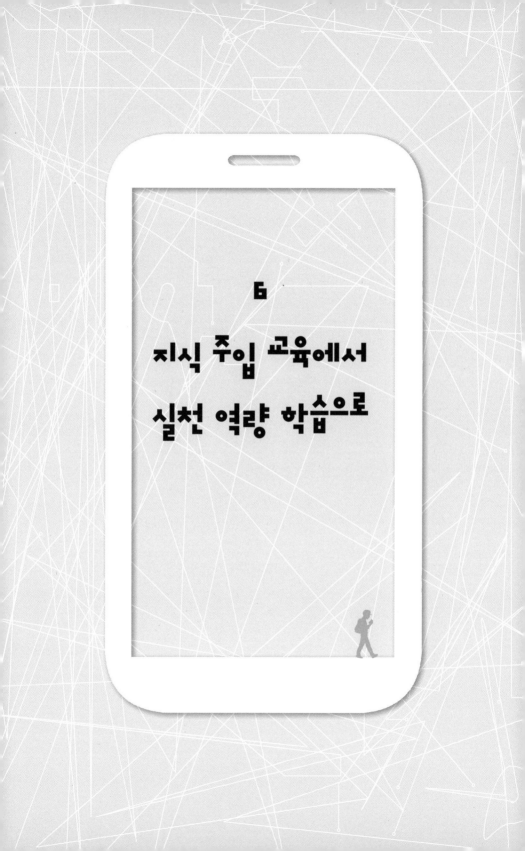

학교에서 가장 하지 말아야 할 일

근대학교에서 교육이란 정해진 지식 내용을 잘 전달받아 기억하고 유지하며, 필요할 때 그 지식을 머리에서 소환해서 활용할 줄 알도록 훈련시키는 과정으로 설계되었다. 우리가 학교에서 무수히 수행했던 외우기, 깜지 쓰기, 퀴즈 맞추기, 문제 풀기나 교과서 내용을 반복해서 쓰기 숙제, 그리고 지겹도록 많았던 월말고사, 중간고사, 기말고사, 학력평가, 모의고사 등등은 모두 근대학교의 지식 기억과 소환을 위한 지루한 훈련과정이었다. 따라서 학교의 핵심적인 역할은 학생들에게 최대한 많은 지식과 정보를 전달하는 것이라고 여겼다.

물론 근대 산업사회에 진입하면서 학교를 통해 과학적, 객관적 지식을 전달하고 기억하게 하는 임무를 중심으로 설계한 과정은 혁신적인 시도였다. 근대 이전의 사회에서 종교 교육이나 경전 암송 교육, 혹은 신분이나 경제적 처지에 기초해 특정한 기술을 강제로 부과하던 교육훈련에 비해 근대의 대중적 학교는 산업사회의 지배적 계급으로 부상한 부르주아의 과학적 지식, 근대적 합리성을 갖춘 객관적 지식을 노동자 계급을 비롯한 하층민에게도 제공하는 새로운 시대를 열었다. 그러나 시대가 변하고 지식과 기술이 변하면 예전의 혁신도 낡은 것이 되고, 새로운 혁신을 통해 쇄신하지 않으면 오히려 장애물로 전락하는 과정으로 이어진다. 안타깝게도 시대의 변화, 세대 교체, 지식과 기술의 변화에 맞게 혁신하지 못한 채 근대학교의 틀과 모습을 그대로 지닌 한국의 학교는 이제 교육과 사회의 장애물로 전락하고 말았다.

과학적 지식의 전달을 핵심 목표로 하는 근대학교에서 교사의 역할은 당연히 국가가 권위를 부여한 지식들로 구성된 국가 교육과정을 학생들에게 잘 전달하는 일로 규정된다. 교사는 일종의 도관(導管)이다. 상수도관이 상수원에서부터 각 가정으로 정수된 물을 전달하듯, 교사들은 국가 교육과정이라는 수원지에 저장된 물을 학생이라는 개별 가정으로 흘려보내는 역할을 한다. 따라서 근대학교에서 교사에게 요구되는 전문성과 역량은 교과 내용을 잘 이해하며 많은 학생에게 가장 효율적으로 지식을 전달하는 방법을 숙지하고 제대로 실행할 줄 아는 능력이다. 근대학교의 교사는 학생에 대한 이해, 학생에게 학습 동기부여하기, 학생 스스로의 실행력 향상, 핵심 역량 함양, 실제 상황에서의 응용력 제고 등에 대해서는 별로 관심이 없고, 그것들은 고작해야 부차적인 것들로 간주된다.

미래학자 버크민스터 풀러(Buckminster Fuller)는 인류의 지식이 1900년까지는 매 100년마다 두 배로 증가했는데, 1945년경까지는 매 25년마다, 그리고 현재에는 거의 매년 두 배로 증가하고 있고, 2030년 이후에는 매 3일마다 인류 지식의 총량이 두 배로 증가할 것이라고 예측했다. 이처럼 지식과 정보가 무한대로 팽창하고, 삶의 모습은 시시각각으로 변화하는 현대사회에서 학교와 교사가 지식과 정보를 전달하는 역할을 제대로 수행할 수 있을까? 설령 빠르게 증가하는 지식과 정보를 전달할 수 있다고 한들 그것이 현대사회에 꼭 필요한 일일까? 탈근대사회, 디지털 네트워크 지식정보 사회가 된 지금, 근대학교에서 교사들이 부여받았던 지식 전달이라는 역할이 무슨 소용이 있는가? 현대사회에서 지식과 정보는 무한해졌으며, 언제라도 필요하면 바로 소환할 수 있는 네트워크와 스마트 기기들이 일상생활 속 곳곳에 비치되어 있다. 더 이상 더 많은 지식과 정보를 기억하고 소환하는 일에 시간을 소비할 필요가 없어졌다.

이제 학교와 교사는 무엇을 해야 하는가?

밀레니얼 학교의 임무,
실천 역량 키우기

유발 하라리는 《21세기를 위한 21가지 제언》에서 "근대학교의 모습을 그대로 유지하고 있는 현재의 학교들이 학생들에게 여전히 더욱 더 많은 지식과 정보를 전달하려고 안간힘을 쓰고 있다"고 지적하면서, "교육이라는 이름으로 가장 하지 말아야 할 일은 더 많은 지식과 정보를 학생들의 머릿속에 집어넣기 위해 애쓰는 일"이라고 일갈했다. 그러면서 그는 거의 무료로 언제나 제공되는 무수한 지식과 정보를 활용해서 미래를 향한 큰 그림을 그릴 수 있는 상상력과 창의적 역량이 더 중요한 시대가 되었다고 강조했다.

이제 현대학교는 무엇을 해야 하는가? 이 문제에 대해 지난 30여 년간 유럽 국가들과 OECD 회원국을 중심으로 다양한 논의가 진행되어 왔다. 그중 가장 먼저 발표된 핵심역량 정의를 위한 프로젝트인 '데세코 프로젝트(DeSeCo Project)'와 최근 발표한 〈OECD 교육비전 2030: 교육과 기술의 미래(The Future of Education and Skills: Education 2030)〉에서 제시한 역량교육의 필요성을 살펴보자. 두 보고서 모두 이제 지식, 정보, 기술의 전달과 학습에 치중하는 교육은 충분하지도, 바람직하지도 않다고 강조한다. 또, 개인적인 측면과 사회적인 측면에서 제기되는 문제에 적절히 대응하면서 지속 가능하고 행복한 삶을 영위하기 위해서는 핵심역량을 제대로 함양할 수 있도록 해야 한다고 말한다.

미래사회를 대비해 함양해야 하는 핵심역량은 어떤 것들인가? 〈데세코 프로젝트 보고서〉는 세 가지 핵심역량(자율적 행동 역량〈act autonomously〉, 사회적 관계 역량〈interacting with heterogenous groups〉, 평생학습 역량〈Use tools interactively〉)을 제시했고, 〈교육비전 2030〉은 새로운 사회를 만들기 위해 필요한 전환적 실천 역량 세 가지(새로운 가치창출 역량〈creating new values〉, 갈등과 딜레마 대응 역량〈reconciling tensions and dilemmas〉, 책임 있는 행동 역량〈taking responsibility〉)를 추가로 제시했다. 여섯 가지 역량을 살펴보면, 우리가 일상에서 습득하는 지식정보와 기술을 활용하여, 어떻게 개인의 삶과 공동체의 삶을 지속 가능하고 건강한 상태(well‒being)로 유지할 것인가와 관련된 역량이라는 점을 알 수 있다. 즉, 역량은 개별적인 사실, 정보, 지식, 기술, 기능의 습득을 넘어서는 사람의 실천 능력, 생활 능력, 그리고 사회적 활동 능력 등을 의미하는 매우 실제적인 개념이다.

골린코프(Roberta M. Golinkoff)와 허쉬‒파섹(Kathy Hirsh‒Pasek)은 《최고의 교육》에서 "21세기를 살아가는 밀레니얼 세대와 그 자녀들을 위한 교육은 더 이상 지식과 정보에 집착해서는 안 된다"고 강조하면서, 지금의 학생들이 학교에서 함양해야 할 6가지 핵심역량을 제시했다. 그들이 제시한 6가지 핵심역량은 협력(cooperation), 의사소통(communication), 콘텐츠(contents), 비판적 사고력(critical thinking), 창의적 사고(creative thinking), 자신감

(confidence) 등이다. 특히, 여기서 우리가 주의해야 할 것은 이들이 콘텐츠를 핵심역량에 포함시켜 논의하고 있지만 학습 내용, 즉 콘텐츠는 5가지 핵심역량과 밀접하게 결합되어 학습이 설계되고 실행되었을 때만 의미가 있다는 점이다.

학교 교육과정과 수업이 실천역량 학습 중심으로 재설계되어야 한다는 주장에 대해서는 '지식과 기술을 무시한다'는 반론이 있다. 하지만 이런 비판은 의미 없는 대립 구도라고 생각된다. 실천역량은 당연히 지식과 기술에 기반할 때만 효과적으로 수행된다. 잘못된 지식과 정보, 정확하지 않은 기술로 실행한다면 현실에서는 당연히 실패에 직면할 것이다. 학생들이 실천역량 중심으로 학습을 구성해가는 과정은 당연히 적합한 지식과 정보를 찾고 활용하면서 목적한 바의 문제를 창의적으로 해결해 나간다는 의미다. 따라서 실천역량 학습이 자칫 지식과 기술의 중요성을 무시한다는 비판은 잘못된 대립 구도라고 생각된다. 우리는 주변의 많은 사례, 가령 거꾸로캠퍼스, 실천적 대안교육, 거꾸로 수업, 프로젝트 수업, 문제해결형 수업 등을 통해 학생들이 실천역량을 발휘하는 과정 속에서 강의수업에 비해 훨씬 많은 지식과 정보를 활용하는 모습을 볼 수 있다.

우리나라 〈2015 국가 교육과정〉도 총론에서 여섯 가지 핵심역량에 대해 언급하고 우리 교육이 핵심역량을 함양하는 데 중점을 두어야 한다고 말하고 있다. 하지만 그런 관점은 총론에서 뿐이다. 교육과정 각론과 교과별 교육과정 등 세부적인 내용에서는 수업에서 다루어야 할 세세한 내용을 촘촘하게 제시하고 있어 실제 학교에서 지식과 정보 중심으로 수업이 이루어지는 결과를 초래한다. 뿐만 아니라 검정 교과서 체계와 대학수학능력시험까지 결합하게 되면, 결국 우리 학교의 교육과정은 지식과 정보 중심으로 이루어질 수밖에 없다.

콜린코프와 허쉬-파섹은 그들이 강조한 여섯 가지 역량 중에서 콘텐츠, 즉 학습 내용을 지나치게 강조하는 교육과정은 필연적으로 다른 다섯 가지 역량을 내팽개치게 한다고 우려하면서, 그런 교육은 또래들과 협력할 필요가 없게 만들며 의사소통도 불필요한 상황에 몰아넣고, 학생들을 빈칸 채우기와 답지 선택하기에만 신경 쓰는 아이들로 만들게 된다고 경고했다.[68] 마치 우리나라의 교육과정 운영실태를 분석한 언급처럼 보여 안타까울 뿐이다. 〈2015 국가 교육과정〉 총론에서 제시하고 있는 여섯 가지 핵심역량을 참고삼아 제시하면 다음과 같다.[69]

1. 자아정체성과 자신감을 가지고 자신의 삶과 진로에 필요한 기초적 능력과 자질을 갖추어 자기 주도적으로 살아갈 수 있는 자기관리 역량

2. 문제를 합리적으로 해결하기 위해 다양한 영역의 지식과 정보를 처리하고 활용할 수 있는 지식정보 처리 역량

3. 폭넓은 기초 지식을 바탕으로 다양한 전문 분야의 지식, 기술, 경험을 융합적으로 활용하여 새로운 것을 창출하는 창의적 사고 역량

4. 인간에 대한 공감적 이해와 문화적 감수성을 바탕으로 삶의 의미와 가치를 발견하고 향유하는 심미적 감성 역량

5. 다양한 상황에서 자신의 생각과 감정을 효과적으로 표현하고 다른 사람의 의견을 경청하며 존중하는 의사소통 역량

6. 지역·국가·세계 공동체의 구성원에게 요구되는 가치와 태도를 갖고 공동체 발전에 적극적으로 참여하는 공동체 역량

현대사회에서 지식과 정보, 기능과 기술은 디지털 네트워크상에 무수히 많고, 언제 어디서나 손만 뻗치면 곧바로 얻을 수 있는 상황에서 살아

가는 포노 사피엔스들에게 근대학교가 교육의 중심에 두었던 지식정보와 기술, 기능의 전달은 무의미하다. 이제 포노 사피엔스들에게 필요한 학교는 주변에 거의 무한대로 흩어져 있는 지식정보와 기술을 소재로 하여 '무엇을 어떻게 실천할 것인가'에 관한 이야기를 함께 만들어가는 친구들, 그리고 이 과정을 돕는 교사가 함께하는 학교다. '무엇을 어떻게 실천해야 하는가'와 관련된 인간의 능력을 우리는 실천 역량이라고 한다. 포노 사피엔스 학교에서는 왜 지식정보와 기술의 전달이 아니라, 실천 역량 함양으로 전환되어야 하는지 좀 더 깊이 살펴보자.

1) 역량학습은 교육의 본질적 목적에 가장 잘 부합한다

부모는 자녀들이 독립된 인격체로서, 당당한 사회의 일원으로서 행복하게 살아갈 수 있는 실천적 역량을 길러주는 데 우리의 학교 교육이 매우 부족하다는 사실을 느끼고 있을 것이다. 뿐만 아니라 한국의 부모들은 아이들이 성인으로서, 우리 사회·경제의 중심 주체로서, 그리고 향후 남북통일을 달성하고 미래사회를 민주적이고 즐겁고 행복한 사회로 만들어갈 수 있도록 준비시키지 못하고 있다고 느낀다. 그래서 불안해진 학부모들은 아이들이 당장의 경쟁에서라도 앞서기를 바라고, 자신들이 살아온 과정처럼 '학교에서 더 많은 지식과 정보를 습득하도록 지원해주면 잘 되지 않을까' 하는 막연한 기대로 엄청난 돈과 시간, 에너지를 지식 중심의 학교 교육과 지식 외우기 사교육에 투자하고 있다.

그러면 본디 교육이란 어떠해야 할까? 교육의 본질적 임무는 무엇이고, 우리가 '학습을 한다'는 것은 무엇을 위한 행위일까? 한국 교육학의 원로이신 정범모 박사는 "학습자에게서 바람직한 변화가 일어나도록 돕는 계획적 행위"를 교육이라고 정의했다. 미국의 민주주의 대중교육의 태두인 존 듀이(John Dewey)는 "교육은 학습자가 경험을 통해 세계와 자신을 이해하고, 세계 속에서 실행되는 자신의 경험을 반성적으로 성찰할 수 있는 힘을 길러주는 활동"이라고 정의했다.

나는 여기서 우리가 전통적으로 교육과 학습에 대해 생각했고, 또 자녀를 학교에 보내는 부모들이 가장 근본적으로 바랄 것이라고 생각되는 세 가지를 교육의 가장 본질적인 임무로 제시하려고 한다. 나는 교육의 본질적 임무와 학습의 기본적 목표는 배우고 학습하는 사람들이 첫째, 독립적 존재로서 자아정체성을 확립하고 높은 자존감을 지니며 둘째, 개인 간 그리고 집단 간에 적절한 사회적 관계를 형성하고 셋째, 변화하는 사회와 자신을 반성적으로 성찰하면서 삶의 과정에서 요청되는 다양한 지식, 기술과 정보를 습득하고 활용할 수 있는 실천 역량을 키울 수 있도록 돕는 일이라고 생각한다. 즉, 교육은 한 개인이 독립적 주체성, 사회적 관계성, 그리고 생성적 실천성이라는 세 가지 영역에서 지속 가능한 행복을 추구하는 힘을 길러주는 과정이라고 할 수 있다.

이와 같은 교육의 본질적 임무와 학습의 기본 목표를 가장 잘 표현한 문장이 《논어》의 제일 첫머리 〈학이〉편의 첫 문장이다. 반면에 《대학장구》 첫머리의 대학 3강령과 《중용》의 첫 문장은 교육의 본질적 임무를 가장 정제된 형식으로 표현한 명구들이라고 생각한다.

學而時習之 不亦悅乎(학이시습지 불역열호)　　　　(반성적 성찰과 평생학습 태도)

有朋自遠方來 不亦樂乎(유붕자원방래 불역락호)　　(사회적 연대성과 더불어 살기)

人不知而不慍 不亦君子乎(인부지이불온 불역군자호) (자아정체성과 자존감, 자긍심)

《논어》 〈학이〉편

211

大學之道 在明明德(대학지도 재명명덕)　　　　(자아정체성과 자존감, 자긍심)

在親民(재친민)　　　　　　　　　　　　(사회적 연대성과 더불어 살기)

在止於至善(재지어지선)　　　　　　　　(반성적 성찰과 평생학습 태도)

《대학》

天命之謂性(천명지위성)　　　　　　　　(개개인의 독자성, 주체성)

率性之謂道(솔성지위도)　　　　　　　　(사회적 관계, 함께 가기)

修道之謂敎(수도지위교)　　　　　　　　(성찰과 학습, 평생학습)

《중용》

　약간의 설명을 덧붙이자면, 교육은 학생 개개인의 유일성과 독자성을 존중하고 자신의 존재 자체에 대한 긍정과 자부심을 가질 수 있도록 돕고, 다른 사람이 알아주지 않아도 화내지 않는 상태, '천상천하를 통틀어 자신은 세상에 유일하고 존엄하다'는 진리를 체득하여 자기 삶의 주인공이 되도록 도와야 한다(人不知而不慍 不亦君子乎; 明明德). 또한, 교육은 자존감 높은 개인들이 오만과 독선에 빠지지 않고 주변과 이웃, 친구와 다른 집단에 대해 관용의 정신을 지니고 서로 연대하여 함께 더불어 살 줄 아는 공감력과 소통력을 갖도록 돕는다(有朋自遠方來 不亦樂乎; 親民). 나아가 교육은 변해 가는 사회·문화적 맥락과 자기 자신의 정신적·신체적 변화를 적극적으로 받아들이고, 사회와 자신의 삶을 반성적으로 성찰하며 새로운 지식과 기술을 열린 자세로 배우고 익힐 수 있는 태도와 역량을 기른다(學而時習之; 止於至善). 이상의 세 가지 활동이 교육의 본질적 목적이라고 할 수 있다.

　사람은 저마다의 소질과 재능을 타고 난다. 굳이 가드너(Howard Gardner)의 다중지능 이론[70]을 언급하지 않아도, 사람들이 얼마나 다양한 소질과 재능을 지니고 있는가는 일상적으로 찾아볼 수 있다! 타고난 소질과 재능을 성품이라고 할 수 있다(天命之謂性). 사람마다 타고난 성품을 찾아내고, 알아보고, 그것에 따라 자신의 삶을 이끌어 가는 것을 '길을 낸다(道)'고 할 수 있다. 우리가 새로운 물건을 얻게 되면 그것의 객관적 쓰임새도 중요하지만, 나와 호흡을 맞추고 손에 익숙해져야 한다. 그렇게 만드는 과정을 우리말로 '길을 낸다'고 표현한다(率性之謂道). 길은 장자가 표현했듯이 "물이 흘러가듯 자연스럽게 형성되는 것이요, 사람들이 자꾸 지나다녀 어느덧 자국이 남아 형성되는 것"이다. 길을 가는 것은 결국 길동무, 동반자를 만나는 과정이며 이는 곧 친구를 사귀고 주변과 소통하면서 가는 길이고, 새로운 것을 배우고 닦는 길이다(脩道之謂敎). 이는 《논어》에서 말하는 벗을 사귀고 즐겨 배우는 것이며, 《대학》에서 말하듯 사람들과 가까이 하고 끝없이 최선을 추구하는 일과 통하는 것이다.

위에서 언급한 〈데세코 보고서〉는 교육의 본질적 임무가 무엇인지에 대해 1998년부터 5년간 OECD 회원국들이 참여하여 진행한 연구 프로젝트의 최종 결과보고서[71]다. 최종적으로 교육의 본질적 임무를 실천역량의 함양으로 정의하고, 다음과 같은 세 가지 역량을 그 핵심으로 제시하여 세부 내역을 설명했다. 간략히 부연하여 설명하면, 첫 번째 항목인 '자율적으로 행동하기'는 《논어》와 《대학》에서 자존감과 관련된 논의와 같은 내용이다. 자신의 삶을 주체적으로 꾸려가면서 독립적 인격으로서 합당한 권리 행사와 의무 수행을 말한다. 두 번째 항목인 '다른 집단과 잘 지내기'는 《논어》와 《대학》에서 벗을 사귀고 사람과 친하게 지내는 자세와 같은 맥락이라 할 수 있다. 세 번째 항목인 '도구를 능숙하게 활용하는 역량'은 결국 언어와 문자, 지식과 정보, 기술을 새롭게 배우고 익혀 능숙하게 활용하는 능력이라고 말하고 있으므로 평생학습 역량과 같은 내용이라 할 수 있다.

1. Acting Autonomously(자율적으로 행동하기〈人不知而不慍; 明明德; 天命〉)

    A. Act within the big picture(전체적 맥락에서 행동하기)

    B. Form and conduct life plans and personal projects(생애설계와 개인
적 과제를 제기하고 수행하기)

    C. Defend and assert rights, interests, limits and needs(자신의 권리, 이
해관계, 한계와 요구사항을 방어하고 주장하기)

2. Interacting in Heterogeneous Groups(서로 다른 집단 간에 잘 지내기〈有朋自
遠方來; 親民; 率性〉)

    A. Relate well to others(다른 사람과 좋은 관계 맺기)

    B. Co-operate, work in teams(팀 속에서 일하고 협동하기)

    C. Manage and resolve conflicts(갈등을 잘 관리하고 해결하기)

3. Using Tools Interactively(도구를 능숙하게 활용하기〈學而時習之; 止於至善; 脩道〉)

    A. Use language, symbols and texts interactively(언어, 상징과 문자를 능
숙하게 활용하기)

    B. Use knowledge and information interactively(지식과 정보를 능숙하게
활용하기)

    C. Use technology interactively(기술을 능숙하게 활용하기)

최근 OECD는 〈미래비전 2030〉을 발표하며 개인과 그들이 몸담고
있는 사회적 맥락이 함께 결합되어 인간적 삶(well-being)이 지속 가능하

다고 제시하면서, 사회적 맥락에서 변혁적 역량이 강조될 필요가 있다고 언급했다. 위의 세 가지 역량과 함께 책임 있는 역할 수행하기(taking responsibility), 사회적 긴장과 딜레마에 적절히 대처하기(reconciling tensions and dilemmas), 새로운 사회적 가치 창출하기(creating new value) 등을 강조했다. 결국 실천적 역량은 개인적 차원과 사회적 차원이 함께 결합되어야 하며 통일적으로 체득되어야 함을 강조했다고 볼 수 있다.

우리 교육과 학교가 교육의 본질적 목적을 잘 수행하기 위해, 학생들이 행복한 학교생활을 하면서 동시에 자존감 높은 사람으로 성장하도록 하려면 지식 중심의 표준화된 국가 교육과정이 초래하고 있는 지나친 경쟁 중심 교육과 무한 비교하기 평가를 근본적으로 바꾸어야 한다. 배우고 가르치는 활동은 다른 사람보다 앞서기 위해서가 아니라, 스스로의 꿈을 실현하고 행복을 추구할 역량을 키우도록 주변과 협력하고 소통하면서 세계와 자신을 알아가는 과정을 통해 이루어져야 한다. 학교에서 배우고 가르치는 과정은 서로 공감하고, 서로의 다름을 인정하고 관용하며, 큰 세상의 모자이크를 함께 가꿔가는 즐거움을 느낄 수 있는 행복한 여정이어야 한다. 실천 역량 중심 교육은 교육의 본질적 목적에 충실한 교육으로 돌아가는 길에 다름 아니다.

2) 지식과 정보가 아니라, 실천 역량만이 삶의 가능성을 실현한다

세계화와 현대화는 갈수록 다양화되고 상호연결된 세계를 만들어내고 있다. 개인들이 오늘날의 세계를 잘 이해하고 적절히 대응하기 위해서는 변화하는 기술을 습득하고 범람하는 정보를 이해할 수 있어야 한다. 또한 우리는 경제적 성장과 환경적 지속 가능성 간의 균형 잡기, 경제적 풍요와 사회적 형평성 간 균형 잡기 등과 같은 집단적 문제에도 직면하고 있다. 이와 같은 맥락에서, 개인들이 자신의 목표를 이루기 위해 요구되는 역량은 더욱 복잡해지고 있으므로 좁은 의미의 기술을 익히는 것만으로는 충분하지 않다.[72]

현대 세계에서 지식과 정보는 거의 무한하다. 근대산업사회 패러다임에서는 '데이터(data)는 많고, 정보(information)는 상대적으로 적고, 지식(knowledge)은 더 적고, 지혜(wisdom)는 희소하다'는 식으로 개념화하여 지식 피라미드 그림을 그린다. 이런 지식 피라미드형 사고는 전형적인 종이 기반 인쇄-지식 시대의 사고방식이다.

디지털 네트워크 시대의 지식체계에서는 모두가 무한하다. 데이터도, 정보도, 지식도, 지혜도 모두 무한하다. 무한한 것으로부터 조합해낼 수 있는 경우의 수는 무한하기 때문이다. 이제는 사람들이 디지털 네트워크 상에 올려놓은 지식과 기술, 지혜도 무한히 많다. 그래서 수많은 데이터, 정보, 지식, 지혜들을 모아놓은 저장장치, 창고, 그것들을 담고 있는 머리 등등은 별로 소용이 없다. 무의미하다.

중요한 것은 데이터, 정보, 지식과 기술, 그리고 지혜 등등을 자신이 원하는 것들, 사람들의 삶의 현장에서 실행할 수 있는 어떤 것, 즉 이벤트, 프로그램, 활동, 플랫폼, 시스템 등등으로 엮어낼 수 있는 능력, 즉 실천 역량, 실천적 힘이다. 데이터, 정보, 지식, 지혜가 모두 정확해도 내가 지금, 여기, 우리 지역에서 무언가를 하려고 할 때는 아무 소용없는 것들일 수도 있다. 아무리 재료가 많은들 본인이 욕구를 가지고 무엇인가를 하려고 생각하지 않는다면 다 무용지물이다. 아무리 욕구와 생각이 있어도 그것들을 현실의 활동 상황에서 유용하게 쓸 줄 아는 능력이 없다면 그저 헛꿈을 꾸고 있는 것이다. 따라서 지식과 정보가 무한한 현대사회에서 중요한 것은 삶의 욕망과 실천 역량이다.

216

4차 산업혁명 시대의 지식과 정보, 기술은 매우 빠르게 변하고, 그 변화는 시간이 지나갈수록 가속이 붙는다. 끊임없이 변하는 환경 속에서 개인적인 삶과 공동체의 번영이 지속할 수 있기 위해서는 주변에 산재한 지식과 정보, 디지털 네트워크에 편재한 데이터와 기술을 활용하는 과정에서 필요한 것들을 구분할 줄 알아야 한다. 또, 효용성과 적합성을 판단하고 분석하여 자신의 활동을 위해 활용할 줄 아는 능력의 중요성이 갈수록 심화된다. 디지털 네트워크 세상에는 주어진 지식과 정보가 객관적이며 올바르다는 점을 보장하는 큐레이터나 편집자, 검열 시스템이 없기 때문이다. 이제는 많은 양의 지식과 정보, 기술 그 자체가 중요한 것이 아니라, 그것들을 체계적으로 분석하고, 창의적, 혁신적, 전환적 관점에서 활용하여 새로운 가치를 창출하기 위해 필요한 역량, 의사소통과 협력 역량, 비판적 역량, 창의적 역량 등이 중요하다. 현대 디지털 네트워크 지식과 정보의 무한한 가능성을 삶의 현장에서 실현하는 구체적 능력이 실천 역량이기 때문이다. 이제 교육과 학교는 이 핵심을 직면해야 한다.

3) 실천 역량 학습은 근본적으로 사람의 자발성에 기초한 교육이다

우리가 학생들에게 특정한 사실이나 정보, 지식과 기술을 (제한적이기는 하지만) 주입할 수는 있다. 그런데 그것들을 활용하여 새로운 가치를 창출하고 인간의 삶과 공동체의 번영을 위한 창의적인 문제해결 프로젝트를 실행할 수 있는 관심, 열정, 재능은 주입할 수 있는 성질의 것이 아니다. 인간이 주변의 문제를 주도적으로 인식하고, 스스로 그 문제를 해결하려는 욕망과 책임감을 느끼며, 열정을 높여 새로운 실천을 조직해내는 능력은 단순한 사실, 정보, 지식, 기술의 주입을 통해 이룰 수 있는 경지가 아니다.

특히 4차 산업혁명을 통해 단순한 정보와 지식, 기술을 활용하여 해결할 수 있는 작업은 자동기계, 로봇, 인공지능 등으로 빠르게 대체되고 있는 시대에 근대학교에서 중점을 두고 가르쳤던 지식 내용들은 이제 그 유용성을 상실했다. 로봇이나 인공지능과 달리 인간이 할 수 있고, 또 해야 하는 일은 주변의 상황에서 인간의 삶과 공동체 번영을 위해 해결해야 하는 문제, 충족해야 할 욕망을 찾아내고, 그 문제를 자신의 과제로 여기며, 그 과제를 해결하기 위해 창의적이고 혁신적인 도전을 수행하고, 사회를 위해 새로운 가치를 창출할 수 있는 역량이 절실한 시대가 되었다. 그리고 그런 역량을 넓고 깊게 지닌 사람들이 4차 산업혁명 시대, 로봇과 인공지능의 시대를 활기차게 살아갈 수 있는 인간일 것이다.

실천 역량 기르기의 핵심은 학생의 자발성을 촉진하고, 자신의 욕망과 타인의 욕망에 주의를 기울이며, 성찰적 사고력을 높이려는 노력이다. 미래에 잘 준비된 학생은 혁신적 변화 추구자다. 유연함, 기업가 정신, 책임감, 적응성, 혁신성, 창의성 등은 모두 실천 역량의 핵심 요소들이지만, 무엇보다 자기 주도성, 스스로 동기부여 하는 역량이 매우 중요하다. 자기 주도성과 자발성은 성찰적 사고력과 밀접히 결합되어야만 의미 있는 역량이 된다. 자기 행동의 결과를 예측하고, 자신의 사고과정과 활동을 객관화시켜 평가할 수 있는 역량, 다양한 관점을 검토하고 사회적 압력으로부터 독립하여 사고하고 행동하며, 스스로 결과에 대해 책임질 수 있는 자세가 성찰적 사고력이다. 빠르게 자동화, 로봇화, 인공지능화되는 사회에서 스스로 동기부여하는 자발성, 자신의 사고과정과 행동을 객관적으로 비판할 수 있는 역량은 그 어떤 지식과 정보, 기술의 습득보다 더 중요한 역량이 되었다.

실천 역량 학습은 근대학교의
지식 주입 교육과 무엇이 다른가?

1) 실천 역량 학습은 개인을 존중하는 교육이다

지식 중심 교육에서 지식은 '절대성을 지니고 객관적으로 존재하는 어떤 것'으로 전제된다. 모든 인간이 습득해야 하는 의무사항으로 상정되며, 학생들은 그 지식을 학습하도록 강제된다. 실천 역량을 기르는 일은 객관적인 것의 강제를 통해서는 이루어질 수 없는 일이다. 실천 역량은 개개인의 소질과 재능, 특성에 맞게, 학습자의 관심과 흥미를 따라 진행될 수밖에 없다. 실천 역량은 학습자가 자발적으로 수행하지 않으면 한 발자국도 진척되지 않기 때문이다.

지식 중심 교육은 지식, 특히 개념 중심으로 구성된 과학적, 논리적 지식을 빠르게 습득하는 재능을 지닌 학생들만 우대받는 시스템이다. 근대학교에서 학생들의 재능은 차별받는다. 특정 재능은 우대받는 반면, 다른 재능들은 멸시와 배제의 대상이 된다. 노래 잘 부르는 아이, 친구들 간에 관계를 원활하게 할 줄 아는 아이, 자기 관리와 자아 인식이 강한 아이, 손재주가 좋은 아이, 발재간이 좋은 아이, 몸을 예쁘게 꾸밀 줄 아는 아이, 옷을 맵시 있게 입을 줄 아는 아이, 엉뚱한 생각으로 친구들을 재미있게 해주는 아이 등등 얼마나 다양하고 많은 재능이 있는가! 하지만 지식 중심 교육은 개념으로 연결된 지식을 잘 습득하는 재능만 우대하고 칭찬한다. 실천 역량 기르기 교육은 다양한 재능들이 모두 조화롭게 연결될 수 있도록 하는 교육이고, 각자가 지닌 재능에서 출발해 서로의 재능을 연결하여 더 큰 맥락을 형성하게 돕는 교육이다.

지식 중심 교육은 개인을 대상화한다. 개인은 지식과 기술을 채워 넣을 그릇으로 인식되고, 개인은 얼마의 지식을 담을 수 있고, 담고 있는 예금통장인지를 스스로 증명해야 하는 처지에 놓인다. 반면, 실천 역량 기르기는 개인을 창조자, 혁신자, 변화주체, 자발적 동기주체, 성찰적 주체로 바라본다. 실천 역량 학습은 개인의 특성에 따라, 관심과 흥미를 존중하면서 진행된다. 실천 역량은 강제로, 객관적으로 길러지지 않기 때문이다.

지식 중심 교육은 지식과 정보, 기술이 희소하던 근대 산업사회, 종이 기반 인쇄-지식 시대의 특성과 제약을 반영한 교육이다. 지식과 기술이 희소한 상황에서는 지식과 기술이 중요하고 사람은 부차적이다. 특히나 지식과 기술을 전달하는 매체까지 고가인 상황에서는 더욱 더 그랬다. 현대사회에서 지식과 기술은 흔해지고 값싸졌다. 반면, 사람의 재능은 귀하고 중요한 시대가 되었다. 모든 재능은 존중되고 동등한 대우를 받아야 한다. 실천 역량을 기르는 과정은 곧 모든 재능이 발현되는 과정이다. 근대학교는 '학생이 지식을 습득하면 지식이 개인 내부에서 실천 역량으로 전환될 것'이라고 가정하고 전제했지만, 그런 방식은 틀렸다. 거꾸로 재능과 소질을 따라 실천 역량을 키우는 과정에서 지식과 기술이 실천적으로 활용될 때, 지식과 정보의 습득도 가장 효과적으로 이루어진다.

2) 실천 역량 학습은 실천적인 삶의 교육이다

근대학교는 별도의 장소에 설립된, 학교를 둘러싼 사회적 관계와 일상적 삶으로부터 학생들을 분리해내 특별한 활동을 하도록 강제하는 기관이다. 학교장과 교사는 학생들이 주변 세계의 오염원으로부터 감염되지 않도록 감시하고 통제하는 역할을 한다. 근대사회에서 학교는 지역사회와 사회적 관계로부터 유리된 채 운영되는 분리된 공간이 되었다. 섬처럼 따로 떨어진 학교에서 가르치는 지식은 순수하고 핵심적인 내용들로만 이루어져야 하고 분야별, 학문별 전문가와 권위자들이 허용한 지식이 교육과정의 형태로 제시되어 학생들이 배울 수 있는 지식으로 허락된다. 실제적인 삶과 학생들의 일상은 중요하지 않고, 권위를 지닌 지식 체계가 힘을 지니고 학생들에게 학습을 강제하고 통제하고 평가한다.

근대교육은 지식 중심 교육이었고, 인쇄매체, 특히 종이책에 의존한 교육이었다. 인쇄매체에 객체화된 지식을 중심으로 한 교육은 필연적으로 학생을 자신의 삶과 일상생활로부터 격리시킨다. 근대학교의 교과서에 실린 지식은 추출되고 정제된 지식이다. 근대학교 교과서의 지식은 마치 각종 야채에서 추출해낸 비타민과 같고, 인삼에서 추출한 인삼 진액과도 같은 것이다. 우리가 비타민 알약을 보면서 원래 비타민을 품고 있던 채소의 모습이나 특성을 알기 어렵고, 인삼 진액을 보고 인삼을 생각해내기 어려운 것처럼, 근대학교의 교과서에 실린 지식을 보고 그 지식이 추출되어온 원래의 자리와 맥락, 그 역할을 상상하기란 쉽지 않다. 심지어 실용적인 목적을 위해 학교와 훈련기관에서 가르치는 기술도 일상생활이나 작업현장의 문제를 해결하기에는 현실과 상당한 거리가 있다.

디지털 네트워크 시대의 지식은 종이매체 기반의 인쇄-지식과 달리 권위적 선택에 의해 강요되거나 검열을 통해 통제될 수 없는 지식이고, 일상생활과 사람들의 삶에 부단히 연계되고 상호작용하는 지식이다. 이제 학생들에게 필요한 일은 사회적 삶과 관계로부터 유리된 채 박제되고 결정화된 형태의 지식을 기억하는 일이 아니라, 자신의 삶에 대한 과제를 해결하고 일상생활의 행복을 도모하기 위해 필요한 지식과 정보, 기술을 활용하는 일이고, 그 과정에서 문제해결을 위한 사회적 관계와 네트워크를 형성하고 함께 힘을 모아 해결방법을 찾는 일이다.

현대사회에서 실천 역량 학습이 추구하는 바는 근대학교가 지향한 바와는 확연히 다르다. 이제 학교를 둘러싼 지역 사회와 공동체는 오염원이거나 차단되어야 할 세균이 아니다. 학생들이 적극적으로 관계 맺고 협력하여, 함께 살아가면서 배우고 문제를 해결하기 위해 힘을 모으는 실천의 장이자 놀이터이고 삶의 터전인 것이다.

실천 역량 학습은 실천적 행위 능력을 증진한다. 실천 역량 학습은 지식을 중심에 두고 개념적 이해와 이론적 조작에 힘을 기울이는 교육이 아니라, 현실의 문제를 해결하기 위해 어떻게 지식과 기술을 찾고 활용하여 구체적인 실천을 조직할 것인가에 중점을 두며, 나아가 문제 해결적 실천을 위한 지식을 창조하고 기술을 개발하도록 자극한다. 추출된 지식을 배우는 일은 항상 현재의 실존적 삶에 뒤처져 있다. 실천 역량 학습은 직접 현실의 지식과 정보, 기술의 세계에 뛰어들어 헤집어 찾고, 뒤집어보고, 뜯어 붙여 활용해보면서, 스스로 배우는 힘을 키우고 새로운 일에 뛰어드는 열정을 길러 스스로 지식과 정보, 기술의 주인으로 성장하도록 요구한다.

근대학교에서 교육은 근본적으로 권위자가 과거의 경험을 정리된 형태로 제시하면 교사가 학생에게 전달하는 과정으로 이루어져 있다. 따라서 근대학교의 교육은 항상 인간의 현재와 사회 실재에 뒤처져 있다. 실천 역량 학습은 이제 더 이상 과거의 것들을 전수받는 것을 학습의 중심으로 삼지 않고, 삶의 현재와 사회적 실재를 학습의 중심으로 삼아 스스로 실천하면서 배우는(acting while learning, and learning while acting) 방식으로 진행된다. 청소년들이 그렇게 학습할 수 있는 기반이 이미 사회적으로나 기술적으로 갖추어져 있기 때문이며, 디지털 네트워크 멀티미디어 지식 사회에서는 실천 역량 학습이 가장 효과적인 교육방식이기 때문이다.

실천 역량 학습은 삶을 위한 실천적 교육이기 때문에, 가장 효과적으로 학습동기를 부여할 수 있다. 근대교육은 학생을 교화와 주조의 대상으로 삼는다. 학생들을 잘못된 관습과 편견에 오염되어 살균되고 엄선된 지식을 통해 세례받아야 하는 대상으로 보고, 수동적이며 객체화된 존재로 취급한다. 사람은 태어날 때부터 삶에 대한 강한 의지와 삶을 위한 배움의 욕망을 지닌다. 따라서 학생은 삶의 욕망과 배움의 의지를 갖고 자신을 둘러싼 환경과 대상들을 활용하여 자신의 삶을 스스로 조직해나간다. 성인과 마찬가지로 아동, 청소년 또한 하나의 주체로서 독자적인 사고, 감정, 행동, 욕망, 의지를 지닌다. 실천 역량 학습은 학생들이 지닌 욕망, 의지와 동기를 중심에 두고, 스스로 자신의 삶과 일상생활의 현장에서 소재를 얻어 실천적 행동을 통해 배울 수 있도록 한다. 더 이상 학교가 교육을 통해 학생의 인격, 인성을 생산하거나 '이상적인 상태'로 제조할 수 있다는 근대학교의 환상은 유효하지 않다. 이제 학교는 학생들이 스스로 실천적 역량을 형성할 수 있도록 환경과 여건을 마련해주는 것을 핵심적 임무로 삼아야 한다.[73]

밀레니얼 세대는 기대수명이 100년을 넘어설 것이다. 기대수명이 60세에도 이르지 못했던 시절에 설계된 근대교육은 학교 교육을 마치고 나서도 100년을 더 살아가는 인간을 전혀 상상하지 못했기 때문에 개인적인 차원에서나 사회적인 차원에서 졸업 이후 수십 년을 대비하는 실천 역량을 중심적인 문제로 삼을 수 없었다. 하지만 이제 밀레니얼은 '수명 백만장자(longevity millionaire)'로 등장한 첫 세대가 되었다. 이들을 위한 학교는 100년, 최소한 50년 이상의 미래를 상상하고 그에 합당한 교육을 고민해야 하는 상황에 처했다.

설상가상으로 지식과 정보, 기술의 유효기간이 짧아지고 기술적 노후화가 가속되는 상황에서 정해진 지식과 기술을 배우는 방식은 바람직하지 않고, 유용하지도 않다. 모든 교육은 실천 역량 중심으로 재설계되어야 하고, 모든 역량의 중심에는 학습 역량이 있어야 한다. 배우고 익히는 힘이야말로 가장 중요한 실천 역량이다. 다만 근대학교에서 중시했던 선별되고 정해진 지식과 기술을 익히는 교육을 잘 받아들이는 능력이 아니라, 스스로 문제를 찾아내고, 정의하고, 해결책을 만들어가는 과정에서 배울 수 있는 역량이 학습 역량이다.

모든 실천 역량은 학습 역량을 밑바탕으로 삼아 펼쳐진다. 실천 역량의 피라미드가 있다면 학습 역량이 가장 아래 기초이고, 실천 역량의 네트워크가 있다면 가장 많은 연결선으로 이어져 있는 중심점이 바로 학습 역량이다. 학습 역량 위에 문해력, 정보화 능력, 논리적 – 수학적 사고력, 의사소통 역량, 창의적 사고력, 비판적 사고력, 협동 및 협력 역량, 사회적 관계 역량 등등이 활성화된다. 다만, 학습 역량을 근대학교에서 이해했던 학습 역량 방식인 논리적, 수학적, 과학적 개념을 이해하고 기억하고 소환하는 역량으로 이해하지 않는 한에서 그렇다! 모든 생명체는 출발점에서부터 강력한 학습 능력을 지니고 태어난다. 특히 인간은 그 어떤 생명체보다도 강력한 학습 역량을 생물학적으로 지니고 태어나며, 그 능력을 사회적으로 향상시키고 발전시키며 살아간다.

실천 역량 학습은 밀레니얼의 삶의 방식이며, 밀레니얼의 삶을 위해 유일하게 필요한 교육이다. 밀레니얼들은 역량 중심으로 사고하고 실천해야만 100년의 삶과 미래사회의 생활을 영위할 수 있다. 우리나라는 이 점에 있어서 심각한 문제를 안고 있다. 2013년 OECD의 국제성인역량조사(PIAAC)에 따르면, 대한민국은 조사대상 24개 국가 중 평생학습 역량이 가장 저조한 나라에 해당했다. 현재 우리나라 학교 교육 또한 실천 역량 중심이 아니라 여전히 근대학교 방식에 따른 지식 중심 교육을 벗어나지 못하고 있기 때문이다. 조속히 학교 교육을 실천 역량 중심 교육으로 전환하고 성인들의 재교육, 계속교육을 위한 다양한 정책과 프로그램이 활성화되어야 한다.

학교만 바뀌면 된다.

밀레니얼은 이미 자신들만의 길을 가기 시작했기 때문이다. 개인적 취향을 중시하고 존중하며, 자신만을 고집하지 않고 다양한 모임을 만들어 낸다. 또, 국내에서뿐만 아니라 글로벌하게 연대하여 활동하면서 역량 있는 세계 시민으로 성장하고 있다. 전통적 가치와 문화에 얽매어 있지도 않지만, 그것을 무작정 거부하지도 않는다. 한국적인 것들과 세계적인 것들을 자연스럽게 연계하고 결합하여 세계적인 문화와 엔터테인먼트를 창조하는 실천 역량이 매우 높다. 조직과 사회의 부조리에 눈감거나 그냥 지나치지 않고, 문제를 해결하기 위해 사람들을 모으고 행동을 시작하는 과정에서 스스로의 사회적 역량을 키워나간다. 사회적 부조리와 누적된 부정을 감내하지 않는다. 금수저 – 흙수저 논쟁, 아빠 – 엄마 찬스 논란, 촛불혁명과 공정한 사회 담론, 불매운동과 미투 운동(me – too movement) 등등은 이미 밀레니얼들이 스스로의 역량으로 일상과 사회, 현재와 미래를 변화시키고 창조해나갈 실천적 역량을 키우고 있음을 보여주는 좋은 사례들이라 할 수 있다.

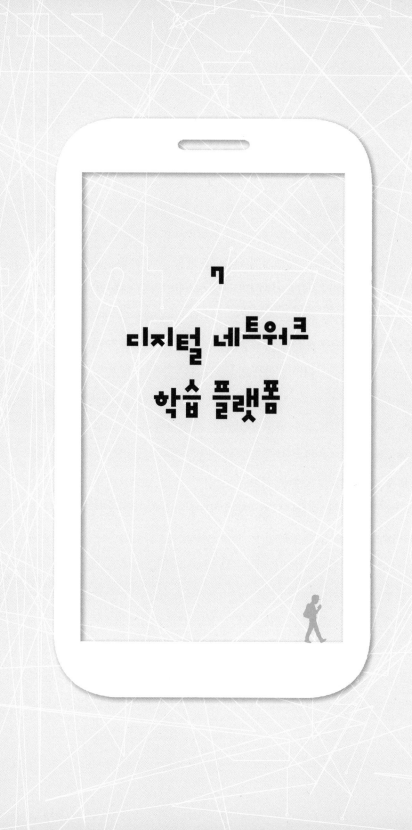

7

디지털 네트워크 학습 플랫폼

학교는 스마트폰을 허하라!

　　1400년대 중반에 발명된 금속 활판 인쇄술은 그동안 수공업적으로, 주로 필사를 통해 전파되던 필사-지식을 수백 배, 수천 배의 속도와 양으로 전파될 수 있는 인쇄-지식으로 전환했다. 활판 인쇄술 이후의 지식인들은 폭증하는 지식과 정보를 체계적으로 분류하기 위한 노력을 기울였고, 필사-지식의 시대를 지나 새롭게 열린 인쇄-지식의 시대에 중요한 지식정보 역량은 지식의 구조를 잘 파악하고 체계적으로 다룰 줄 아는 능력으로 변했다. 즉, 머릿속에 도서관의 분류체계에 따라 지식구조를 저장하고 지식의 위치를 정확하게 기억하여 효율적으로 인출할 수 있는 구조화된 두뇌를 운용하는 능력이 지식인의 핵심 역량이 된 것이다.

　　근대학교는 활판 인쇄술에 기초한 지식과 정보가 급속히 팽창하던 시대, 인쇄-지식의 시대를 배경으로 형성되었다. 지식과 정보의 양이 증가할수록 체계적 분류와 지식의 구조화에 대한 요구는 높아졌으므로, 근대학교는 인쇄-지식의 구조와 분류 체계에 따라 구성되었다. 근대학교의 교육과정, 수업 운영, 교사 – 학생 관계는 근대적 인쇄-지식을 효율적으로 전달하기 위한 목적에 적합하도록 짜여졌다. '초등 – 중등 – 대학'으로 이어지는 전체 교육과정은 공통 기초분야에서 전문분야로, 초급 수준에서 심화 수준으로 순차적으로 진행되도록 구성되었으며, 교사는 지식 구조와 내용의 전문가로서 권위를 갖고 학생을 통제하며 수업을 통해 지식을 전달하는 사람으로 역할이 고정되었다. 근대학교 시스템에서 학생은 '국가 – 학교 – 교사'로 이어지는 지식 주입 시스템의 말단에서 지식을 담는 그릇으로 자리매김되었다. 근대학교 시스템은 국가주의 관점에서 국가가 선정한 지식을 전달 – 주입하는 체제다. 그리고 그 파이프라인이 학교와 교사이며, 이를 통해 전달되는 콘텐츠를 결정해 놓은 문서가 국가 교육과정이다.

하지만 2000년대에 들어오면서 이 시스템은 무용지물이 되었다. 미셸 세르는 손만 뻗치면 언제 어디서나 닿을 수 있는 넘쳐나는 지식과 정보를 멀리까지 찾아가 정해진 시간에 단일 공급처로부터 받아야 한다는 일이 얼마나 우스꽝스러운 일인지 묻는다.[74]

밀레니얼 세대와 그 자녀들은 스마트폰으로 모든 지식과 정보를 다룰 줄 아는 새로운 인류다. 그래서 이들을 포노 사피엔스라고 부른다. 이들은 이제 더 이상 교실에서 이루어지는 수업에 관심이 없다. 이미 손끝에서 찾을 수 있고 필요하면 언제든지 불러내서 활용할 수 있으며, 더 다양한 멀티미디어를 통해 쉽고 재미있게 제공되는 지식과 정보를 지루하고 고리타분한 방식으로, 그것도 일방적으로 주어지는 상황을 반길 포노 사피엔스는 없다. 근대학교와 포노 사피엔스 간의 불화는 이미 오래된 이야기가 되었다. 교실붕괴, 교권추락, 잠자는 교실, 전체의 20%에 해당하는 아이들만 바라고 하는 수업 등 지난 20~30년 동안 지속적으로 반복되어 온 레퍼토리들이 명백한 증거들이다!

인쇄-지식에 기반하여 구축된 근대학교는 디지털 네트워크 지식정보 시대에 이미 무용지물이 되어버렸는데, 포노 사피엔스들을 위한 새로운 학교는 아직 등장하지 않았다. 아니, 근대학교는 디지털 네트워크 학교의 등장을 결사적으로 막아서고 있다. 국가 – 학교는 학생들이 배워야 할 지식을 결정하여 국가 교육과정을 선포한다. 모든 학교와 교사는 학생들이 국가 교육과정을 제대로 받아들이고 익히는지 감시하고 채찍질해야 한다. 근대학교의 교육과정은 인쇄-지식 기반이기 때문에, 수많은 학문분과가 '나무 밑동 – 가지 – 줄기 – 잎사귀'로 나뉘어져 있고 조각조각 갈라져 있다. 교수와 교사는 교과별로 도서관의 한 구석씩을 차지하고, 학생들이 지나갈 때마다 프로크루스테스의 침대에 눕혀 자신들의 기준에 부족하면 잡아 늘리고 넘치면 단호히 잘라내 버린다. 이성과 합리성, 표준과 효율의 이름으로!

포노 사피엔스 세대는 인쇄-지식의 구조를 따라 배워야 하는 이유를 도무지 이해할 수 없다. 이들은 태어날 때부터 디지털 네트워크 세상에서 하이퍼링크로 연결되고 다면적인 입체형 디지털 네트워크 지식과 정보를 영상, 동영상, 카툰, 게임 등을 통해 접하며 살았고, 그들이 생각하는 지식은 이미 네트워크화되고 디지털화된 멀티미디어이기 때문이다. 이들에게 지식은 스마트폰과 다양한 스마트 기기를 통해 끄집어내서 쓰면 되는 것이지, 굳이 그 많은 걸 외우거나 베껴서 보관해야 하는 건 아니기 때문이다. 궁금한 것이 있으면 그것과 연관되어 내가 기억하는 어떤 단어를 입력하고 검색하면 된다. 그것도 생각이 안 나면 우선 생각나는 걸 입력하여 검색하고, 검색 결과에서 자신이 기억하지 못하는 걸 골라내어 다시 한번 검색하면 대부분 찾아낼 수 있다. 그런데 왜 굳이 외우라고 닦달을 하는가?

학교와 수업에서 스마트폰은 막을 수 없는 흐름이 되었다. 아니, 오히려 스마트폰은 가장 적극적으로 수업에서 활용해야 하는 도구가 되었다. 인쇄-지식의 시대에는 종이와 연필, 책이 필수 학습 도구였다면, 디지털 네트워크 멀티미디어 지식 시대의 필수 학습 도구는 당연히 인터넷과 와이파이, 스마트폰과 스마트 기기다. 포노 사피엔스를 인쇄-지식 방식으로 교육하려고 강압할 때 어떤 일이 일어날까? 모든 아이들은 초등학교 교실에서부터 대학교 강의실까지 대부분의 시간을 채팅을 하며 보낸다. 포노 사피엔스들에게 강의실에서 강의를 하는 교수나 교사의 목소리는 거의 들리지 않는다. 이제 학교에서는 더 이상 책 읽는 소리를 기대할 수 없게 되었다.[75]

이미 우리는 수업을 듣지 않는 학생들로 채워진 교실과 강의실을 현실에서 수없이 목격하고 있다. 열 명 중 서넛은 자고, 다른 서넛은 딴생각을 하고 마음은 교실을 떠나 있다. 겨우 열 명 중 한두 명이 수업에 집중하고 있을 뿐이다. 왜 이런 일이 일어나는가? 왜 채팅을 하는가? 그들은 이미 알고 있기 때문이다. 지루한 반복을 듣고 싶지 않기 때문이다. 설령 모른다고 하더라도 교실에서 재미없는 수업을 통할 필요가 없기 때문이다. 그런 정보는 내가 원하는 때, 언제 어디서든 얻을 수 있을 뿐만 아니라, 그것들은 반복해서 물어도 아무런 불평이나 꾸지람 없이 또다시 자꾸 반복해서 알려준다. 교실에서보다 더 정확하고 더 풍부한 지식과 정보를 얻을 수 있다. 포노 사피엔스들은 누군가가 완전히 새롭게 창조한 독특하고 희소한 것이 아니라면, 책 속에 갇힌 과거의 지식은 더 이상 듣고 싶어 하지 않는다. 인쇄-지식의 시대는 이제 종말을 고했다.[76]

나는 딸이 중고생이었던 시절, 딸에게 학교 수업 시간에 집중해서 선생님의 설명을 잘 들으라고 말했다가 "쓸데없는 간섭을 한다"는 타박을 듣곤 했다. 딸은 "선생님의 설명은 알아듣기 어렵고, 너무 빨리 지나가며 이해가 안 되는 부분에 대해 물어볼 수도 없는 상황"이라고 했다. 딸은 교실 수업에 집중하기보다는 자신이 이해하는 부분과 그렇지 못한 부분을 구분해 표시하면서 수업을 듣고, 집에 돌아와서 이해가 안 된 부분을 유튜브에서 찾아서 5~10분 정도의 동영상 강의를 골라 반복해 들으며 정리하는 게 훨씬 낫다고 말했다. 결국 딸에게 학교 수업은 그냥 의무적으로 앉아 있어야 하는 시간이었고, 정말로 내용을 생각하고 이해하면서 기억하는 시간은 스마트폰이나 태블릿과 함께할 때였다.

밀레니얼들이 알고 싶은 지식은 책 속에 있지 않다. 스마트폰과 인터넷 속에 있다. 그런데 근대학교 시스템은 모든 학생에게 종이책 속에 머리를 처박고 그 속에서 인쇄-지식으로 충만해지기를 강요한다. 학교의 요구는 더 이상 유효하지도 않고 바람직하지도 않다. 마치 송충이에게 깻잎을 먹으라고 하는 것과 같고, 물고기 보고 날갯짓을 하라고 하는 것과 같다. 그래서 학생들은 교단의 교사와 교수에게 집중하지 않는다. 혹시 조용히 있을 땐 집중하는 척, 듣는 척할 뿐이다. 학생들은 더 이상 종이책을 읽지 않는다. 학교에서 강요하는 수단인 점수, 등급, 졸업장 등을 얻기 위해 읽을 뿐이다.

그럼 어떻게 학생들을 다시 학교로, 수업으로, 배움으로 돌아오게 할 수 있는가? 답은 간단하다. 포노 사피엔스의 손에 학교와 교실에서 배움을 즐길 수 있는 무기를 쥐어주는 것이다. 그것은 인터넷과 와이파이에 연결된 스마트폰과 스마트 기기들이다. 스마트폰은 네트워크화된 디지털 지식과 정보를 검색, 비교, 분석, 평가하는 데 가장 효과적인 도구다.

인류는 이보다 더 강력한 지식 활용 및 창조 도구를 일찍이 가져본 적이 없다. 그리고 이렇게 유용한 도구를 이토록 인간의 몸에 밀착시킨 도구도 없었다. 포노 사피엔스에게 스마트폰은 또 다른 두뇌이자 손발이고, 가슴 이다.

최근 많은 혁신적 교육자들로부터 큰 관심을 모으고 있는 거꾸로캠퍼스는 학생들이 온종일 인터넷과 와이파이에 연결된 스마트 기기를 활용하여 수업을 하고 프로젝트를 하며 스스로의 학습을 수행한다. 기존의 혁신적 대안학교와 거꾸로캠퍼스가 다른 점이 있다면, 바로 인터넷과 스마트 기기를 대하는 자세일 것이다. 기존의 혁신적 대안학교들이 인문주의적, 민주주의적, 학생 중심적 교육을 강조하여 근대학교의 틀을 벗어나기 위한 시도를 수행했다면, 거꾸로캠퍼스는 기존 혁신적 대안학교에 더해 포노 사피엔스들을 위한 학교 운영과 수업–학습모델을 새롭게 창출하고 있다.

인간이 문자를 발명했을 때, 다음에 종이를 발명했을 때, 다음으로 활판 인쇄술을 발명했을 때, 그리고 스마트폰을 발명했을 때, 인류의 사고 방식, 지식 활용과 지식 창출 방식, 의사소통 방식, 나아가 삶의 방식 전체가 혁명적 변화를 일으켰다. 각각의 혁명은 사회제도, 문화, 그리고 사회적 관계를 통째로 바꿔 놓았다. 활판 인쇄술의 발달로 책, 즉 인쇄-지식이 대중화됨에 따라 인류는 종교적 맹목에서 벗어날 수 있었고, 자연의 힘을 조절하고 통제할 수 있는 힘을 얻었으며, 스스로를 합리적, 과학적 이성을 지닌 인류로 크게 업그레이드할 수 있었다.

지식과 정보의 디지털화, 전 세계적인 의사소통 네트워크와 결합된 컴퓨터와 스마트폰은 인류가 언제 어디서나, 어떤 지식에든 접근 가능하도록 만들었다. 이제 인류는 세계 최고의 도서관보다 더 많은 지식과 정보, 어떤 미술관보다 더 많은 미술작품, 어떤 방송국보다도 더 많은 동영상을 주머니에 넣고 다니면서 자신의 필요에 따라 자유롭게 찾아보고 활용하며, 창출하여 공유할 수 있는 여러 개의 뇌를 가진 인류로 업그레이드되었다.

활판 인쇄술이 나왔을 때, 몽테뉴(Montaigne)는 "축적된 지식보다 '잘 구조화된 머리'를 가지고 싶다"고 말했다고 한다. 축적된 지식은 이미 객체화되어 도서관에 놓인 책 속에서 찾을 수 있으므로, 책 속에 있는 지식으로 머리를 채우는 일은 어리석은 짓이기 때문이다.[77]

이제 포노 사피엔스는 잘 구조화된 머리도 필요 없는 인류가 되었다. 검색엔진 덕분에 도서관에 보관된 책의 위치를 기억하거나, 도서관을 이용하기 위해 지식의 구조를 암기할 필요도 없어졌기 때문이다.

그런데 한국의 근대학교는 스마트폰을 교실에 가지고 오는 것을 전면 금지한다. 모든 스마트폰은 압수되어 학급마다 설치된 감금시설에 가둔다. 학생들은 마치 자신의 머리가 잘려 좁은 금고 안에 갇힌 듯한 느낌을 받는다. 아무것도 생각할 수가 없다! 포노 사피엔스들은 태어나면서부터 스마트폰으로 세상을 접하고, 검색하고, 경험하고, 소통하고, 활동했기 때문이다. 이제 아이들은 할머니나 엄마가 장난감을 사준다고 해도 스마트폰이나 태블릿을 가져온다. 장난감은 인터넷 쇼핑몰에서 골라서 주문하면 집으로 배달되어 오는 것이기 때문이다. 포노 사피엔스들에게 지식과 정보는 당연히 스마트폰과 스마트 기기를 통해 가장 쉽고 정확하게 얻을 수 있다.

포노 사피엔스들에게 '종이책만 보고 생각하고 소통하고 활동하라'는 요청은 '눈을 감고 손발을 묶은 채, 두뇌를 쓰지 말고, 어려운 문제에 대해 생각하고 협의하고 대응하라'는 무리한 요구와 마찬가지로 들린다.

당신이 군인이라고 생각해보자. 군대는 최첨단 무기를 구매하여 최고의 전투 화력을 자랑하고 있다. 그런데 군대의 지휘관과 교관들은 전쟁이란 모름지기 몸으로 하는 것이지 인공적인 무기를 사용하여 전쟁을 수행하는 것은 진짜 실력이 아니라고 생각한다. 그래서 훈련에서는 몸을 쓰는 훈련만 한다. 그 와중에 당신과 당신의 친구는 드론 전투기부터 레이더, 각종 화기를 능수능란하게 다룰 줄 알지만, 맨손과 맨발로 상대와 격투기를 벌이는 실력은 사실 형편없다. 게다가 지휘관은 세상은 결국 혼자인 것이며, 그것이 인생의 진실이라고 굳게 믿는 사람이라서 전투를 할 때는 개개인이 최대한 실력을 발휘하는 상황이 최선의 상황이며, 진실로 전사가 갖추어야 할 자세라고 설교한다. 결국 최첨단 무기를 갖춘 군대에서 혼자 맨손과 맨발로 적을 맞아 격투기를 선보여야 하는 상황이라면 당신은 어떻게 하겠는가? 지금 우리 아이들이 학교에서 벌이는 순위 경쟁이 바로 그런 상황이다.[78]

학교에서 스마트폰과 다양한 최첨단 지식 도구를 추방한 상황은 학생들을 안절부절못하게 하고, 수업에 집중하지 못하게 할 뿐만 아니라 학생들의 지적 활동에도 큰 장애를 형성한다. 태어날 때부터 디지털 정보를 다루고 스마트 기기를 통해 세상을 경험한 학생들의 능력은 디지털 스마트 기기와 떼어서 생각할 수 없다. 원래 인간의 능력은 육체적, 정신적 능력과 그들이 사용하는 도구의 결합으로 이루어진다. 그래서 더 우수한 도구와 기계를 발명한 문명은 풍요로운 문화와 삶을 구가하는 반면, 도구와 기계를 제대로 활용하지 못하는 문명은 낙후되고 그 사회에 사는 사람들의 삶은 비참해진다.

종이책의 내용을 암기하여 활용하는 능력을 중심으로 구성된 근대학교의 교육체계는 새롭게 혁신되어야 한다. 손가락으로 모두 불러낼 수 있는 지식과 정보를 무작정 외우게 하는 일은 무의미한 정도가 아니라 해로운 것이다. 수업에서, 학교 활동에서 학생들의 창의성과 적극성을 이끌어 내기 위해 '스마트폰과 스마트 기기를 어떻게 활용할 것인가'에 대한 학교와 교사의 적극적인 고민이 필요하다. 거꾸로캠퍼스에서는 오히려 스마트 기기의 활용이 장려된다. 거꾸로 수업을 하는 교사들도 미리 학생들이 스마트폰이나 스마트 기기 등을 활용해 수업 시간 이전에 학습 내용을 미리 학습하도록 하여 수업의 효율성을 높이고 있다.

인터넷과 와이파이, 스마트폰과 스마트 기기는 이제 외면할 수 없는 엄연한 학교의 현실이다. 다양한 방식으로, 그리고 적극적이고 전면적으로 스마트폰과 스마트 기기를 활용하는 학교, 포노 사피엔스 학교를 설계해야 한다.

디지털 네트워크 기반의
멀티미디어 학습 플랫폼으로 혁신하라

이제 학교와 수업은 스마트 지식정보 도구들을 이용하면서 로봇이나 인공지능의 도움을 적극적으로 활용하여 인간이 무엇을 할 수 있는지를 배우는 과정으로 재설계되어야만 한다. 이제 검색하여 얻을 수 있는 지식이나 다른 사람의 의견을 그대로 외우거나 옮기는 일은 무의미하다. 그런 것은 기계와 인공지능, 스마트 기기들이 수만 배 더 정확하고 빠르게 수행한다. 이제 인간은 로봇과 인공지능이 디지털 네트워크에 존재하는 지식과 정보를 활용하여 일을 수행하도록 지시하고 제어할 수 있는 능력을 배우고 익혀야 한다.

이제 근대학교의 표준적 교육과정, 지식전달 수업과 성취도 평가, 즉 배운 것을 기억하고 이해한 수준을 확인하는 평가체제는 학생과 학습에 가장 큰 해악이다. 근대학교의 교실은 근대 계몽주의적 지식을 학생들에게 주입하는 거대한 장치였다. 근대학교의 교실은 교사, 해당 분야 지식

전달의 권위자를 중심으로 설계되었다. 교실 교단 위의 교탁은 강의실 내 모든 구성원을 통제하고 조종하는 권력의 핵심(power point)으로 설정되고, 주변은 일사분란하게 지식을 전달받는 추종자들로 구성되었다. 인쇄-지식의 시대에는 교탁에 선 사람이 가장 높은 지식수준을 갖췄다고 간주되었기 때문에 권력의 중심적 지위를 요구할 수 있었다. 이제 지식은 탈중심적이고, 언제나, 어디에나 있기 때문에 교사 중심, 교단 중심, 교탁 중심의 그 교실은 죽었다.[79]

디지털 네트워크 멀티미디어 지식과 정보 세계는 어느 곳에서도 동일한 지식을 언제든지 불러내고, 잘라내고, 덧붙이고, 휘어서 자신이 필요한 곳에 사용할 수 있는 세상을 만들었다. 이제 아이들은 지식이 어디에나 있고(ubiquitous) 분산된 상황에서 스스로가 지식 활용과 창출의 중심이 되는 동질적인 공간을 요청한다. 포노 사피엔스들은 교실 안에서 누구나가 중심이고, 모두가 지식과 정보를 자유자재로 활용하면서 자신의 지식을 창출하는 능동적이고 창조적인 교실을 요청한다. 포노 사피엔스들에게는 스마트 기기, 인공지능을 활용하여 디지털 네트워크 멀티미디어 지식을 재료로 새로운 해결법, 재미있는 콘텐츠, 의미 있는 가치를 창출할 수 있는 학습 플랫폼이 필요하다.

디지털 네트워크 학습 플랫폼에서 학생들은 교실에 있는 교사에게만 의존하지 않는다. 학생들은 자신이 해결하려고 결정한 주제와 관련하여 전 세계의 전문가, 교사, 학생, 관련 직업인 등과 연결하여 그들의 의견, 제안 등을 참조하고 활용하여 자신의 문제를 해결한다. 학습 플랫폼 속에서 학생들은 무수한 교사와 전문가를 항상 옆에 두고 학습한다. 근대학교가 기반했던 인쇄-지식, 종이책 도서관 시스템에서 학생들이 지식과 정보를 찾는 일은 매우 어렵고 오랜 시간이 걸리며 비용도 많이 소용되었다. 하지만 이 모든 것이 디지털 네트워크 멀티미디어에 기반한 학습 플랫폼에서는 손끝에서 즉시, 거의 무료로 가능해졌다. 이제 교사의 역할은 학생들이 온 세상을 휘젓고 다니며 학습하는 일을 지지하고 도와주는 역할로 변화하고, 학교와 지역사회, 학교와 세계를 연결해주는 연결자의 역할로 변모해야 한다.

근대학교는 자체 완결적 구조를 가졌다. 사회로부터 격리된 공간에서, 사회에서 이미 실행된 활동의 결과물을 잘 정제해서 분리해낸 국가 교육과정이라는 콘텐츠를, 거대한 교육 관료체제를 통해 중앙정부에서 개개 학생의 머리로 흘려보내는 데 가장 효율적으로 작동하도록 설계되었다. 근대학교에서는 외부에서 침투하는 사회의 간섭, 의견, 영향 등을 불순물로 취급하고, 학교 시스템의 작동을 방해하는 해로운 요소로 간주했다. 따라서 근대학교는 지역사회로부터 철저히 고립된 섬이었다. 이제 학생들은 학교 안에 갇혀 있으려 하지 않는다. 포노 사피엔스들은 근대학교에서 학생들을 사회와 격리시켜 가르치려고 의도한 것들을 이미 다 알고 있거나 알 수 있다. 네트워크에 연결된 그들의 스마트폰에 다 있기 때문이고, 마음만 먹으면 얼마든지 활용할 수 있기 때문이다.

근대학교의 구상은 이미 오래전에 깨졌고, 학교는 지역사회로, 세상으로 열리고 연결되어야 하고, 교사는 학생과 지역사회, 세계를 연결하는 안내자 역할을 해야 한다. 이제 학생들은 책 속에서 가상의 문제를 풀고, 꾸며낸 설정 속에서 꼭두각시놀음을 하고 싶지 않아 한다. 그들은 이미 마을공동체, 지역사회, 전 세계의 수많은 문제에 항상 연결되어 있고 근접해 있으며, 그 문제들에 관심을 갖고 있기 때문이다. 수많은 학생이 기후변화 문제, 전 세계적인 기아와 인권 문제, 전쟁에 반대하고 평화를 지키기 위한 활동 등에 깊숙이 연결되어 있고 개입하고 있다. 그들은 이제 책 속에서가 아니라, 현실 속에서 자신의 문제, 삶의 문제를 다루고 싶어 한다.

새로운 학교, 포노 사피엔스 학교의 가능성은 전혀 뜻밖의 곳으로부터 왔다. 2020년 초, 전 세계를 휩쓴 코로나 사태는 전혀 예상하거나 준비되지 않은 상황에서 모든 학교를 디지털 네트워크를 통해 학교운영과 수업을 이끌어가도록 강제했다. 많은 어려움에도 불구하고 한국의 교육 시스템은 효과적으로 작동했다. 수많은 학교에서 네트워크 온라인 개학을 시행하고 온라인 수업을 실시했고, 학생들은 온라인으로 제공되는 학습 콘텐츠를 활용하여 학습을 이어갔다. 무방비 상태에서 갑자기 닥친 위기 상황이라는 점을 감안한다면, 적절하고 효과적으로 대응했다고 할 수 있다.

대한민국은 세계에서 가장 훌륭한 포노 사피엔스 학교 창조를 위한 두 가지 플랫폼을 갖추고 있다. 첫 번째는 가장 효율적이고 디지털 친화적인 지식정보 창조 및 소통 시스템인 한글이고, 두 번째는 세계에서 가장 빠르고 포괄적으로 연결된 디지털 네트워크다. 코로나 사태에서 보여준 대한민국의 교육실천 성과는 우리가 새로운 학교, 디지털 네트워크 지식 시대의 포노 사피엔스를 위한 학교 시스템을 제일 먼저, 가장 포괄적으로, 최고로 훌륭한 모습으로 만들 역량이 있음을 보여주었다. 한국이 가진 두 가지 플랫폼을 효과적으로 활용하고, 정부의 정확한 방향 설정과 국민들의 신뢰에 기반한 참여와 실천이 성공적인 교육 사례를 창출할 수 있을 것으로 기대된다.

코로나 사태에 직면하여 우리가 구현한 온라인 실시간 수업과 각종 네트워크 활용 교육은 포노 사피엔스를 위한 학교로서 아쉬운 점도 많다. 그동안 교실에서 했던 수업을 그대로 온라인상으로 옮기는 일은 그다

지 의미가 없다. 교사가 읽어주던 책, 교사가 교실에서 수행하던 강의를 멀티미디어 콘텐츠가 대신해주고, 인터넷을 통해 화상으로 전달하는 수준의 변화는 본질적인 포노 사피엔스 학교라고 할 수 없다. 포노 사피엔스 학교의 핵심은 지식전달 시스템인 근대학교를 포노사피엔스들의 스마트 기기 활용 역량을 활용하여 스스로 실천하고 자신의 미래를 창조해 가는 새로운 인간으로 태어나도록 돕는 데 있기 때문이다. 포노 사피엔스들이 자신이 가진 네트워크 환경과 스마트 기기를 활용하여 자신의 삶의 문제를 적극적으로 찾아 해결해나가도록 교육과정 전체를 개편하는 혁신이 필요하다. 그렇지 않으면 온라인 실시간 강의는 그저 근대학교의 교실을 온라인상으로 그냥 옮겨놓은 것에 불과할 것이다. 진정한 포노 사피엔스를 위한 새로운 학교 창조를 위해서는 국가 교육과정 혁신, 수업방식 혁신, 학교 공간 혁신과 학생활동을 새롭게 조직하는 문화 혁신 등 다양한 노력이 동시에 추진되어야 한다.

지식을 활용하고 창조하는
실천과정에서 학습하라

학생은 지식을 담는 그릇이 아니다. 배움은 지식을 전달받는 과정이 아니다. 인간은 지식을 창출하는 과정에서만 배울 수 있다. 어떤 지식도 인간의 머리에 그냥 주입될 수 없다. 한국의 학생들은 '스스로 머릿속에 욱여넣은 지식은 쑤셔 넣는 압력이 사라지는 순간, 기적과 같이 머릿속에서 지워진다는 사실'을 대학수학능력시험이 끝나는 날 깨닫게 된다. 나도 시험을 보기 위해 수없이 반복 주입한 많은 지식과 정보들이 대학입학학력고사가 끝난 다음 날, 믿기지 않을 정도로 말끔히 지워지는 경험을 했다. 이후 많은 친구들과 선·후배들도 동일한 경험을 했음을 확인할 수 있었다. 인간의 머리를 단지 지식을 담는 그릇으로 간주한 근대학교의 교육체계가 붕괴하는 또 하나의 지점이다.

인간은 지식창조의 주체이며, 동시에 지식을 창조하는 과정에서만 제대로 배울 수 있다. 우리가 직접 실험하고 문제에 부딪혀 수없이 실패해

가며 스스로 해결책을 찾았던 과제는 평생 잊히지 않음을 경험한다. '인간이 지식창조의 주체'라는 표현은 '인간은 지식을 창조하는 적극적인 실천 활동을 통해서만 제대로 된 배움을 이룰 수 있다'는 진실을 담고 있다. 최근 도입된 자유학기제를 통해 직접 자신의 관심과 흥미를 찾아 체험하며 해당 분야의 전문가를 만나 의견을 교환하고 도움을 받거나, 조언을 들은 경험은 학생들에게 깊은 인상을 남기고 있다. 또, 그러한 경험이 학생들의 학교생활에 실질적인 도움을 주는 현상을 우리 사회는 목도하고 있다. 더불어, 많은 혁신학교에서 학생들은 자신이 제기한 문제를 스스로 해결해가는 과정으로 이루어지는 프로젝트 활동을 통해 살아 있는 지식을 얻고 삶의 역량을 키워가는 사례를 끊임없이 만들어 가고 있다.

이제 밀레니얼 세대, 포노 사피엔스들에게는 몸으로, 마음으로 하는 모험들이 필요하다. 책 속에 담긴 상상 속의 허망한 시나리오가 아니라 자신이 살아가고, 앞으로 살아가야 할 세상 속의 문제에 도전해 스스로 자신의 미래를 만들어 나가고 싶어 한다. 많은 지식을 텍스트로만 익히는 것이 아니라, 자신의 몸과 마음으로 체험하는 살아 있는 도전을 하고 싶어 한다. 학교 수업은 학생들을 의미 없는 지식을 수없이 암기하고 반복적으로 읊어대는 꼭두각시 팔방미인으로 만드는 것이 아니라, 삶 한가운데서 생생하게 살아 있는 느낌을 직접 체험하는 과정에서 스스로의 지식과 지혜를 찾아가도록 돕는 것이어야 한다.

포노 사피엔스를 위한 학교, 새로운 학습 플랫폼에서 시행되는 평가도 완전히 새로워져야 한다. 인간의 역량은 도구를 제외하고 평가할 수 없다. 트랙터와 콤바인, 각종 첨단 모니터링 시스템을 활용하는 농부와 호미와 낫만 들고 농사일을 하는 농부 사이에는 비교할 수 없는 역량 차이가 있다. 인간의 역량은 활용할 줄 아는 기계와 기기에 체화(embedded)

된다. 따라서 포노 사피엔스를 위한 교실에서는 로봇과 인공지능, 각종 스마트 기기를 언제나 활용할 수 있어야 한다. 디지털 네트워크에 연결된 학습 플랫폼은 학생들을 국가가 결정한 교육과정 속의 지식에 갇혀 있을 것을 요구해서도 안 되고, 학생들의 활동과 도전을 교과서의 중력장에 가두어서도 안 된다. 주어진 수업 시간에 무엇을 어떻게 할지도 자유롭게 결정되어야 한다. 학생들의 배움은 마치 화선지에 먹물이 번져가듯, 진앙에서의 지진파가 온통 사방으로 퍼져가듯, 다차원 그물망 회로를 타고 자유자재로 펼쳐져 나가야 한다.

포노 사피엔스의 교실은 수업 과정에서만이 아니라 학생 평가에서도 전혀 다른 방식을 도입해야 한다. 학생들이 무엇을 얼마나 기억하고 이해했는지가 아니라, 어떤 주제를 문제로 설정하고 그 문제를 해결하기 위해 어떤 활동을 했는지, 그 과정에서 어떤 역량을 얼마나 잘 발휘했는지를 평가받아야 한다. 평가과정은 곧 학습과정과 하나가 되어야 한다. 학생들의 수업과 평가 활동에서 부정행위는 없다. 자신이 설정한 문제를 해결하기 위해 다른 사람이나 전문가의 도움을 받는 일은 부정행위가 아니라 오히려 적극적으로 권장되어야 하는 일이다. 혹자는 이런 방식의 평가로는 한 개인의 역량을 제대로 평가할 수 없다고 할 것이다. 하지만 세상 누구도 개인으로 혼자 떨어져 일하지 않는다. 수많은 머리와 생각, 마음과 손발이 연결되어 문제를 해결하고 새로운 삶의 모습을 만들어 간다. 모두(everybody)는 누구나(anybody)와 연결되어 있다. 포노 사피엔스들은 인류역사상 처음으로 그런 연결성을 누리고 활용할 수 있는 첫 세대가 되었다. 포노 사피엔스들의 학습 성과는 스마트 기기를 활용할 수 있는 상황에서 협력적 관계를 형성한 팀과 함께 평가되어야 하고 비교보다는 성장에 초점을 두어야 한다.

우리는 근대학교와 근대적 이데올로기에 너무 깊이 길들여져 있어, 학교의 평가는 성취도 평가, 순위 매기기 평가, 변별력 평가가 유일하다고 생각하는 문화 속에 잠식되어 있다. 그래서 시험 시간에 메모지를 활용하는 것도, 책을 참조하는 것은 말할 것도 없고 다른 사람들과 논의를 하는 것도 모두 '시험 부정행위'라고 확신한다.

책에 있는 것을 전혀 보지 않고 달달 외워서 시험을 보게 된다면 어떤 일이 일어나는지 차분히 생각해보자. 먼저, 평가를 담당하는 교사는 시험문제 내기가 아주 쉽고 편하게 된다. 별다른 고민 없이 빈칸 채우기나 객관식으로 정답 고르기, 혹은 공식 외워 쓰기 등을 시험문제로 낼 수 있다.

두 번째 유형의 평가는 주요 공식과 내용을 정리해서 활용하거나 교과서와 참고서를 활용해서 시험을 볼 수 있게 하는 것이다. 그러면 교사는 시험문제를 출제하는 데 많은 고민을 해야만 한다. 단순히 책에 있는 내용을 묻는 시험은 의미가 없기 때문이다.

세 번째로 생각해볼 수 있는 평가 유형은 스마트폰과 인터넷을 활용할 수 있고 팀원들과 협력할 수 있는 상황에서 수행되는 평가다. 이 유형의 평가에서는 교과서나 참고서에 기록된 내용, 단순한 검색을 통해 얻을 수 있는 지식이나 의견을 묻는 것이 무의미하다. 교사가 가장 출제하기 어려운 시험 유형이고 학생도 가장 수행하기 어려운 평가 과정이 될 것이다.

반면, 첫 번째는 교사에게는 쉽고 학생에게는 짜증나는 유형이다. 두 번째는 교사도 약간 어렵고, 학생에게도 약간 어려운 유형이다. 세 번째는 교사가 수행하기 가장 어려운 유형이고, 교사로서 전문성이 가장 요구되는 유형이자 전문가로서의 교사 역량이 가장 잘 드러나는 유형이다. 또한 학생에게도 가장 준비하기 어렵지만 학생의 역량을 가장 제대로 평가하는 방식이다.

　세 번째 유형의 평가는 학생에게 스스로 지식을 창조하도록 요구한다. 학생은 자신이 관심과 흥미를 갖는 문제를 찾아내고, 그 문제 해결과 관련된 지식과 정보를 조사하고 분석하여, 새로운 해결방안을 만들어 내야 한다. 이 과정에서 학생들은 기존의 지식과 정보를 해체, 변형, 결합하여 새로운 지식과 정보를 창출하고 혁신적인 실천방안을 모색한다. 세 번째 유형의 평가는 활동과정을 따라가면서 수시로 이루어지는 평가이고, 이 평가를 받는 과정 자체로 가장 격렬하고 심도 있는 학습과정이 된다.

　근대학교의 평가는 첫 번째 방식의 평가를 통해 지식을 담는 그릇인 학생의 머릿속에 지식이 얼마나 담겼는지를 측정하고 학생들의 두뇌에 서열을 매기는 일을 했다. 아직도 한국의 학교는 이 일을 계속해서 반복하고 있다. 근대학교의 틀을 벗어나려고 노력한 여러 선진국에서는 선도적인 교사들에 의해 두 번째 유형의 평가가 종종 활용되었다. 교사는 학생들이 책을 휴대하거나, 중요한 사항을 메모한 종이를 지참할 수 있도록 허용한 상태에서 시험을 치르게 한다. 우리도 종종 대학에서 교재를 휴대하고 참조하면서 보는 시험을 경험했다.

　미국에서 박사학위 과정을 이수하는 동안, 딸들의 학교 시험을 여러 번 접해보았다. 대부분 교과는 학생들의 학습과정에서 수행된 활동을 평가하는 방식, 과정평가 방식으로 이루어졌다. 위에서 본 세 번째 유형의 평가를 수행한 것이다. 학생들은 수많은 자료를 검색·활용하고 주변의 전문가와 관련 기관을 찾아다니며 도움과 조언을 얻어 프로젝트를 수행해, 그 과정을 평가받았다. 수학처럼 단계적으로 이론적인 문제를 해결하는 수업의 평가도 첫 번째 유형으로는 이루어지지 않았다. 수학교사는 학생들에게 A4 용지 앞뒤로 자신이 필요하다고 생각하는 주요 공식이나 내용을 미리 적어 오도록 했고, 공학용 전자계산기도 휴대하고 수학 시험에 응시하도록 했다. 두 번째 유형으로 평가를 수행한 것이다. 뿐만 아니라 수학 교사들은 중간, 기말시험보다는 학기 중 수업에서 학생들의 활동을 평가한 부분을 더 중요시했다.

이제 우리나라 청소년은 근대적 생활환경과 문화를 탈피하여 포노 사피엔스로 진화했다. 학생들을 지식을 담는 그릇이나 예금통장으로 생각하는 첫 번째 유형의 평가는 학생들의 역량을 제대로 평가할 수 없을 뿐 아니라 학생들의 학습에 대한 혐오를 높이도록 부추긴다. 두 번째 유형의 평가도 이미 우리 학생들에게는 적합하지 않다. 포노 사피엔스에게 적합한 평가방식은 수업 과정에서 다른 학생들과 협력하여 활동하면서 구체적인 문제를 해결하기 위해 새롭게 창조한 지식과 혁신적 실천에 대한 평가인 세 번째 유형의 열린 평가 방식으로 전환해야만 한다.

교사는 학습 플랫폼의 배움 코디네이터로
업그레이드하라

　　근대학교의 수업은 교사 중심으로 설계되고 실행된다. 교사는 미리 예습하면서 수업을 준비하고, 교사는 수업 시간에 교육 활동을 통해 이미 예습한 지식을 활용한다. 수업을 마치고 나면 스스로의 수업에 대해 성찰하고 새로운 개선점을 탐색하는 복습 과정을 실행한다. 근대학교에서 가장 많이 공부하는 사람은 학생이 아니라 교사다. 이제 교사가 가장 많이 공부하는 근대학교를 종식시키고 학생이 주체적인 학습자로 가장 많이 배울 수 있는 새로운 학교를 만들어야 한다. 교사가 아니라 학생이 중심이 된 교실, 지식이 아니라 실천 활동이 중심이 되는 학교가 필요하다. 학생이 중심이 되어, 현실사회와 자신의 삶 속에서 중요한 문제들을 스스로 해결하는 과정에서 학생이 주도하고 학생이 가장 많이 배우는 수업이 필요하다. 포노 사피엔스를 위한 새로운 수업의 기반은 이미 갖추어져 있다. 디지털 네트워크 기반 멀티미디어 플랫폼, 스마트폰과 네트워크로 연결되고 기계와 인공지능이 보조하는 교실!

근대학교는 수없이 많은 지식과 정보를 학생들의 머리에 집어넣기 위해 엄청난 에너지와 자원을 투입하고, 교사와 학생의 시간 대부분을 빼앗아갔다. 하지만 지금 우리가 직면한 현실은 '교사는 엄청나게 많이 가르치는데, 정작 학생은 배운 게 없다'는 역설이다. 지식과 정보가 부족하고, 배움의 기회가 희박했던 근대 초기에 학생은 교사가 전달하는 지식과 정보를 스펀지처럼 흡수한다고 전제하고 있었다. 초기에는 실제로 그랬다. 학교에 올 수 있는 학생들도 매우 제한적이었고, 학교가 제공하는 지식과 정보를 제대로 흡수해야 생존을 가능하게 하는 일자리를 구할 수 있었기 때문이다.

하지만 이제 세상이 완전히 변했다. 누구나 학교에 갈 수 있는 세상이 되었고, 그동안 소수의 기관과 교사 등 전문가들이 독점했던 지식과 정보는 무제한 무료로 제공되는 콘텐츠가 되었다. 이제 학생들은 가르친다고 배우는 것도 아니고, 안 가르쳤다고 배우지 않는 것도 아닌 상태가 되었다. 근대학교는 지식의 구조, 학문의 구조에 따라 체계적으로 학생들에게 배우도록 강제하고 이끌어갔지만, 이제 학생들은 학문의 구조나 지식 체계를 따라갈 필요가 없다. 디지털화, 네트워크화된 지식과 정보는 구조와 체계를 따라가지 않아도 어떤 지점에서나 접속이 가능한 형태로 주변에 항상 있기 때문이다.

이제 학생들은 지식과 정보에 배고프지 않다!

배움은 밥을 먹는 것과 흡사하다. 배부른 사람들에게도 팔리는 음식은 무엇인가? 스토리가 있고, 나름의 독특함이 있으며, 무엇인가 자신의 취향과 접촉점을 지닌 음식만이 호소력을 갖는 시대가 되었다. 이제 포노 사피엔스는 학습도 동일한 방식으로 수행한다. 자신의 관심과 흥미와 접촉면이 있어야 하고, 자신의 취향에 맞는 스토리가 제시되어야 하고, 또 스스로 자신만의 스토리를 만들어갈 수 있는 콘텐츠를 배우고, 나누고, 활용한다. 따라서 근대학교에서는 심각하게 여기지 않았던 과제를 포노 사피엔스를 위한 학교에서는 가장 중요한 과제로 상정해야 한다.

- 학생들에게 어떻게 동기부여를 할 것인가?
- 학생들에게 배움의 과정이 시작되도록 어떻게 자극할 것인가?
- 가르치지 않아도 학생들이 스스로 배움의 여정에 들어서도록 하는 환경 은 무엇인가?

포노 사피엔스를 위한 학교를 만들기 위해서는 가장 먼저 교사가 새 롭게 태어나야 한다. 이제 교사는 디지털 네트워크 멀티미디어 세상에서 학생들이 스스로 배우고 싶은 내용을 찾을 수 있도록 동기부여하고, 학 생들이 배움의 과정에서 부딪히게 되는 어려움을 해결하는 데 도움을 줄 수 있는 전문가, 지역사회 활동가, 관련된 국제 네트워크 등을 학생들이 활용할 수 있도록 돕는 안내자, 조력자, 코디네이터, 코치가 되어야 하는 시대가 되었다. 근대학교의 교사와는 달리 현대사회의 학교에서 교사는 그 권위를 인정받기 어렵고, 지식을 전달하는 발언자(speaker)도 아니며, 교실 내에서 권력의 핵심을 차지하기도 어렵게 되었다. 콘텐츠 전문가로 서, 체계적인 전달자로서, 교실에서 권위적인 지배자로서의 교사는 더 이 상 현대사회의 포노 사피엔스 학교에 적합하지 않다. 그리고 포노 사피엔 스들은 근대학교 교사의 모습을 여전히 유지하려는 교사를 향해 '꼰대'라 고 명명하며 집단적으로 따돌림을 행사하고 있다. 이제 근대학교의 교사 는 죽음을 맞이했다. 포노 사피엔스의 새로운 학교에서 학생들은 자신을 지지하고, 안내하고, 코치해주면서 배움의 플랫폼을 코디네이팅하는 교사의 권위만을 인정할 것이다.

에필로그

이 시대,
희망 만들기

    나는 교육부 공무원으로 입직해서 25년 넘게 교육정책을 기획하고, 실행하고, 평가하는 일을 하며 근무했다. 그런데 오랜 기간 항상 마음에 걸리는 것이 있었다. '왜 우리 교육은 변하지 않는가?'라는 의문이었다. 2010년대에 학교를 다니던 내 딸들의 학교 경험이 1980년대에 고등학교에 다니던 내 경험과 별다른 차이가 없었고, 두 딸들이 고등학교 시기에 공부하고 대학 진학을 준비하는 5~6년 과정이 내가 1980년대 말에 대학진학을 준비하던 과정과 거의 차이가 없이 진행되었다는 사실에 나는 매우 놀랐고, 또 심하게 좌절했다.

    지난 25년간 나는, 우리는 대체 무엇을 했단 말인가?

    이에 대해 많은 사람이 교육부 내외에서 하는 다양한 논의들도 그럴듯하게 들렸지만, 속 시원하게 그 이유를 말해주지는 못했다.

"명문대학과 더 나은 지위를 위한 부모의 욕망을 무슨 수로 막겠어!"

"교육은 아무나, 누구나 전문가야, 그러니 교육부가 욕먹는 것은 당연해!"

"많은 변화와 발전이 있었음에도 사회의 기대에 미치지 못하는 일은 어쩔 수 없어!"

"그동안은 가정에서 기본 교육이 되었는데, 이제는 가정교육이 이루어지지 않으니 학생들 인성이 망가진 거야!"

"학부모들이 옛날처럼 교사를 존중하지 않으니 이제 학교는 할 수 있는 게 별로 없어!"

어떤 것도 답이 될 수 없었다. 뭔가 께름칙한 것이 항상 바닥에 침전되어 있었다. 이 께름칙함을 떨쳐버리기 위해 내 나름의 몸부림으로 두 번째 책을 썼다. 첫 번째 책에서는 밀레니얼 세대 학생들의 의식과 행동의 변화, 대한민국의 사회·경제적 성장에 따른 교육 과제의 변화를 따라가지 못한 채 그저 옛날에 머물러 있는 우리 학교의 부적응을 지적하고, 이를 해결하기 위해 학생들의 학습 동기를 불러일으킬 수 있는 밀레니얼 세대에 맞는 교육과정이 필요하다는 주장을 담았다. 또, 자신의 삶에 대한 전망을 갖도록 하는 진로교육이 우리 교육의 핵심 줄기로 자리 잡아야 함을 역설했다.

하지만 여전히 진로교육, 밀레니얼을 위한 교육은 너무도 더디게 진척되고 많은 장애와 반대에 부딪히면서 우여곡절을 겪고 있다. 물론 2017년 새로운 정부가 들어서면서 고교학점제 추진, 혁신 교육의 전면화와 전국화, 국가교육위원회 설치 추진, 일반고 교육 정상화 등을 위한 다양한 정책적 노력이 이어지고, 학교 현장에서는 열정적인 교사들의 헌신이 확대되고 있음을 부정할 수는 없다. 하지만 여전히 국민들의 기대나 현장 교사들의 열정을 오롯이 살려내지 못한다는 아쉬움을 금할 수 없다.

나는 그 이유를 찾아 지난 3년간 여러 책을 읽고, 세미나와 포럼에 참석해서 토론하고 들으면서 우리 교육이 직면한 장애물에 대해 고민해보았다. 그렇게 고민하고, 생각하고, 토론하고, 이야기를 나눈 결과를 정리한 내용을 이 책에 담았다. 나는 우리 교육이 좋은 정책과 헌신적인 교사들의 열정에도 불구하고, 근본적으로 '발목 잡혀 있다'고 생각했다. 그 발목을 잡고 있는 힘은 근대 계몽주의적 국가 교육과정과 행정우위의 관료적 교육행정 체제, 그리고 더 심층부에 자리 잡은 근대적 지식 관념인 종이에 기반한 인쇄-지식적 사고체계와 학교 시스템이라고 생각했다.

그래서 나는 이 책에서 국가주의적 교육과정을 혁파하고 학습자 중심의 개인별 교육과정과 학교 교육과정으로 전면적 전환이 이루어져야 한다고 주장했고, 행정 중심의 학교운영 체제를 배움 중심의 지역학교 체제로 바꿔야 하고, 지식 중심, 내용 중심의 교육과정을 실천 역량 중심, 평생학습 중심으로 바꿔야 하며, 종이책 중심의 인쇄-지식 기반의 수업체제를 디지털 네트워크 멀티미디어 기반의 학습체제로 전환해야 한다고 강조했다.

이 책을 마무리 짓는 자리에서 우리가 상상하는 새로운 학교, 밀레니얼과 그 자녀들을 위한, 포노 사피엔스를 위한 학교가 가능할 수 있는 여건을 조성하고 기반을 단단히 하기 위한 전제 조건들, 지금 당장 우리가 할 수 있는 일들 몇 가지를 제안하면서 글을 맺고자 한다.

첫 번째는 우리 안에 자리 잡은 근대성에 대한 환상, 혹은 과도한 믿음을 이제 그만 버려야 한다는 점이다. 우리는 근대성, 특히 유럽과 일본을 통해 생산되고 유입된 근대성에 대한 일종의 강박감, 경외감 같은 것을 품고 있다. 근대적인 것은 좋은 것이고, 유럽적인 것은 선진적인 것이므로 따라야 한다는 의무감 같은 걸 가지고 있다. 물론 근대성이 전근대 봉건사회의 신분제적 억압, 종교적 핍박, 정치적 무권리 등등을 청산하고 인간의 사회적 관계에서 자유와 평등을 신장시킨 긍정적인 측면은 아무리 강조해도 지나치지 않다. 하지만 그 이면에 있는 제국주의와 식민주의를 통한 전 세계적 차원의 약탈과 전쟁, 사회 진화론과 인종주의에 기초한 반인류적 행위들, 신분제 철폐에도 불구하고 지속적으로 강화되어가는 경제적 지위의 신분화와 사회적 불평등, 유럽 중심주의 사상, 비유럽 문화권에 대한 멸시와 폄하, 차별과 억압 등과 같은 근대사회의 유물에 대해 근본적인 반성과 결별이 있어야 한다.

근대성의 어두운 면은 3단계로 구현된다.

첫 번째는 선진 제국과 식민지 간 착취 수단으로 구현되고, 둘째는 한 사회 안에서 계급 간 착취 수단으로 구현되며, 마지막으로는 개인 내면에 판옵티콘적 대타자를 의식하도록 하는 통제 수단으로 구현된다. 이 세 가지의 근대성 구현 수단은 근대학교에도 고스란히 녹아 있다. 국가주의에 기초한 지식의 검열, 교육 – 학습의 강제와 통제, 과학과 효율의 논리로 무장한 관료적 관리와 통제 중심 교육행정, 정치적, 종교적, 신화적 신분제는 철폐되었으나 여전히 학교 내에서도 영향력을 미치고 있는 경제적 신분과 그로 인한 교육 불평등! 그리고 개인은 무한경쟁 속에서 끊임없이 자신을 채찍질하는 신자유주의적 주체로서 스스로를 식민화한다.

작금의 한국 학교에서 근대성의 독재를 몰아내는 일이야말로 새로운 학교를 만드는 첫걸음이 될 것이다. 국가주의를 탈피해 지식 중심에서 인간 중심 교육과정으로 전환하여 개별화되고 개인화된 수업, 관료적 통제와 관리를 벗어나 교사가 전문성을 발휘하고 자율적으로 가르치고 배우는 주체로서 교사와 학생이 만나는 수업, 타자의 시선에 의해 조각되지 않고 스스로를 형성해가는 주체적 시민을 양성하는 민주적 학교 문화, 부모의 가난이 학생의 가난으로 이어지지 않도록, 금수저와 흙수저로 나뉘어 차별받고 배제되지 않도록 하는 학교!

두 번째로, 새로운 학교는 근대적 교육제도의 변혁을 요구한다. 우리의 교육제도는 자발적 근대학교 설립과 운영의 기회를 일본 제국주의자들에게 빼앗겨 초기 단계부터 상명하달식 교육행정 체제, 하향식 제도운영이 깊숙이 뿌리내리게 되었으며, 이를 이어받은 독재정권들은 일본 제국주의식 관료적 관리와 통제체제를 더욱 강화했다. 그로 인해 주요 교육정책은 일부 독재자, 혹은 정치인과 직업 관료들에 의해 좌우되었고, 상층부에서 결정된 제도와 법규는 아래로, 아래로 지시되고 강제되었다. 한국에서 근대학교는 거대한 관료적 관리와 통제체제의 가장 말단에 위치한 행정기관으로 전락하고 말았다. 학생은 학교에서 자신의 성장 기회를 최대한 발휘할 수 있도록 도움을 받고 자율적으로 진로를 개척해가는 주체가 아니라, 국가 교육행정 체제의 가장 밑바닥에 존재하여 '중앙 정부 – 시도 교육청 – 시군구 교육청 – 학교장 – 교사'로 이어지는 긴 명령체제의 가장 마지막 단계에서 각 단계별 지시와 명령을 모두 받아내야 하는 처지로 전락했다. 교사도 상황은 크게 다르지 않다.

우리가 미래를 상상하고 새로운 학교의 그림을 그린다면, 이제 교육행정체제도 새롭게 구성되어야 한다. 위에서 결정하여 아래로 내려 먹이는 관료적 결정과 공문에 공문을 이어서 만드는 지시와 명령 체계가 아니라, 교사와 학생이 가르치고 배우는 과정을 위해 필요한 일을 시군구 교육청이 지원하고, 좀 더 어려운 일은 시도 교육청이 지원하고, 더 중요한 일은 중앙 정부가 책임지고 풀어주어, 교사와 학생이 모두 즐겁고 행복하게 생활할 수 있는 학교를 만들어야 한다.

이제 교육과 관련된 중요한 결정을 몇몇 정치인과 전문가, 교육부 관료들이 결정하는 체제, 위에서 결정하고 아래에서 실행하는 체제를 벗어나야만 한다. 학교에서 중요한 결정은 교사와 학생, 학부모가 권한을 가지고 자율적으로 수행할 수 있어야 하고, 지역사회와 학교는 항상 열린 관계 속에서 협력의 주체로 함께 나아가야 한다. 가르치고 배우는 일의 대부분은 이 관계, '교사 – 학생 – 학부모 – 지역사회' 속에서 결정되어야 한다. 개별 학교의 일들이 서로 연결되고 결합되어 시군구 교육청의 주요 업무가 되어야 하고, 시도 교육청은 지역의 작은 조각들을 모아 큰 그림을 그리고, 각각의 조각이 자신의 자리를 찾아 의미를 가질 수 있도록 조율하는 역할을 책임 있게 수행하는 기관으로 다시 태어나야 한다.

이와 관련하여 국가교육위원회 설치 논의는 매우 의미 있는 주제라고 생각한다. 적어도 국가의 교육정책과 교육의 큰 방향을 관료적 통제와 전문가적 효율성에 맡겨두지 않겠다는 결별의 결단이라고 할 수 있다. 국가적 차원에서 국민의 뜻과 의지를 모으고, 상향식 민주주의적 정책 결정 과정을 거쳐, 더디 가더라도 다 함께 가는 길을 열어 나갈 책임을 맡아 수행할 것이라고 기대한다.

세 번째로는 국가 교육과정을 폐지하고, 시도에 교육과정 제정권과 교과서 정책권을 돌려주어야 한다. 원래 교육은 지역 자치권의 핵심이며, 지역 주민의 권리다. 근대 국가주의적 교육제도는 국가가 교육과정과 교과서 정책권을 지니고 학교와 교사를 통제했지만, 제2차 세계대전 이후 독일을 비롯한 많은 나라들이 교육과정에 대한 국가의 통제를 철폐했다. 또한, 미국을 비롯한 여러 나라들은 애초에 국가 교육과정 자체가 없이 지역별로 상향식 교육제도와 내용을 결정해왔다. 우리도 이제 수십 년의 지역 자치 경험을 축적해 왔고 시민들의 민주주의 역량과 자치 경험도 확대되었으므로, 지역별로 주민과 학교, 학생이 자율과 책임의 원칙하에 스스로 시도별 교육과정을 제정하고, 학교별로 교육과정을 자율적으로 운영할 수 있는 권한을 대폭 강화해야 한다.

그렇게 해서 지역별로 다양한 교육정책과 제도가 도입되고 실험되는 과정을 거쳐 지속적으로 개선될 수 있는 계기들을 만들어야 한다. 전국 단위로 교육과정을 개정하고 새로운 정책을 도입하기에는 위험 부담도 크고 의견의 일치를 보기도 어려우므로, 시도 단위에서 다양한 시도가 가능한 길을 열어주어야 교육 혁신이 가속될 수 있다. 시도별로 서로 더 좋은 학교를 위해 경쟁하고, 좋은 사례를 서로 공유하고 배우며, 상호협력을 통해 미래학교를 함께 만들어갈 수 있도록 플랫폼을 제공해주어야 한다.

동시에 학교의 자율성은 그 무엇보다 중요하게 보장되어야 하고, 교사의 교육과정 결정권, 수업 자율성, 평가의 전문성은 철저히 보장되어야 한다. 교사는 국가 교육과정을 학생들의 머릿속으로 실어 나르는 지식과 정보 수송관이 아니라, 학생의 역량과 심리적 상태, 소질과 재능, 관심과 흥미를 세세히 파악하여 학생 개개인에 맞는 교육과정을 편성하고, 개별화된 수업을 통해 한 사람, 한 사람의 역량을 키워가도록 돕는 전문가로서의 역할을 다할 수 있도록 여건을 제공해야 한다. 교사는 학생들에게 가장 효과적인 수업방식으로 수업을 디자인하고 실행하는 교육 전문가로서의 역량을 발휘할 수 있어야 한다. 교사는 학생들을 점수로 줄 세우기 위해 변별력 있는 문제 출제를 고민하는 그런 존재가 아니라, 학생 개개인의 성장 과정을 함께하며, 학생별로 더 필요한 부분에 대해 함께 고민하고 학생이 주도적으로 자신의 장점과 단점을 파악하여 스스로를 성장시킬 수 있도록 정보를 제공하는 평가 전문가로서의 역할을 수행하는 기회가 보장되어야 한다.

마지막으로 모든 학생에게 부모의 사회·경제적 지위, 타고난 능력과 재능에 상관없이 자신의 가능성을 최대한 발휘할 수 있도록 적절한 도움이 보장되어야 한다. 배움이 언제, 어디서나, 어떻게든 가능하도록 학습사회가 조성되어야 한다. 지방에 산다고 해서 열악한 교육환경이 당연시되지 말아야 하고, 대학에서의 배움과 직업훈련 기관의 배움이 차별되어서도 안 되며, 모든 배움이 서로 연결되고 축적될 수 있도록 제도가 튼튼하게 뒷받침되어야 한다.

어느 누구도 부모를 선택해서 태어나지 않으므로 부모의 가난은 자녀의 책임이 아니며, 가난하다고 해서 차별받거나 배움의 기회가 제대로 보장되지 않는 일은 없어야 한다. 금수저 자녀가 부모 찬스를 쓸 수 있어서도 안 된다. 흙수저 자녀라고 해서 등록금과 생활비를 벌기 위해 학교에서 주 20시간의 근로 장학생으로 근무하고, 또 저녁에 5시간의 아르바이트를 해야 겨우 학교를 다닐 수 있는 상황이 당연한 것으로 받아들여져서는 안 된다. 특목고를 가는 대부분의 학생은 고소득층 자녀들이고, 이들 대부분이 주요 수도권 대학을 가는 반면에, 저소득층 자녀는 이미 중학교 때 직업 전선으로 뛰어들 준비를 하면서 특성화고로 갈 수밖에 없는 상황들이 어떤 이유로도 홍보의 대상이 되어서는 안 된다. 최근 많은 지역에서 논의되면서 부분적으로 도입되고 있는 청년수당 혹은 청년배당을 전면화하여 흙수저 – 금수저 상관없이 모든 청년들이 기본적인 밥과 잠을 보장받으면서 자신의 성장을 한 걸음 한 걸음 키워나갈 수 있도록 도와야 한다.

학교에서는 모든 재능이 평등하게 대우받아야 한다. 어떤 아이는 숫자를 문자로 터득하지만, 어떤 아이는 손가락, 발가락으로 터득한다. 어떤 아이는 과학을 이론과 개념으로 잘 습득하는 재능이 있지만, 어떤 아이는 구체적으로 만들고 부수는 과정을 통해서 배운다. 어떤 아이는 생각에 생각을 이어 배우는 반면, 어떤 아이는 몸을 움직이고 부딪치면서 배운다. 근대학교에서는 대부분 전자의 재능을 가진 학생을 우대하고, 후자의 재능을 가진 아이들을 냉대와 억압, 통제와 배제의 대상으로 삼았다. 하지만 이제 새로운 학교는 둘 다를 소중히 여기고 각각의 소질과 재능에 맞게 도와주는 체제를 갖추어야 한다.

새로운 학교와 관련하여 최근 다양한 논의가 전개되고 있고, 그중 학교 공간혁신, 수업혁신은 상당한 성과를 내고 있다. 또, 코로나19 사태에 직면하여 전국의 학교에 디지털 네트워크를 확충하고, 학생 개개인에게 컴퓨터나 스마트 기기를 보급하기 위한 노력을 강화하고 있다. 물론 학교 공간이나 각종 기기 등 하드웨어를 갖추는 일도 중요하다. 하지만 무엇보다도 학교에 시급하고 핵심적인 변화는 교육과정 정책, 교과서 정책, 교육행정 운영체제 등 소프트웨어다. 나는 하드웨어와 관련하여 가장 시급한 것은 학급당 학생 수를 20명 이하로 낮추는 일이라고 생각한다. 학급당 20명 이상으로 구성된 상태에서는 학생 하나하나를 배려하는 개인화된 학생 중심 학습도, 실천역량 중심의 교육도, 다양한 활동을 중심으로 새롭게 수업을 혁신하는 일도 모두 불가능하기 때문이다.

최근 언론 등에서 우리나라 교원 1인당 평균 학생 수, 학급당 평균 학생 수가 OECD 평균에 근접했다는 기사들이 실리고 있다. 하지만 평균은 허상이고 실재는 평균과 동떨어진 학급들이 여전히 많으며, 문제는 그런 처지에 놓인 학생이나 학부모에게는 아무 책임이 없다는 점이다. 2019년 자료를 살펴보면, 전국의 일반계 고등학교 학급 39,694개 중에서 30명 이상인 학급이 6,300개로 15.9%에 이르고, 20명 미만인 학급은 5,352개로 13.5%에 불과하다. 중학교의 경우 전체 51,534개 학급 중 30명 이상인 학급이 10,060개로 19.5%에 이르고, 20명 미만인 학급은 8,326개로 16.1%다. 초등학교의 경우에는 전국의 123,761개 학급 중 30명 이상인 학급이 4,952개로 4% 정도다. 통계상 세분화가 되어 있지 않지만, 만약 21명에서 30명 구간에서 26~30명인 경우를 약 40%로 상정한다면, 전국 초중고교 총 214,989개 학급 중 151,841개 학급이 26명 이상이라고 할 수 있는데, 이는 전체 초중고교 학급의 70.6%에 이른다. 따라서 시급히 30명 이상 학급을 해소하고, 다음으로 26명 이상 학급을, 그리고 20명 이상 학급을 해소할 구체적인 계획이 수립되어야 한다. 시간이 지나면 학생 수가 줄어든다는 이유로 느긋이 자연감소를 기다릴 계제가 아니다. 학부모에게 아이들의 학생 시절은 오직 한 번이고, 학생들에게도 일생에 한 번 경험하는 기회이기 때문이다.

〈초중고교 학급당 학생 수 현황 (2019)[80]〉

구분	합계	20명 이하	21~30명	31~35명	36~40명	41~50명	51명 이상
일반고	39,694 (100)	5,352 (13.5)	28,042 (70.6)	5,351 (13.5)	891 (2.3)	55 (0.1)	3 (-)
중학교	51,534 (100)	8,326 (16.2)	33,149 (64.3)	9,540 (18.5)	518 (1.0)	1 (-)	0 (-)
초등학교	123,761 (100)	31,850 (25.7)	86,959 (70.3)	4,679 (3.8)	265 (0.2)	8 (-)	0 (-)
합계	214,989 (100)	45,538 (21.2)	148,150 (68.9)	19,570 (9.1)	1,674 (0.8)	64 (-)	3 (-)

• ( )안의 숫자는 백분율이다.

참고로 교육정책의 세계적인 모범사례로 부상한 핀란드의 경우, 2015년 기준으로 학급당 학생 수가 초등 19명, 중학교 20명이었다. 같은 시기 한국의 학급당 학생 수는 각각 23명, 30명이었다. 핀란드는 2009년 이후 학교들이 학급당 학생 수를 줄이도록 중앙정부가 지자체에 보조금을 지급하고 있는데, 이 정책 이후 2013년에는 25명 이상 대규모 학급의 수를 절반으로 줄이는 성과를 거두었다고 한다.[81] 미국 플로리다주의 경우, 초중고교의 학급당 학생 수를 주 헌법에 명문으로 규정하고 있는데, 초등 3학년 이하는 18명 이하, 4~8학년까지는 22명 이하, 9~12학년까지는 25명 이하를 유지하도록 하고 있다. 플로리다주 헌법은 학급당 학생 수 감소의 책임이 주에 있고, 주가 적절한 재정을 지원해야 한다고 임무를 부여하고 있다.[82]

이 책의 서두에서 미래의 학교를 상상하고 그 미래를 30년 후라고 설정했지만, 그렇다고 30년을 기다린 다음에 새로운 학교를 만드는 일을 하자는 의미는 결코 아니다. 장기 과제, 미래의 일은 그 효과를 장기에 걸쳐 보게 되고, 결과가 미래에 나타나리라는 말이지 준비와 시작을 오랜 시간이 지난 후에 하자는 말은 아니다.

따라서 우리의 상상은 지금 바로 우리의 실행을 요청한다. 물론 가는 길은 더디고 단계적이겠지만!

2050년의 새로운 학교에 대한 상상을 현실로 구현하는 일은 한편으로는 쉽고 한편으로는 어렵다. 어렵다는 말은 현재의 교육제도와 학교를 둘러싼 수많은 이해관계가 얽히고설켜 있기 때문이고, 학부모와 학생 개개인도 이 이해관계로부터 자유롭지 않기 때문이다. 국가 교육과정과 교과서를 둘러싼 이해관계와 권한 관계 등도 복잡하고, 학교와 수업에 스마트 기기를 허용했을 때 통제가 안 된다고 걱정하는 교사와 학부모의 마음도 복잡하다. 아이들이 스마트 기기 중독에서 벗어나지 못할 것이라고 우려하고 의심하는 마음도 크기 때문이다. 또, 중앙 정부가 권한을 내려 놓기도 어렵지만, 지역 공동체와 기관, 개별 학교가 처음 받아 든 권한을 제대로 수행할 수 있을지에 대한 믿음도 약하다.

그래서 풀어나가기 쉽지 않은 이 일을 당장 어떻게 하자고 세부적으로 제안할 엄두는 나지 않지만, 다른 측면에서 생각해보면 쉬울 수도 있다. 쉽다는 말의 의미는 사실 우리가 마음만 먹으면 얼마든지 현실에 구현할 수 있는 수준의 일이기 때문이다. 이 일은 IMF 구제금융 사태를 극복하는 일이나 작금의 코로나 사태를 벗어나는 일에 비하면, 큰돈이 드는 일도 아니고, 전 국민이 일상생활을 멈춰 세우고 힘을 모아야 하는 그런 일도 아니다.

왜 쉽다고 말하는가? 쉬운 이유를 법륜 스님의 설법 두 개를 빌려 설명하면서 책을 마무리하고자 한다.

"뜨거운 쇳덩이를 손에 들고 나보고 누가 이렇게 물어요! '스님, 손이 너무 뜨거운데 어떻게 놓을 수 있습니까?' 하면, 내가 뭐라고 할 수 있겠어요? '그 냥 놔라!' 할 뿐이죠!"

"또, 누가 이렇게 물어요! 스님, '제가 너무 괴롭고 슬픕니다. 어떻게 하면 좋겠습니까?' 하면, 저는 이렇게 말합니다. '지금의 괴로움과 슬픔이 5년 후면 잊어지겠습니까? 아니면 10년 후면 잊어지겠습니까?' 그러면, 답이 '뭐 10 년까지 가겠습니까? 그전에 나아지겠지요, 하지만 지금은 매우 힘듭니다!' 그럼, 저는 이렇게 말해 줍니다. 그렇다면 5년 후, 10년 후에 잊어질 수 있는 걸 왜 5년간 괴로움을 당하고, 10년 동안 슬퍼하고 나서 벗어나려고 하십니까? 지금 툭툭 털고 일어나면 되지요!"

1   이정동(2017),《축적의 길〈전자책〉》, 지식노마드, (34, 42~44/378) 참조.

2   이언 맥닐리·리사 울버턴, 채세진 옮김(2009),《지식의 재탄생》, 살림, 187~190쪽.

3   윌리암 보이드, 이홍우·박재문·류한구 옮김(2008),《서양교육사》, 교육과학사, 411쪽.

4   이언 맥닐리·리사 울버턴, 채세진 옮김(2009),《지식의 재탄생》, 살림, 196쪽.

5   로버트 기요사키, 윤영삼 옮김(2010),《부자들의 음모〈전자책〉》, 흐름, 79/592 참조.

6   Is there aught of remedy for this neglect of rural life? Let us, at least, yield ourselves to the gratifications of a beautiful dream that there is. In our dream, we have limitless resources, and the people yield themselves with perfect docility to our molding hand. The present educational conventions fade from our minds; and, unhampered by tradition, we work our own good will upon a grateful and responsive rural folk. We shall not try to make these people or any of their children into philosophers or men of learning or of science. We are not to raise up from among them authors, orators, poets, or men of letters. We shall not search for embryo great artists, painters, musicians. Nor will we cherish even the humbler ambition to raise up from among them lawyers, doctors, preachers, politicians, statesmen, of whom we now have ample supply. We are to follow the admonitions of the good apostle, who said, "Mind not high things, but condescend to men of low degree." And generally, with respect to these high things, all that we shall try to do is just to create presently about these country homes an atmosphere and conditions such, that, if by chance a child of genius should

spring up from the soil, that genius will surely bud and not be blighted. Putting, therefore, all high things quite behind us, we turn with a sense of freedom and delight to the simple, lowly, needful things that promise well for rural life. For the task that we set before ourselves is a very simple as well as a very beautiful one : to train these people as we find them for a perfectly ideal life just where they are— yes, ideal, for we shall allow ourselves to be extravagant since we are only dreaming; call it idyllic, if you like — an idyllic life under the skies and within the horizon, however narrow, where they first open their eyes. We are to try to make that life, just where it is, healthful, intelligent, efficient, to fill it with thought and purpose, and with a gracious social culture not without its joys. (밑줄 친 부분은 인용한 부분에 해당하는 문장들이다.) (FrederickT. Gates(1913), 《The country school of tomorrow》, New York: General Education Board. p.6)

7   최승복(2018), 《교육을 교육답게 우리 교육 다시 세우기》, 맘에드림, 참조.

8   파울로 프레이리, 남경태 · 허진 옮김(2018), 《페다고지》, 그린비, 92쪽.

9   앞 단락과 이 단락은 최승복(2018), 《교육을 교육답게 우리 교육 다시 세우기》에서 옮겨 실은 부분이다.

10 존 테일러 개토, 김기협 옮김(2011), 《바보 만들기》, 민들레, 50~51쪽.

11 일곱 가지 죄는 '존 테일러 개토, 김기협 옮김(2011), 《바보 만들기》, 민들레'의 '교사들의 일곱 가지 죄'를 요약한 내용으로 《교육을 교육답게 우리 교육 다시 세우기》에서 옮겨 실은 부분이다.

12 이 섹션의 내용은 《교육을 교육답게 우리 교육 다시 세우기》의 1장 '표준화된 국가 교육과정은 어디에서 왔는가?'의 내용을 일부 수정하여 옮겨 실었다.

13 이길상(2007), 《20세기 한국교육사》, 집문당, 53쪽.

14 성열관(2018), 《수업 시간에 자는 아이들》, 학이시습, 163~164쪽.

15 곽수근, 〈우리 애만 잘하면 돼? 그러다 한국 교육 망합니다〉, 조선일보, 2019.12.10. http://news.chosun.com/site/data/html_dir/2019/12/10/2019121000401.html

16 헤르만 기섹케, 조상식 옮김(2002), 《근대교육의 종말》, 내일을여는책, 29~32쪽.

17 이길상(2007), 《20세기 한국교육사》, 집문당, 186쪽.

18 박근희, 〈교사, 하루 30건 공문처리하고 있다〉, 교육희망, 2018.05.09. http://m.news.eduhope.net/20523

19 김상훈, 〈핀란드 초중등학교 교사의 하루일과〉, 교육정책네트워크정보센터, 2018.09.27. http://edpolicy.kedi.re.kr

20 신은희, 〈1년에 공문 1,000건 처리······ 난 교사가 아니었네〉, 오마이뉴스, 2013.01.31. http://www.ohmynews.com/NWS_Web/View/at_pg.aspx?CNTN_CD=A0001830100

21 Michel Serres, Daniel W. Smith 옮김, 《Thumbelina》, New York: Rowman & Littlefield, 11쪽.

22 Michel Serres, Daniel W. Smith 옮김, 《Thumbelina》, New York: Rowman & Littlefield, 11쪽.

23 우리나라 국회도서관이 2020년 2월 29일 현재 4,814,806권의 도서를 소장하고 있고(국회도서관 홈페이지), 국립중앙도서관의 장서 수는 2019년 12월 말 현재 12,307,623권이다(국립중앙도서관홈페이지).

24 아마존에는 6억 개 이상의 제품 정보가 있다고 한다.

25 데이비드 와인버거, 이진원 옮김(2014), 《지식의 미래〈전자책〉》, 웅진씽크빅, 19/458.

26 데이비드 와인버거, 이진원 옮김(2014), 《지식의 미래〈전자책〉》, 웅진씽크빅, 101/458.

27 데이비드 와인버거, 이진원 옮김(2014), 《지식의 미래〈전자책〉》, 웅진씽크빅, 110/458.

28 데이비드 와인버거, 이진원 옮김(2014), 《지식의 미래〈전자책〉》, 웅진씽크빅, 155/458.

29 피터 버크, 박광식 옮김(2018), 《지식의 사회사2〈전자책〉》, 민음사, 543/686.

30 정철운, 〈신문 구독률 6.4% '사상 최저'〉, 미디어오늘, 2020.01.10. http://www.mediatoday.co.kr/news/articleView.html?idxno=204645

31 피터 버크, 이상원 옮김(2017), 《지식은 어떻게 탄생하고 진화하는가〈전자책〉》, 생각의날개.

32 피터 버크, 박광식 옮김(2018), 《지식의 사회사2〈전자책〉》 민음사, 504/686.

33 "학문 분과들의 전통적 체제는 '당연해' 보였고, 이 느낌을 더 강화해준 것이 저 삼각대의 두 번째 다리였으니, 곧 도서관들의 도서 배치 방식이었다. 게스너 식으로 말하면 '책들의 순서(ordo librorum)'가 대학 교과 과정의 순서를 재생산하리라는 것은 충분히 예상할 수 있는 일이었다." (피터 버크, 박광식 옮김(2018), 《지식의 사회사1〈전자책〉》, 민음사, 194/528)

34 이러한 디렉토리 방식과 관련하여 재미있는 표현이 있다. (각 디렉토리의) "주제들이 에라스무스의 표현대로라면 '비둘기장 칸막이(niduli)'처럼 쓰일 수 있었던 셈이다." (피터 버크, 박광식 옮김(2018), 《지식의 사회사1〈전자책〉》, 민음사, 199/528)

35 사처수프 홈페이지 참조. https://project.futureclassnet.org/index.do

36 Because, given the increasing supply of knowledge from in an immense depository—everywhere and always accessible—a one-time and singular supply becomes ridiculous. …… Supply without demand is now dead. The enormous supply that has succeeded and replaced it is immediately available to those making the demand. This is already true in our schools, and I suggest that it will soon become true in politics.(Michel Serres, Daniel W. Smith 옮김, Thumbelina, New York:Rowman & Littlefield, 30~31쪽)

37 It was pretty scary at the time, but looking back it was one of the best decisions I ever made. The minute I dropped out I could stop taking the required classes that didn't interest me, and begin dropping in on the ones that looked interesting. It wasn't all romantic. I didn't have a dorm room, so I slept on the floor in friends' rooms, I returned coke bottles for the 5 ¢ deposits to buy food with, and I would walk the 7 miles across town every Sunday night to get one good meal a week at the Hare Krishna temple. I loved it. And much of what I stumbled into by following my curiosity and intuition turned out to be priceless later on. (Steve Jobs, 스탠포드대학 졸업식 연설 중에서)

38 유발 하라리, 전병근 옮김(2018), 《21세기를 위한 21가지 제언》, 김영사, 422/612.

39 조슈아 쿠퍼 라모, 정주연 옮김(2017), 《제7의 감각, 초연결지능》, 미래의창.

40 The centered or focused space of the classroom or lecture hall can be likened to the inside of a vehicle—a car, a train, an airplane—where the passengers, seated in rows, allow themselves to be driven by the person piloting them to knowledge. …… When Thumbelina uses her computer or smart phone, these devices both require the body of a driver, alert and active, and not that of a passenger, relaxed and passive.
(Michel Serres, Daniel W. Smith 옮김, 《Thumbelina》, New York:Rowman & Littlefield, 35쪽)

41 이 섹션은 《Thumbelina》의 주요 내용들을 참고하여 작성되었다.

42 피터 버크, 이상원 옮김(2017), 《지식은 어떻게 탄생하고 진화하는가〈전자책〉》, 생각의날개, 128/260.

43 헤르만 기섹케, 조상식 옮김(2002), 《근대교육의 종말》, 내일을여는책, 81~82쪽.

44 헤르만 기섹케, 조상식 옮김(2002), 《근대교육의 종말》, 내일을여는책, 《포스

트 모던 교육론》(조상식),《근대교육의 종말》, 169쪽(별도 해제 부분).

45 Sugata Mitra, 〈Build a School in the Cloud〉(https://www.theschoolinthecloud.
    org/) 참조.

46 이언 맥닐리 · 리사 울버턴, 채세진 옮김(2009),《지식의 재탄생》, 살림, 25쪽.

47 이언 맥닐리 · 리사 울버턴, 채세진 옮김(2009),《지식의 재탄생》, 살림, 117쪽.

48 서울대학교공과대학(2015),《축적의 시간〈전자책〉》, 지식노마드.

49 서울대학교공과대학(2015),《축적의 시간〈전자책〉》, 지식노마드.

50 이정동(2017),《축적의 길〈전자책〉》, 지식노마드, 312/378.

51 이정동(2017),《축적의 길〈전자책〉》, 지식노마드. 318/378.

52 최승복 옮김, 有大人之事, 有小人之事. 且一人之身, 而百工之所爲備, 如必自爲而後用之, 是率天
    下而路也. 故曰或勞心, 或勞力. 勞心者治人, 勞力者治於人, 治於人者食人, 治人者食於人, 天下之通
    義也.(《맹자》〈등문공상[滕文公 上]〉)

53 토마스 바셰크, 이재영 옮김(2014),《노동에 대한 새로운 철학》, 열림원,
    36~37/358.

54 토마스 바셰크, 이재영 옮김(2014),《노동에 대한 새로운 철학》, 열림원,
    57/358.

55 〈삼성의 '10억 회유' 뿌리치고 산재 인정까지…… 혜경씨 모녀의 '7전8
    기'〉, 한겨레신문, 2019-6-22. http://www.hani.co.kr/arti/society/society_
    general/898899.html 참조.

56 토마스 바셰크, 이재영 옮김(2014),《노동에 대한 새로운 철학》, 열림원,
    58/358.

57 Richard Florida(2002),《The Rise of the Creative Class》, New York:
    BasicBooks, 제3장 참조.

58 〈2020 자살 리포트- 위기의 10대 "어른한테 털어놓으면 나아져요?"〉,
    시사저널, 2020.05.25. http://www.sisajournal.com/news/articleView.
    html?idxno=200330

59 파시 살베리, 이은진 옮김(2016),《핀란드의 끝없는 도전》, 푸른숲,
    117~118쪽.

60 채은(2014),《서머힐에서 진짜 세상을 배우다》, 해냄.

61 거꾸로캠퍼스누리집, https://gschool.kr/about, 2020-8-16 방문.

62 이언 맥닐리 · 리사 울버턴, 채세진 옮김(2009),《지식의 재탄생》, 살림,
    187~190쪽.

63 이언 맥닐리 · 리사 울버턴, 채세진 옮김(2009),《지식의 재탄생》, 살림,
    191쪽.

64 케네디 대통령은 취임연설에서 다음과 같이 말했다. "Ask not what your

country can do for you; ask what you can do for your country." (국가가 당신을 위해 무엇을 해줄 것인지를 묻지 말고; 당신이 국가를 위해 무엇을 할 수 있는지를 물어라.)

65 Michel Serres, Daniel W. Smith 옮김, 《Thumbelina》, New York: Rowman & Littlefield, 29~30쪽.

66 헤르만 기섹케, 조상식 옮김(2002), 《근대교육의 종말》, 내일을여는책, 《포스트모던 교육론》(조상식), 162쪽.

67 진보교육연구소 비고츠키교육학실천연구모임(2015), 《관계의 교육학, 비고츠키》, 살림터, 37쪽.

68 로베르타 콜린코프 · 캐시 허쉬-파섹, 김선아 옮김(2018), 《최고의 교육〈전자책〉》, 예문아카이브, 213/522.

69 교육부(2105), 『초중등학교 교육과정 총론』, 교육부 고시 제2015-74호[별책1]. 2쪽.

70 가드너는 다중지능 이론은 제시하여, 인간의 지적 재능이 다양한 측면에서 검토되어지고 교육현장에서 고려되어야 함을 강조했다. 가드너의 다중지능 이론에서 제시하고 있는 인간 지적능력의 아홉 가지 측면을 열거하면 다음과 같다. 1) 음악-리듬과 조화적, 2) 시각-공간적, 3) 음성-언어적, 4) 논리-수학적, 5) 신체-운동적, 6) 대인관계적, 7) 자기이해적, 8) 자연친화적, 9) 존재론적(위키피디아, https://en.wikipedia.org/wiki/Theory_of_multiple_intelligences, 2015.10.31. 방문, 저자 번역)

71 〈Key Competencies for a Successful Life and a Well-Functioning Society〉(2003), OECD 참조.

72 Globalisation and modernisation are creating an increasingly diverse and interconnected world. To make sense of and function well in this world, individuals need for example to master changing technologies and to make sense of large amounts of available information. They also face collective challenges as societies - such as balancing economic growth with environmental sustainability, and prosperity with social equity. In these contexts, the competencies that individuals need to meet their goals have become more complex, requiring more than the mastery of certain narrowly defined skills.(최승복 옮김, Definition and Selection of Key Competencies: Executive Summary. 2005.05.27. http://www.oecd.org/pisa/35070367. pdf. 4쪽)

73 헤르만 기섹케, 조상식 옮김(2002), 《근대 교육의 종말》, 내일을여는책, 123~124쪽.

74 Because, given the increasing supply of knowledge from in an immense

depository—everywhere and always accessible—a one-time and singular supply becomes ridiculous. (Michel Serres, Daniel W. Smith 옮김, 《Thumbelina》, New York:Rowman & Littlefield, 30쪽)

75 Starting in childhood, in elementary and secondary schools, the wave of what we call "chatting," which becomes a tsunami in colleges, has now reached even graduate schools, whose lecture halls, overflowing with chat, are filled, for the first time in history, with a permanent brouhaha, which makes it difficult to listen. One can hardly hear the old voice of the book. This is a rather general phenomenon, and we must pay attention to it. (Michel Serres, Daniel W. Smith 옮김, 《Thumbelina》, New York:Rowman & Littlefield, 28쪽)

76 The voice of yesteryear is no longer needed—unless someone, original and rare, invents. It is the end of the era of knowledge.(Michel Serres, Daniel W. Smith 옮김, 《Thumbelina》, New York:Rowman & Littlefield, 29쪽)

77 Michel Serres, Daniel W. Smith 옮김, 《Thumbelina》, New York:Rowman & Littlefield, 19쪽 참조.

78 최승복(2018), 《교육을 교육답게 우리 교육 다시 세우기〈전자책〉》, 맘에드림, 195/440.

79 Michel Serres, Daniel W. Smith 옮김, 《Thumbelina》, New York:Rowman & Littlefield, 34쪽.

80 교육부·한국교육개발원, 『교육통계연보 2019』

81 〈핀란드의 초중등학교 학급당 학생수 관련 교육정책 추진 현황〉, 한국-핀란드 교육정책연구소. https://m.blog.naver.com/PostView.nhn?blogId=europestudy&logNo=221205077586&proxyReferer=https:%2F%2Fwww.google.co.kr%2F. 2020-9-1 방문.

82 플로리다주 헌법. 제9장. 제1절. 공교육. http://www.leg.state.fl.us/statutes/index.cfm?submenu=3#A9.
…To assure that children attending public schools obtain a high quality education, the legislature shall make adequate provision to ensure that, by the beginning of the 2010 school year, there are a sufficient number of classrooms so that:
(1) The maximum number of students who are assigned to each teacher who is teaching in public school classrooms for prekindergarten through grade 3 does not exceed 18 students;
(2) The maximum number of students who are assigned to each teacher

who is teaching in public school classrooms for grades 4 through 8 does not exceed 22 students; and

(3) The maximum number of students who are assigned to each teacher who is teaching in public school classrooms for grades 9 through 12 does not exceed 25 students.

The class size requirements of this subsection do not apply to extracurricular classes. Payment of the costs associated with reducing class size to meet these requirements is the responsibility of the state and not of local schools districts. Beginning with the 2003–2004 fiscal year, the legislature shall provide sufficient funds to reduce the average number of students in each classroom by at least two students per year until the maximum number of students per classroom does not exceed the requirements of this subsection.